PEDRO PALAO PONS

VENENO

GABINETE

DE

CURIOSIDADES

Redbook

© 2022, Pedro Palao Pons
© 2022, Redbook Ediciones, s.l., Barcelona

Diseño de cubierta: Regina Richling
Diseño de interior: David Saavedra
Fotografías interiores: Wikimedia Commons

ISBN: 978-84-9917-685-7
Depósito legal: B-14.398-2022
Impreso por Reprográficas Malpe – Pol. Ind. Los Olivos
Calle de la Calidad, 34, Bloque 2 Nave 7
28906 Getafe, Madrid

PEDRO PALAO PONS

VENENO

GABINETE DE CURIOSIDADES

LA LLAVE
ARCANA

ÍNDICE

INTRODUCCIÓN 7

CAPÍTULO 1
EL VENENO DE LOS HOMÍNIDOS 13

CAPÍTULO 2
EL VENENO EN LA PREHISTORIA 17

CAPÍTULO 3
EL VENENO DE LOS DIOSES 23

CAPÍTULO 4
VENENOS MITOLÓGICOS 31

CAPÍTULO 5
LA DOMESTICACIÓN DE LOS VENENOS 37

CAPÍTULO 6
LA PONZOÑA DEL NILO 41

CAPÍTULO 7
¿MALDICIONES O VENENOS? 55

CAPÍTULO 8
GRECIA, LA CULTURA DEL VENENO 69

CAPÍTULO 9
PHARMATON O EL VENÉNO MÉDICO 79

CAPÍTULO 10
DE CATADORES Y ANTÍDOTOS 87

CAPÍTULO 11
MANUAL DEL ENVENENADOR 97

CAPÍTULO 12
EL VENENO DEL IMPERIO 105
CAPÍTULO 13
EL VENENO HACE POLÍTICA 117
CAPÍTULO 14
NACE LA BOTÁNICA..129
CAPÍTULO 15
DIVINO VENENO..135
CAPÍTULO 16
EL VENENO DE LOS DIOSES EXTRAÑOS...141
CAPÍTULO 17
EL RENACER DEL VENENO..159
CAPÍTULO 18
LOS VENENOS DEL NUEVO MUNDO...167
CAPÍTULO 19
CON NOMBRES Y APELLIDOS 177
CAPÍTULO 20
DE LOS MÉDICI A LAS MADAMES VENENOSAS 187
CAPÍTULO 21
EL VENENO SALTA AL FUTURO..199
APÉNDICE
GLOSARIO DE TÓXICOS 229
BIBLIOGRAFÍA...238

INTRODUCCIÓN

La primera vez que cayó en mis manos un libro sobre venenos, pensé que encontraría en él fórmulas secretas, historias truculentas y recetas que me explicarían tormentos, tragedias, complots y por supuesto mil y una formas de provocar la muerte. Seguramente fue el morbo quien condujo mis manos por aquella estantería, luego de ver la palabra «venenos» escrita en rojo sangre. Sin embargo, aquella obra era un tratado que incluía botánica, farmacología, evaluaciones médicas sobre los principios de toxicidad, advertencias sobre síntomas, antídotos, etc. Mi ignorancia –no lo he dicho, pero no tendría más de 14 años– me inducía a pensar que el veneno era cosa de magia y no algo relacionado con las ciencias químicas.

Mediatizado por películas, novelas y leyendas urbanas, aunque entonces no se llamaban así, creía que el veneno sólo era una oscura herramienta al alcance de misteriosos alquimistas de otros tiempos. Al paso de los años he podido constatar que ideas como la mía son comunes incluso entre algunos adultos. Personas que, tras la evocación de la palabra veneno, se imaginan a Leonardo da Vinci preparando sopas envenenadas para los Medici o visualizan al Papa Borgia, uno de los grandes envenenadores de la historia, aplicando sigilosamente en la copa de uno de sus anfitriones un polvillo ponzoñoso que cae del interior de su anillo pontificio. Estoy seguro que habrá también quien piense que el veneno no es más que esa «milagrosa sustancia» usada por sacerdotes, magos y chamanes para contactar con el más allá.

Sólo unos pocos serán capaces de borrar de su mente a Sócrates con su cicuta, a Claudio con sus melocotones envenenados, a Napoleón sumergido en etílicas bañeras, para dar paso a algo mucho más global: el veneno ha estado, está y estará en todas partes. Lo que lo hace inocuo o letal es la cantidad que se ingiere.

Un veneno, término que a lo largo de esta obra veremos aparecer cientos de veces, contiene una o varias sustancias químicas de procedencia vegetal, animal o mineral, que han interactuado con el hombre a lo largo de toda su historia. Y si tuviera que resumir una definición al respecto del título de este libro, diría que la historia de los venenos se solapa con la historia de la humanidad.

Algunas sustancias tóxicas, están en nosotros aunque en insuficientes cantidades como para resultar mortales. El tósigo o un recuerdo de él quizá se encuentra en nuestra herencia genética, la que recoge la información de los alimentos ingeridos por el ser humano en sus breves tres millones de años de historia.

El veneno está en nuestras creencias, religiones y mitologías. Se encuentra junto con los dioses, héroes y seres que moran más allá de la razón. Pervive en el folclore, en las historias legendarias y supera el paso del tiempo, evitando ser relegado al olvido, porque siempre, en todas las culturas y en todas las épocas, ha provocado trágicos accidentes. Está en nuestra historia más primitiva, no sé si en Atapuerca, pero seguro que sí cohabitando con la homínida Lucy. Nos ha llegado como eco de las grandes culturas antiguas, ya sea para castigar a quienes profanaban las tumbas egipcias o para ser inoculado a través de la ponzoña de la serpiente que teóricamente mordió a Cleopatra. Y, aunque ya habrá tiempo de hablar de esta dama, vaya como anticipo la duda sobre la acción directa de su reptil ejecutor.

Venenos son muchas de las sustancias que a veces malévolamente o de forma terapéutica revelan los *toxicon* griegos, unos tratados botánicos y médicos que hoy conocemos gracias a la sabiduría volcada en ellos por personajes como Hipócrates o Dioscórides. La ponzoña revolotea por los triclinios de los ágapes romanos y luego traspasa lo gastronómico para asentarse en lo orgiástico a través de las libaciones en honor a Baco y en todas aquellas sustancias que Agripina la envenenadora, Calígula el desalmado o Locusta, auténtica maestra de las pócimas letales de su tiempo, usaron más para matar que para procurar alivio.

Pero ni griegos ni romanos fueron los únicos en catar las sustancias de lo prohibido, de la vida y de la muerte. El veneno también aparece en el mundo islámico, como bien lo recuerda Avicena, el gran maestro médico que, junto con Averroes, autor de un libro de venenos, y Maimónides, gran investigador de los antídotos, nos demuestran que el veneno, además de ser usado por la secta mística de los «Asesinos», estaba a la orden día en los países de la media luna. Y como no podía ser de otra manera, también en las cortes medievales que heredaron de griegos y romanos la sabiduría de la ponzoña y acabaron por perfeccionarla de la mano de sus relaciones con la cultura islámica.

Podemos asegurar que el uso del veneno entre griegos y romanos fue un «juego de niños» en comparación con el medioevo y en el renacimiento. Ni Dios se libró de ésta —y digo Dios porque los tronos papales eran peligrosas sillas en las que a veces se inducía al descanso eterno—. Y es que el papa Borgia hizo del envenenamiento casi un arte. Envenenar era la forma más fácil, cómoda y discreta de poner en los brazos del Altísimo a un pontífice molesto, un candidato peligroso o a un rey un tanto díscolo para con los fines eclesiásticos. Eso sí, no nos engañemos, en justa correspondencia, si Dios envenenaba, el maligno no podía ser menos. Brujas, magos, curanderos y diablos de toda índole serán, según los cazadores inquisitoriales, grandes conocedores de los venenos. Cierto es que las brujas medievales volaban rumbo al aquelarre gracias a la unción de psicodélicos en el palo de sus escobas, que al entrar en contacto con la piel y las mucosas les procuraba un «viaje» que ciertamente de excederse en la dosis podía haber sido mortal. Pero de ahí a considerar que el veneno era exclusivamente satánico, hay un abismo.

Alquimistas y boticarios intentaron hallar también lo oculto buscando, como hicieron Paracelso o Saint Germain, preparados magistrales de contenidos tóxicos que les condujeran a obtener el conocimiento de aquello que estaba prohibido.

Seguramente fueron aquellos alquimistas, hechiceros y primigenios inquisidores quienes alimentaron o sirvieron como caldo de cultivo para que tras ellos, ya en el Renacimiento, el veneno fuera casi como la aspirina en nuestros días, algo muy común. La sustancia omnipresente y la mayor de las veces silenciosa y discreta que servía para perpetuar el poder de jefes de estado, acabar con enemigos, amantes indeseables y, cómo no, inspirar puntualmente la capacidad creativa de grandes pensadores de la época.

No sabemos si cuando Galileo, harto ya de tanto juicio, dijo aquello de *e pur si muove* lo hizo bajo los efectos del *accua di Toffana* o tras comerse un revoltillo de mágicos hongos. Con o sin ellos era un genio. Lo que sí parece claro es que las sustancias consideradas tóxicas según la dosis, fueron una ayuda más para muchos científicos y genios creativos del Renacimiento. Por supuesto, el tósigo no les dio la inteligencia, es más a veces la embotó.

Pero debemos ir más lejos. Una cosa es el coqueteo o la experimentación con ciertos productos de carácter letal y otra conocer a fondo de dónde vienen, cómo se pueden usar, para qué sirven y, lo más relevante de todo, si deja rastro.

Hasta mitad del siglo XIX la mayoría de venenos gozaron de impunidad. Se preparaban, administraban y en un tiempo más o menos previsto, generaban la que se llamó dulce muerte. Asesinatos que con frecuencia fueron confundidos con enfermedades de extraña procedencia, indigestiones, accidentes, etc. Se sabía perfectamente que existían venenos y envenenadores, no en vano desde mucho antes era de oficio reconocido la figura del catador, como aparece registrada en antiguas crónicas de la historia de Egipto. Sin embargo, hasta que no nace la toxicología moderna, veneno y crimen desde el prisma médico y empírico son dos conceptos confusos. Será gracias a la ciencia forense y al nacimiento de técnicas de estudio y análisis químicos y en laboratorios de animales y plantas que se podrá confirmar la existencia de maestros envenenadores e incluso criminales que hoy conocemos como asesinos en serie, que hicieron uso de la ponzoña para satisfacer sus intereses. Gracias a los estudios de la toxicología sabemos por ejemplo que Marie Madeleine d'Aubray, encantadora dama de la Francia del siglo XVIII, mató a decenas de personas tras agasajarlas con galletitas y pasteles concienzudamente envenenados que les suministraba en sus hospitalarias y piadosas visitas a los hospitales.

No nos engañemos, el veneno no forma parte del pasado. Tristemente sigue vigente en nuestros días. La diferencia es que hoy es más elaborado, selecto e incluso letal. Los laboratorios científicos y el uso de las nuevas tecnologías nos han demostrado que pueden superar con creces el uso de sustancias tóxicas. Han dejado patente que Rasputín era un vulgar aficionado en el uso del tósigo, que el gas con que los nazis exterminaron a miles de judíos, el infame Zyklon-B, por si no fuera bastante, todavía podía ser más letal y que en pleno siglo XXI es factible «eliminar» de la escena política a personajes como Litvinenko, tristemente famoso gracias al polonio 210. Todos pudimos ver las imágenes ofrecidas en televisión que mostraban como el que fuera miembro la KGB apagaba velozmente su vida postrado en el lecho de un hospital británico. Aunque últimamente parece que el veneno viene del frío, porque antes que Litvinenko le tocó el turno al guapo y elegante político Víktor Yushchenko, quien acabó con la cara hecha un mapa debido a alguna misteriosa sustancia, justo al alcanzar la presidencia de Ucrania.

Comprenderá el lector que todo lo referido hasta el momento no son sino breves pinceladas de una gran historia, divertida unas veces, singular o curiosa otras, escatológica, mortal y tenebrosa las que más. Pero es también la historia de la búsqueda del conocimiento, de la sabiduría de la trascendencia y la salud. Un camino, como casi todos los que emprende el ser humano, de doble filo. Una ruta que puede elevarnos a los altares o llevarnos a los infiernos de Dante.

La del veneno es una historia compleja pero, particularmente para mí, apasionante. Una historia que comparto con el lector a través de las páginas de esta obra, pero no desde el prisma histórico sin más, sino desde otra vertiente. La de contar y conocer cosas. Me gustaría que éste fuera un libro «que se dejase leer», por eso he eliminado de mis estructuras mentales los excesos de nomenclaturas y tecnicismos. Éstos, que si bien en ocasiones no hay más remedio que utilizar, quedan relegados a los apéndices que componen la obra. En dicho replanteamiento y tras unas cuantas semanas pensando en la forma más adecuada de contar una historia sin ser historiador, me vino a la mente la idea de cambiar de escenario.

El papel por sí mismo a veces es demasiado frío. Para narrar según qué episodios conviene que la pasta de celulosa se convierta en una pantalla figurativa, en un salvoconducto que nos lleve a lugares más espaciosos que no estén limitados por los márgenes de las páginas ni comprimidos en el interlineado de sus párrafos. ¿Cómo hacerlo sin salir del papel? Ya que vamos a hablar de intimidades, compartiré ésta con el lector: creo que la mejor forma de entrar plenamente en contacto con la historia del veneno es conducir nuestra imaginación hacia escenas, momentos y personajes que conforman esta historia. Por eso esta obra no es un libro. Bueno, sí en formato tal vez, pero invito al lector que ahora lo sostiene en sus manos, a que la visualice como una llave, un mando a distancia o un ratón de ordenador. Cada cual que escoja la herramienta que mejor sintonice con sus preferencias tecnológicas. Cualquiera de ellas le conducirá al mismo lugar: mi particular «cuarto de maravillas» o –como se decía allá por el siglo XVI cuando se inventaron estas estancias precursoras de los actuales museos– «gabinete de las curiosidades».

Los antiguos cuartos de maravillas albergaban desde raídos pergaminos o libros malditos y prohibidos, hasta objetos imposibles como cuernos de unicornio, pezuñas de centauro y recipientes repletos de sangre de dragón. Eran lugares con cabida para lo científico y aquello que no siéndolo poseía la suficiente singularidad o rareza para compartir espacio. Esos cuartos, que a veces eran varias salas, fueron fundamentales en el despegue de la ciencia moderna, pues aunque mezclaban folclore y realidad amparaban portentos del saber del mundo conocido.

Mi cuarto de maravillas será un lugar que nos servirá para que pasemos buenos ratos juntos. Un espacio plagado de librerías, alacenas, estanterías y cajas que contienen secretos, enseñanzas y verdades. Una sala que podremos recorrer para viajar en el tiempo, conocer las vivencias de otros momentos. Para que políticos, reyes, papas, sacerdotes, envenenadores, cortesanas y asesinos desnuden su alma y sus instintos al contarnos su vinculación con la ponzoña. Un cuarto de maravillas donde cada vez que entremos, pues no siempre será necesario penetrar en él, lo hagamos para conocer un fragmento de la historia, siempre documentado, y que a veces será clarificado por el inestimable equipo de asesores que han accedido a suministrarme información o clarificar conceptos para esta obra. Un gabinete de las curiosidades en el que no será peligroso estar y del que seguramente cada una de las veces que salgamos tendremos la sensación de irnos acompañados.

Pero en este cuarto de las maravillas ponzoñosas no encontraremos ni las fórmulas para matar ni las recetas para curar. Si el lector espera que éste sea el manual para llevarle a un estado modificado de la conciencia o hacerle pasar a mejor vida, se ha equivocado de libro. De igual forma quien crea que en nuestra particular e íntima sala del conocimiento de lo tóxico hallará un vademécum que le conducirá a recuperar la salud también está en un error. Así pues, y como exige la primera norma de todo buen envenenador, permitirá el lector que me lave concienzudamente las manos del mal uso que pueda hacer durante su estancia en el desde ahora nuestro cuarto de maravillas.

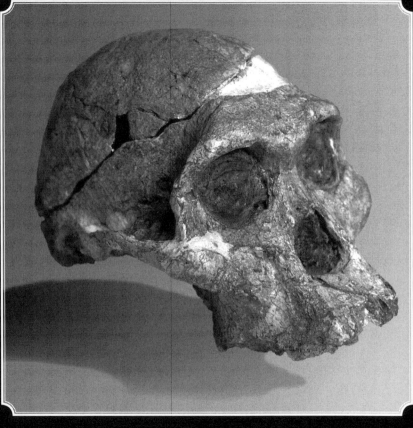

Representación gráfica del cráneo de un *australopithecus*.

«Los monos son demasiado buenos
para que el hombre pueda descender de ellos.»
F. Nietzsche, filósofo

CAPÍTULO 1

EL VENENO
DE LOS HOMÍNIDOS

Lo siento mucho, pero en esta primera visita al gabinete de las maravillas no hay complots, ni tramas, ni pócimas secretas. Tendremos que conformarnos con la alacena de los huesos de nuestros antepasados, testigos mudos de un período lejano y trascendente para comprender la historia del uso del veneno.

Los huesos más antiguos que hablan de nuestra historia no son siquiera humanos. Nos conducen al que será nuestro primer viaje en el tiempo, unos cuatro millones de años hacia atrás para conocer un grupo de prehomínidos, los *australopithecus*, que un buen día, luego de prosperar tranquilamente en las sabanas arboladas, decidieron bajar al suelo. Los restos óseos, escasos, en mal estado de conservación e inconexos unos con otros, son insuficientes para desvelar sus dueños o si sus propietarios eran o no totalmente bípedos.

La paleontóloga Leticia Losada considera que «es de suponer que en aquel tiempo el bipedismo no estaba totalmente asentado. Los hallazgos no pueden confirmarlo pero, si establecemos una comparativa con los simios actuales, podemos deducir que los homínidos de hace cuatro millones de años se apoyaban ocasionalmente sobre sus nudillos para caminar».

¿Qué relación hay entre estos lejanos antepasados y el tema que nos ocupa? En apariencia ninguna, pero existen investigadores que opinan que buena parte de nuestra evolución más primigenia se la debemos a un, por decirlo de alguna forma, despertar de la conciencia, y que éste sí pudo venir de la ingesta de ciertos productos tóxicos...

El primer colocón

Sabemos que hubo cinco ramas o familias de *australopithecus* pero sólo una, la *afarensis*, logró la supremacía poniendo las bases para el nacimiento de la especie que hoy es la nuestra. ¿En qué era diferente del resto? ¿Qué la hizo evolucionar? Los *australopithecus* se alimentaban básicamente de vegetales. Se cree que puntualmente podían ingerir algún insecto, sin embargo algo hizo que cambiaran radicalmente su sistema de vida, concepción del mundo y dieta alimenticia.

¿Qué provocó el cambio de dieta? ¿Gracias a qué despertaron su conciencia e inventaron habilidades? Muchos paleobotánicos, entre ellos los investigadores Robert McLahan y Gregor Houston, creen que ello se debió a la ingesta de sustancias psicodélicas. En opinión de Houston, «puede que los *australopithecus* comieran por error hongos, bayas o insectos que albergaban química tóxica y psicoactiva», en definitiva productos venenosos porque sin lugar a dudas muchos se pasaron con la dosis y murieron por probar lo que tiempo más tarde las mitologías convertirían en frutos prohibidos.

En opinión de McLahan, aquellos ingredientes generaban reacciones de carácter alucinatorio «porque luego de ingerir inconscientemente la cantidad adecuada, su cerebro, notablemente primitivo comparado con el nuestro, extendía sus redes neuronales, multiplicaba la sinapsis, les hacía tener visiones, amplificaba sus sentidos y, en definitiva, les ofrecía un mundo distinto al cotidiano». La pregunta que cabe hacerse es si aquellos antepasados que un día probaron el veneno por equivocación acabaron por recurrir a él bien fuera por sus efectos calmantes o porque al ingerirlo se sentían distintos. No eran humanos, por tanto no podemos comprender cuál era su nivel de conciencia. Sea como fuere, todo parece indicar que el cambio dietético, al expandir sus sentidos, ayudó notablemente en su evolución.

La abuela Lucy

El hallazgo más antiguo de *australopithecus afarensis* que tenemos nos conduce a 3,5 millones de años atrás en el tiempo. La «abuela de la humanidad» fue encontrada el 24 de noviembre de 1974 por Tom Gray. La llamaron Lucy porque en ese momento en el campamento de excavaciones sonaba la canción de los Beatles «Lucy in the sky with diamonds». O lo que es lo mismo, «Lucy en el cielo con diamantes», una canción elaborada por el grupo de Liverpool justo en el momento más psicodélico de su carrera, cuando los Beatles coqueteaban alegremente con el ácido lisérgico, cuyas siglas son LSD y que supuestamente se hallan ocultas en el título de la canción (Lucy, Sky, Diamonds) que pretende describir un viaje de carácter holotrópico.

No sabemos si Lucy era o no una mona colocada, como apuntan las teorías de McLahan y Houston, lo que sí conocemos es que los de su especie dieron paso a nuestros antepasados más directos. Lucy vivía en la actual Etiopía. Su cerebro corresponde a un 30% del nuestro. Era regordeta, peluda, feúcha y padecía de gases. Caminaba erecta, tenía las piernas cortas y las caderas anchas. Su paso no era grácil ya que para desplazarse se inclinaba y contoneaba con grandes balanceos laterales. Los restos fósiles demuestran que Lucy tenía los brazos largos, tanto que casi rozaban el suelo.

¿Cómo era la vida de Lucy? El paleontólogo Gonzalo Sánchez de Almada considera que la abuela «había decidido dejar de vivir, como hicieron sus antepasados, permanentemente en los árboles. Y si bien podía dormir en ellos o subir a éstos para protegerse de sus vecinos carnívoros como el terrible tigre de dientes de sable, en general vivía en el suelo». Es de suponer que la tierra suplía las carencias alimenticias de los árboles. En ella encontraba tallos fibrosos, bulbos y tubérculos. Con esta alimentación Lucy requería de un considerable intestino grueso albergado en un vientre abultado que le ayudase a fermentar los alimentos.

La abuela Lucy era pequeña, no pasaba del metro de altura y su robustez era debida a que su cuerpo estaba programado genéticamente para almacenar en forma de grasa la abundancia alimenticia del momento. Ahora bien, según Sánchez Almada, «su dieta era mucho más rica y amplia que la de sus antepasados y la evolución la estaba dotando con fuertes molares y dientes cada vez más largos y puntiagudos».

La vida de Lucy y sus congéneres permitía la experimentación del entorno y descubrir nuevas zonas en las que dormir, comer o vivir. «Aunque no era nómada, como el *homo erectus* que se distribuyó por todo el planeta, el *australopithecus afarensis* disponía de un rústico bipedismo que le permitió conocer nuevos horizontes y alimentos», asegura Sánchez Almada. Aquello tuvo que ser tanto como pasar del «menú del día» a la «comida a la carta», lo malo es que no siempre todos los alimentos eran saludables para aquellos homínidos. ¿Cuántos contenían elementos tóxicos? ¿Cuántos de ellos activaron la formación de nuevas redes neuronales?

Lucy no sabía cazar. Tampoco era capaz de fabricar herramientas, como sí hicieron sus descendientes los *homo habilis*, de manera que se contentaba con animales pequeños. Lo que desconocía es que alguno de ellos, como una diminuta y vistosa rana, por poner un ejemplo, podía matarla sólo con lamerla. Era venenosa y por tanto letal, pero también capaz de conducirla a un estado modificado de su mente primitiva.

Investigadores como McLahan y Houston, coinciden en afirmar que «los cambios de hábitat, así como la evolución genética de la especie, fueron dotando de inteligencia a aquellos homínidos que con frecuencia tenían acceso a sustancias psicoactivas que alteraban su comportamiento».

Cuando el cerebro cambió

Somos química pura. Nuestro cerebro percibe, trabaja e interactúa a través de sustancias químicas y muy posiblemente –algunas de ellas venenosas y alucinógenas– acompañaron a nuestros antepasados a un cambio evolutivo, quizá avivando una creatividad que emergía de forma natural, la que les hizo entender que para obtener su carne necesitaban herramientas, –fase *habilis*– y que para la caza era mucho mejor en grupo y caminando sobre sus dos pies –fase *erectus*– ya que, además de velocidad, lograban un notable ahorro energético y mayor éxito en la caza.

Con el paso del tiempo el cerebro de los descendientes de Lucy se enfrentaba a nuevos retos de supervivencia y para ello requería de mayor capacidad. Pasando de los 750 cm^3 del homo habilis a los 800 del *erectus*, llegando a los 1400 del *sapiens sapiens* que se desarrolló en Europa hace 40 mil años. Lo que nunca sabremos es cuántos murieron envenenados, cuántos tuvieron un contacto alucinógeno directo con la divinidad y en qué medida ello afectó a la evolución.

Cerramos la vitrina virtual que alberga los restos óseos de Lucy y los cráneos de los antepasados. Nos aguarda un secreto. Los venenos enmudecen y nos ocultan su poder durante milenios. Todo son hipótesis, pero quizá al abrir la próxima caja, aquella que contiene una piedra de cuarcita roja, podamos entender mejor cómo la ponzoña alumbró la espiritualidad primitiva.

CAPÍTULO 2
EL VENENO EN LA PREHISTORIA

Hasta 1998 el conocimiento que teníamos del culto del hombre primitivo por la muerte nos situaba en una fecha temprana, hace 60 mil años, en Irak. Sin embargo, cuando estaba punto de finalizar el siglo XX, una inocente piedra revolucionó la historia antigua.

Pero antes de conocer el contenido de la caja que alberga el testimonio de culto funerario más viejo de nuestra historia, debemos preguntarnos ¿cuándo nace la conciencia? ¿En qué momento el humano puede considerarse como tal? ¿Qué hizo que nuestros antepasados comenzaran a creer en la existencia de seres superiores, dioses y, por tanto, en un más allá? No hay respuestas claras, y aunque pueda parecer un argumento fácil, la única pista que tenemos nos conduce de nuevo al veneno.

Veneno en la despensa

En la prehistoria los humanos viven de la caza y la recolección. Cazar tenía sus peligros y requería fuerza y rapidez. Quedaba bajo la responsabilidad de los machos. Pero la tarea destinada a las mujeres era mucho más comprometida. Ellas se ocupaban de recolectar frutas, plantas, hongos, bayas y raíces siguiendo dos parámetros básicos, la observación visual y la técnica de ensayo-error.

En el primer caso, la cosa era bastante fácil. Aquello que comían los animales podía ser ingerido por los humanos. En principio no revestía peligro, pero sólo en principio. Hoy sabemos que determinadas especies animales son capaces de metabolizar los efectos tóxicos de un veneno a través de los procesos digestivos.

Por lo tanto, no todos los vegetales que comían los animales eran inocuos para los humanos.

A través de la segunda técnica de ensayo-error, que sin duda es la base de la ciencia, los pueblos primitivos probaban aquello que no sabían si era peligroso. Según el paleobotánico Enrique Molas, «a diferencia de lo que sucede con algunos animales que advierten de su toxicidad o peligro a través de colores u olores, todos los vegetales, incluso los más letales, poseen una apariencia digamos inocente». La solución para comprobar si había peligro o no, era llevar la recolección al poblado, distribuirla entre los más viejos o enfermos y esperar resultados. Si no acontecía la muerte, aquello era comestible.

La visión antropológica

Mucho antes de que nazcan las grandes culturas, los humanos prehistóricos están a merced de los caprichos de la naturaleza de la que dependen para poder vivir. Aquellos hombres y mujeres se encuentran estrechamente ligados a las estaciones, los fenómenos meteorológicos y la luz del sol. Todavía no conocen el fuego, y por tanto la noche se convierte en un entorno peligroso, sinónimo de vulnerabilidad. Algunos alimentos han propiciado la muerte, otros les han otorgado visiones.

Según la antropóloga Carmen Bonilla, «los primitivos humanos gestan en ese tiempo dioses, mitos y creencias. Cuando prueban lo tóxico, sucede algo similar a cuando sueñan, algo se manifiesta en su mente. De igual forma que antropológicamente consideramos que la visión onírica puede ser conceptualizada como

la primera revelación recibida por los humanos por parte de los dioses, podemos aceptar que determinados estados psicodélicos hicieron lo mismo».

Por algún motivo nuestros antepasados llegan a la conclusión de no estar solos en el mundo. Creen que hay entidades superiores a las que puede que en un momento determinado responsabilicen de aquello que les ocurre. Partiendo de esta premisa es de suponer que aquellos que conocen el poder visionario de ciertas plantas se erijan como mediadores entre el más allá y lo tangible. Su misión será negociar con lo sobrenatural, ya sea intentando agasajarle mediante ofrendas o reclamándole protección y ayuda. En este momento de la historia están naciendo los cultos.

Una piedra de cuarcita roja utilizada como hacha de 400 mil años de antigüedad.

Una montaña de huesos en Atapuerca.

Durante décadas hemos creído erróneamente que todo lo narrado con anterioridad era un proceso moderno. Los antropólogos se negaban ubicar la existencia del mundo espiritual más atrás de 60 mil años. Pensaban que la mente no había evolucionado tanto, pero entonces nos topamos con Excalibur, que lo cambió todo.

La tumba más antigua

Abramos la caja que ocupa un lugar preferencial en nuestra sala de las maravillas. No en vano es el icono religioso por excelencia, el testigo más antiguo de la historia de un acto funerario.

El 9 de julio de 1998 en Atapuerca (Burgos), Juan Luis Arsuaga, junto a un grupo de arqueólogos, encontró un agujero lleno de huesos, tanto de osos como de humanos. Estaban en una zona bastante apartada de los hábitat tradicionales, lo que significa que no habían sido tirados allí sin más, sino depositados expresamente. Sobre aquella montaña de huesos había un elemento que no cuadraba. Una piedra de cuarcita roja que los arqueólogos dataron en 400 mil años de antigüedad y que los investigadores creen que los moradores de Atapuerca pudieron utilizar como hacha.

El equipo de Atapuerca bautizó la piedra con el nombre de Excalibur, que recordemos fue la mítica espada del rey Arturo, un arma que en las crónicas artúricas se describe como herramienta capaz de conectar el mundo de los vivos con el de los muertos.

Los antropólogos creen que colocar a Excalibur coronando un montículo de huesos implica una primitiva ceremonia. Según la antropóloga Carmen Bonilla, «depositar cadáveres de forma agrupada en lugar de abandonarlos a su suerte implica respeto y ceremonia. Pero si a eso le añadimos que los huesos humanos compartían espacio con otros de oso, puede significar dos cosas: o que aquellos hombres y mujeres fueron enterrados con los animales que serían su alimento en su viaje al más allá o bien que para aquellas gentes los osos simbolizaban la fuerza y por tanto, al ser considerados animales totémicos, fueron colocados como tributo funerario».

¿Quién inventó el sepelio?

A la espera de la obtención de nuevos datos en Atapuerca que demuestren lo contrario, la versión oficial es que fueron los neardentales quienes inventaron el entierro ceremonial. Hace unos 120 mil años depositaban a sus difuntos en fosas cubiertas o rodeadas de piedras. Complementaban sus tumbas con ajuares funerarios compuestos por cuchillos, hachas, collares de dientes o de espinas, así como alimentos. Pero lo más relevante es que en algunos de estos yacimientos también se han encontrado restos de plantas con poderes tóxicos y psicoactivos, como la adormidera. ¿Si no había una creencia en el más allá, tiene sentido tanta complicación?

Bienvenidos a Shanidar

En todo gabinete de las maravillas que se precie, existe una zona denominada «naturalis». Allí se albergan los ejemplares más curiosos del reino vegetal. Pasaremos mucho tiempo en este espacio, especialmente habilitado para contener las plantas más tóxicas. El espacio es grande y tiene una pared literalmente forrada con muebles que contienen cajoneras de múltiples tamaños. En el frontis de un diminuto cajón encontramos escrita la palabra *efedra*.

Se trata de uno de los tesoros más antiguos que perteneció a un pequeño arbusto de tallo ramoso que casi alcanzaba el metro de altura. Su singularidad estriba en que además de ser tóxico y alucinógeno, dado que contiene un potente estimulante nervioso denominado efedrina, tiene 60 mil años de antigüedad y fue hallado en la cueva de Shanidar. Su historia es especialmente trascendental pues nos permite conocer la relevancia de un funeral.

Un neardental especial

Él, puesto que nadie dejó escrito su nombre, hacía meses que se encontraba mal. Acababa de cumplir los 40, una edad nada despreciable teniendo en cuenta su época. Comunicó a los suyos su malestar y aquellos que siempre le habían cuidado, dado que desde su nacimiento había sido una persona minusválida, comenzaron a preparar su tumba. Sabían que el tiempo apremiaba. Aquel que dominaba los secretos de las plantas, de la vida, de la muerte y de los dioses, debía darse prisa. Cuando él murió fue delicadamente colocado en posición fetal. Alguien depositó flores a su alrededor. Una de ellas cubría la cuenca maltrecha de su ojo derecho que nunca le permitió ver la luz del sol y que menguó sus capacidades en el arte de la caza. Siete plantas con propiedades medicinales le acompañarían en su tránsito, entre ellas la efedra. Aquella que había estado ingiriendo en sus últimos días, reposaría sobre su fría boca. Después fue cubierto por unas piedras. Todo había sido preparado cuidadosamente para que alcanzara el sueño de la eternidad. ¿Quién era el difunto? Jamás lo sabremos. Quienes descubrieron su cuerpo a mediados del siglo XX, lo llamaron Shanidar I.

Cuando en la década de los cincuenta el grupo de arqueólogos que excavó la cueva de Shanidar en el Kurdistán iraquí, encontró la tumba de nuestro amigo, pensó que había sido un hombre especial por haber sido enterrado con flores. Justificaba esta teoría que el escenario de Shanidar I era distinto al de otros neandertales que como él habían sido enterrados en la zona. Los arqueólogos descubrieron siete cuerpos de adultos y dos de niños que, si bien poseían ajuar funerario, entre éstos no había, como en los de Shanidar I, muestras de polen y esporas, lo que certificaba que sus cuerpos habían sido enterrados sin flores. Por otra parte, los análisis de los restos vegetales de la tumba de Shanidar I demostraban que al menos una de las plantas utilizadas en su sepelio era de carácter curativo o alucinógeno. Se trataba de efedra.

Los posteriores estudios de los huesos de Shanidar I, además de permitir un cálculo aproximado de su edad, desvelaron que en vida había sido una persona disminuida, con problemas de visión y de movilidad. Posiblemente antes de morir padeció una larga enfermedad y quizá aquellas flores, entre las que, como ya hemos dicho, se encontraba la tóxica y alucinógena efedra, más que agasajarlo en su tránsito al más allá eran una manera de darle recursos en su nueva vida.

Dormirás el sueño eterno

Hay quien opina que Shanidar I padeció una eutanasia. Fue depositado en un lugar sagrado, colocado en posición fetal e inducido al sueño eterno mediante un brebaje que contendría briznas de efedra, cuya sustancia, la efedrina, es mortal en dosis elevadas.

El hallazgo de Shanidar no es una excepción. En todo el mundo se han encontrado tumbas, aunque no tan antiguas, con ofrendas ceremoniales funerarias cuyos ajuares, además de objetos personales, armas o restos de alimentos, contenían elementos venenosos y psicoactivos.

En 1868, el tratado *Antigüedades Prehistóricas de Andalucía* refleja los detalles del hallazgo en una gruta granadina de la localidad de Albuñol. Un grupo de mineros descubrió en dicha cueva varias decenas de cadáveres cuidadosamente colocados. El tratado indica que se trata de un cementerio religioso prehistórico. Basa esta descripción en la gran cantidad de ofrendas funerarias que se encuentran junto a los cuerpos. Entre ellas numerosas cápsulas y semillas de adormidera, una planta que recordemos se extrae el opio.

Estudios posteriores basados en la técnica del Carbono 14 han demostrado que aquellos restos humanos se remontan al sexto milenio antes de nuestra era. ¿Qué hacía la adormidera junto a los cadáveres? ¿Fue un suicidio colectivo? ¿Se dispusieron las semillas como el símbolo del sueño eterno?

Ellos también lo hicieron

Los prehistóricos «granadinos» no fueron los únicos en recurrir a sustancia tóxicas. Se han hallado restos de épocas similares y que también contenían adormidera en Málaga, Córdoba, Soria y en Gavá (Barcelona), más concretamente en las minas neolíticas de Can Tintorer, datadas en el IV milenio antes de nuestra era, en las que se encontraron los esqueletos humanos de dos machos adultos que contenían restos de opiáceos procedentes de la adormidera. Uno de ellos disponía de una cápsula de dicha planta colocada entre los dientes, lo que nos lleva a pensar que quizá se utilizó como elemento terapéutico. Curiosamente, en la misma mina neolítica, se encontraron los restos de una niña y de una mujer que, a diferencia de los varones, no mostraban restos del uso de sustancias tóxicas.

La presencia de plantas tóxicas –que también pueden ser terapéuticas– es bastante frecuente en los yacimientos funerarios de la antigüedad. Esta proliferación lleva a los investigadores arqueológicos y etnobotánicos como Enrique Molas a opinar que, «conociendo el hombre primitivo el poder alucinógeno y al tiempo curativo de ciertas plantas, las incluyeron en los ajuares de sus difuntos, o en el interior de sus cuerpos, a fin de procurarles un "buen viaje" al más allá». Así pues, las sustancias que en vida proporcionaban alivio, visiones, relajación y hasta sueño, dado su carácter narcotizante, al acaecer la muerte servirían para lo mismo.

CAPÍTULO 3
EL VENENO
DE LOS DIOSES

Cerremos el cajón de la efedra de Shanidar I, no sin antes preguntarnos, ¿quién la cortó?, ¿quién la preparó?, ¿quién la depositó en los labios de aquel hombre? Seguramente fue una mujer. La química de las plantas ofreció la vida y la muerte, pero también el despertar, la evolución de la conciencia, la generación de la magia y entreabrió la puerta a los poderes sobrenaturales. Todo ello pasó por manos femeninas. Ellas fueron las originales sacerdotisas de la historia. Las que crearon, hace 30.000 años, a su imagen y semejanza, a la gran diosa representada en las numerosas estatuillas de silueta oronda, halladas en África y Europa.

Llegó un momento en que sin pretenderlo las mujeres adquirieron tribalmente un rango de poder. Se ocupaban de mantener vivo el fuego. En ocasiones, la observación de sus llamas les aportaban revelaciones, más cuando al cocinar ciertas plantas los compuestos químicos de éstas interactuaban con la combustión. La inhalación del humo de la hoguera, probar la cocción o el simple contacto con determinadas raíces las conducía a estados de trance. Las visiones se sobrevenían y no habiendo explicación para ellas, la lógica las conducía a pensar que todo se debía a una manifestación del más allá.

Después cada cultura o tribu asoció esta otra realidad con sus mitos, creencias o presencias espirituales de sus difuntos o de sus dioses. Posiblemente así nació el chamanismo prehistórico y con él el culto a las diosas. La explicación a ciertas cosas que no se comprendían y la elaboración de complejas escenas mitológicas no se haría esperar. De nuevo los venenos intervenían en la evolución humana.

El «marciano de Tassili» en la llamada Capilla Sixtina del Paleolítico.

Del tóxico al cosmos

Dos agujeros negros se clavan en los ojos del visitante. Son las cuencas vacías de una máscara cornuda que reposa en la pared justo frente a la puerta que da acceso a nuestro particular cuarto de maravillas. La estancia está bien protegida por este primo hermano al que se dio por llamar «el marciano de Tassili». Como todo objeto que se precie, nos relata una historia. La máscara nos conduce al continente africano, 7 mil años antes de nuestra Era.

En Libia, Chad, Egipto y Argelia encontramos yacimientos arqueológicos en los que se pueden apreciar escenas de la vida cotidiana de la época. Muchas de ellas muestran la presencia personajes ataviados con máscaras que sostienen hongos entre sus manos. Otras, a hombres y mujeres que elevan hongos por encima de sus cabezas, y otras donde primitivos humanos parecen danzar ingrávidos en una especie de bailes rituales. Uno de los casos más singulares de esta vinculación del hombre prehistórico con las sustancias tóxicas lo encontramos en el desierto del Tassili, en Argelia. En dicho lugar hallamos la figura que mundialmente es conocida como «el marciano del Tassili».

La que ha sido considerada como Capilla Sixtina del paleolítico, es una vasta área de cuevas en las que se han encontrado más de cinco mil dibujos rupestres. Hay imágenes antropomórficas, algunas ataviadas con máscaras y cuernos que han recibido el nombre de diablillos, figuras humanas en actitud de caza, otras efectuando plegarias o invocaciones y numerosas en estado ingrávido.

¿Extraterrestres o alucinados?

En las décadas de los sesenta y setenta, se dijo que la rica iconografía de Tassili daba fe de la pretérita visita a nuestro planeta de seres del espacio. Los entonces denominados ufólogos, esto es, los investigadores de la fenomenología OVNI y amantes de la presencia de extraterrestres, sugerían que los dibujos eran representaciones de personajes cósmicos ataviados con escafandra, mono espacial, botas y demás equipos técnicos.

Hoy sabemos que aquellas pinturas rupestres podían representar algo bien distinto. Según Joan Rady, psicotrainer especializado en el uso de alucinógenos como terapia de desarrollo emocional, «muchas sustancias tóxicas, así como algunos venenos, generan en un primer estadio sensaciones de ingravidez, desorientación espacio-temporal y, por supuesto, visiones». Modernamente, en los grupos de trabajo en los que se experimenta con ácido lisérgico (LSD) quienes ingieren dicha sustancia en un contexto ritual acompañado de danza y música, como parece ser sucedía en el lejano Tassili, «indican sentir que su cuerpo se hincha ingrávido, que su cabeza es como una esfera y que sus ojos, cuando los abren, son capaces de presenciar cosas sobrenaturales», asegura Rady.

Si tomamos dichas descripciones como referencia, vemos que los seres ingrávidos de cabeza redonda y un único ojo en el centro de su frente, más que extraterrestres bien podrían ser antiguos africanos «colocados». De ser así, lo que en el siglo XX fueron «marcianos», seguramente no eran sino chamanes, sacerdotes o jefes de tribu realizando danzas extáticas generadas por el uso de los venenos.

Nacen curanderos y chamanes

El chamanismo nace de las migraciones de los pueblos indoeuropeos, llega a Siberia y desde allí, hasta que se demuestre lo contrario, pasa al continente americano.

El chamanismo no es una religión estructurada o jerárquica, sino un movimiento de culto que espontáneamente fue naciendo conforme los primitivos humanos conquistaban nuevos territorios.

En todas las culturas existen féminas que dominan el cultivo y el uso del reino vegetal y animal con fines medicinales. Pero no es igual la chamana siberiana que la africana, la europea o la americana. Todas rinden tributo a la madre Tierra y el entorno, pero cada una de ellas lo hace utilizando los recursos naturales que tiene a su alcance

Otro de los grandes errores actuales es pensar que el chamanismo centra toda su existencia en la ingestión de sustancias tóxicas como la *amanita muscaria* para los chamanes siberianos y la ayahuasca o el peyote para americanos.

Detrás del chamanismo hay mucho más que un simple viaje alucinante que propicia la interactuación con los espíritus del más allá. Lo que hoy llamamos chamanes son los portadores del conocimiento mágico y curativo de la prehistoria.

El chamán tiene la capacidad de comunicarse con los espíritus.

Pero mucho antes de ingerir sustancias como las referidas, probaron otras como el cannabis, la adormidera, el beleño, la popular mandrágora, el estramonio y hasta la belladona, plantas que muchas veces les condujeron a la muerte pero también les sirvieron para tener contacto con los dioses y obrar curaciones.

El arte de volar

El chamanismo basa su existencia en un culto de respeto y admiración por el entorno y en las experiencias de alteración de la conciencia que son las que le sirven al chamán para obrar acciones mágicas, proféticas o curativas. Cuando el chamán ingiere determinadas plantas tóxicas, vuela más allá de su mundo, se comunica con los espíritus, pacta o lucha con ellos y, por supuesto, encuentra remedios y soluciones para sanar a los de su tribu.

La palabra *chamán* puede significar «el que sabe», pero también «aquel que está excitado», en clara alusión a un estado modificado de la conciencia. Y éste suele sobrevenir tras la ingesta de productos tan peligrosos como los citados.

Cáñamo, la planta mística

Sin lugar a dudas, el moderno chamanismo siberiano procede de las migraciones que realizan hacia el norte, en el segundo milenio antes de Cristo, los pueblos de Oriente, en especial la India. Conocer su historia psicodélica es una forma de entender mejor el chamanismo. Entre aquellas gentes que emigraron de la India y acabaron como chamanes en Siberia, era relativamente habitual el uso del cáñamo, planta que se supone procede de la antigua Mesopotamia, parte del actual Irán e Irak, donde místicos y hombres medicina la utilizaban para alcanzar la denominada «embriaguez sagrada».

Los asirios mesopotámicos llamaban al cáñamo «guunabu» y aludían a él en los textos de carácter médico y también en la literatura religiosa. Por su parte, los acadios se referían al cáñamo como «azulla» y recomendaban que se usara con moderación en tratamientos médicos. Justificaban la prudencia indicando que si se abusaba de él peligraba el cuerpo y la mente de quien lo tomase.

Desde Mesopotamia el cáñamo se expandió por el Asia Central llegando a la India y generando estados de trascendencia. No es de extrañar que se dijera que el dios Shiva había extraído el cáñamo del océano para utilizarlo en la meditación. Dicha planta tuvo que ser muy relevante para acabar vinculada a uno de los dioses que junto con Visnú y Brahma constituyen la trinidad hindú.

Fuese o no por los poderes tóxicos y alucinógenos del cáñamo, los místicos atribuyeron a su portador, Shiva, la representación del principio regenerador de todas las cosas. Creían que al dios le correspondían las funciones de gobernar la muerte y la resurrección. Lo asociaron con el ascetismo, con la capacidad de penetrar en lugares que estaban más allá de la razón. Finalmente, lo representaron con un tercer ojo en la frente, símbolo de claridad e iluminación.

La mitología nos cuenta que gracias a Shiva los hindúes tuvieron acceso a un néctar o bebida de los dioses que les procuraba la trascendencia. La ambrosía de cáñamo era la bebida favorita de Indra, el ser de los mil ojos, el rey de los dioses, el que tiene autoridad en el cielo y el que antes de cada combate, puesto que también es el dios de las batallas, bebe el soma o elixir divino. Es decir: se dopa.

Tanto da que al místico de turno le llamemos chamán, sacerdote, hombre medicina o mago. Los nombres cambian, las culturas se desarrollan según su propia idiosincrasia y sus rituales de trascendencia, pero en el fondo todo es lo mismo, la búsqueda de la embriaguez sagrada, el conocimiento, la meditación y la curación.

Místicos y hombres medicina empleaban el cáñamo para generar estados de trascendencia.

Veneno en el Rig Veda

Todo cuarto de maravillas dispone de su biblioteca. Es momento de acercarnos a los libros. Las estanterías repletas de pergaminos, papiros, obras incunables y viejos tratados serán un gran referente en nuestros paseos por el gabinete que albergan los venenos.

Libros sagrados hay muchos. De una manera u otra, en todos ellos se alude al poder del veneno. En este momento corresponde abrir una de las obras religiosas más relevantes de la historia de la humanidad: el Rig Veda. Los denominados «Versos de la Verdad» son una recopilación de himnos redactados en sánscrito védico dedicados a los dioses. Está considerado como el tratado más sagrado de los cuatro libros vedas que forman la base del hinduismo.

Se cree que los himnos aparecen en el subcontinente indio entre los años 1.700 y 1.500 anteriores a nuestra era. Dichos textos se perpetuaron mediante tradición oral hasta principios de la Edad Media. Numerosos investigadores opinan que algo de la inspiración necesaria para elaborar los 1028 himnos proceden de los efectos del uso de sustancias tóxicas.

En el Rig Veda se nos presenta el panteón de los dioses encabezado por Indra y se alude a la deidad Soma, la planta de la que se obtenía la bebida sagrada que producía, entre otros muchos dones, la iluminación espiritual. Más allá de la composición de cannabis del soma, se supone que el brebaje divino contenía otros elementos de índole tóxica y psicoativa. Se desconoce la formulación exacta, pero según los himnos védicos el soma otorgaba placidez, bienestar, sabiduría, inmortalidad, especial iluminación y encuentro con los dioses.

En clara alusión a la fuerza y vitalidad que otorga el soma, en el Rig Veda VIII, 8, 8 y en el Rig Veda XIV, 7, podemos leer:

> «Soma, concédenos una prosperidad más que suficiente para cien hombres... que los adversarios de soma, que nuestros enemigos, no puedan dañarnos... Soma, nuestra inteligencia te comprende enteramente; tú nos llevas por un camino recto, tú eres aquel que practica las buenas obras, estás dotado de energía y todo lo conoces...
>
> Soma, tú eres el protector, el soberano de los hombres piadosos y el santo sacrificio. Si tú quieres no moriremos...
>
> Que el zumo lechoso se deslice en tu derredor; que las ofrendas y el vigor se concentren en el destructor de sus enemigos; concédenos el cielo, soma, el alimento excelente que nos otorga la inmortalidad».

Tanto ensalzamiento puede parecer extraño para una sustancia que incluso podía ser letal, sin embargo, he ahí la grandeza de estos productos: la clave está en la dosis.

M-879   4   ॥सूक्॥

El Rig Veda, una recopilación de himnos escritos en sánscrito védico.

Cerremos temporalmente el libro sagrado. Concluyamos por el momento este somero contacto con lo divino y, sin alejarnos demasiado, caminemos en dirección a los mitos, descubriendo que las sustancias tóxicas ayudaron a que muchos de ellos fueran creados.

La muerte de Eurídice, del pintor Erasmus Quellinus II, realizado en 1630.

CAPÍTULO 4
VENENOS MITOLÓGICOS

No nos engañemos pensando que nuestros antepasados no recurrieron a las sustancias tóxicas para producir la muerte. Que no tengamos pruebas del uso prehistórico de venenos destinados a fines criminales no indica que no los hubiera. Sin embargo, aquel tiempo parece más bien estar relacionado con el uso de venenos en la salud, la trascendencia la espiritualidad y la mitología.

La presencia de las sustancias venenosas en los mitos queda constatada en dos líneas. Una, donde el veneno es protagonista o parte del mito que se nos cuenta, y otra, responsable de la generación del mismo. Los antropólogos creen que muchos mitos han sido construidos después de que el hombre primitivo probase sustancias tóxicas que por extensión eran alucinógenas. Para la antropóloga Carmen Bonilla, «das visiones de cielos, paraísos, infiernos y monstruos de toda índole se deberían a la toxicidad de ciertos productos». De esta forma, quienes sobrevivían al veneno, narraban experiencias trascendentales, fantásticas y religiosas. Los que morían pasaban a formar parte de los personajes secundarios que un día aparecerían en los mitos.

Comprendiendo el mito

Toda historia mitológica se parece a un relato de ciencia-ficción. Generalmente es fantástica, muy creativa e imaginativa, sin embargo no hablamos de un cuento creado para el entretenimiento. En las sociedades primitivas el mito tenía razón de ser porque aclaraba conceptos filosóficos, conductuales, éticos y morales. Porque ayudaba a comprender el origen de los miembros de la tribu y sus antepasados.

En opinión del antropólogo Gabino Marqués, «una de las singularidades del mito es que está más allá del tiempo. Es incluso anterior al tiempo. El relato mitológico no alude al presente, ni siquiera a un pasado que algún anciano podría recordar. Se pierde en los anales de la historia de un pueblo. Otro aspecto esencial es que quien protagoniza lo narrado en el mito es alguien especial. Difícilmente son humanos semejantes a los contemporáneos, sino sobrehumanos o dioses, tanto del reino animal como del mundo sobrenatural». No es que quiera insistir en los temas alucinatorios, pero ciertamente, quienes protagonizan las historias mitológicas deforman su apariencia física, ostentan poderes inimaginables y actúan siguiendo parámetros muy similares a los que padece quien ha sido envenenado con sustancias que además de tóxicas son alucinógenas.

Pero más allá de esta creatividad o «cuelgue», el mito no se perpetúa en el tiempo porque sí. El mito tiene razón de ser. «Los mitos, que ocasionalmente podemos considerar como piedra angular de algunas religiones, narran aspectos que pueden iluminar tanto la vida individual como la colectiva o cultural», indica Gabino Marqués, que además opina que el objetivo del mito no es la ciencia sino la creencia.

Una ruta mitológica

Sería peligroso permitir el paso a nuestro gabinete de las maravillas a los innumerables dioses, héroes y criaturas mitológicas dotadas de poderes tóxicos. Y es que ponzoña, veneno, venenosa, envenenamiento, etc., son términos que aparecen con frecuencia en todas las mitologías. Entremos no obstante en una nueva sala. Sustituyamos al personaje por un lienzo y conozcamos a través de una corta exposición virtual, el veneno en la mitología.

Ante nosotros Quirón, quien para los griegos fue gran ejemplo de la sabiduría y famoso profesor de héroes como Aquiles y Heracles. Pero su inteligencia no pudo evitar que fuera herido por una flecha envenenada en una cacería contra los centauros. La ponzoña estaba en su interior, de manera que Quirón no tuvo más remedio que renunciar a la inmortalidad para así evitar padecer terribles dolores por toda la eternidad.

Caminemos un poco más. El siguiente lienzo nos presenta a Eurídice. En el cuadro, ella está sentada a los pies de su amado Orfeo mientras éste toca la lira. Pero la bella Eurídice será otra de las víctimas de la ponzoña, puesto que muere poco después de haberse casado con su amado. La causa de su fallecimiento es la toxicidad de un mordisco de una serpiente.

No abandonemos la mitología griega pero cambiemos de escenario. Frente a nosotros Deyanira, una de las primeras envenenadoras de la historia mitológica, que dolida con su esposo Heracles, le envía a éste, y como regalo de despedida, una túnica envenenada. No sabemos qué sustancia tóxica inoculó Deyanira en aquella prenda, pero el mito nos cuenta que cuando Heracles se la puso, se sintió devorado por terribles sufrimientos. El resultado fue que Heracles, antes de seguir

El centauro Quirón enseñando a un joven Aquiles a utilizar el arco, en una pintura de Giovanni Battista Cipriani.

padeciendo el insoportable dolor, optó morir ardiendo, por lo que se lanzó a una gigantesca pira incandescente. El que fuera héroe griego y posteriormente elevado a la categoría de deidad, conocía bien los efectos letales del veneno. La mitología nos cuenta que Heracles tuvo que enfrentarse a una Hidra, criatura venenosa dotada de muchas cabezas, según el mito, entre 7 y 50. El héroe, tras acabar con el monstruo, untó en su sangre las flechas de su carcaj sabiendo que de esta manera las convertía en letales.

Otros lienzos de la mitología helena son aquellos que nos muestran la sangre letal de Medusa o la hechicera Medea, envenenando a algunos de los hijos que había tenido con Jasón, en represalia por el abandono de éste. Y por último contemplemos a la ninfa Escila acercándose a las aguas de la fuente donde solía bañarse a diario. Lo que Escila no sabía es que al entrar en contacto con el agua, la ninfa sería envenenada. Se encargó de ello Anfitrite, esposa de Neptuno, que celosa por el cariño que el dios tenía por la ninfa, emponzoñó las aguas. Como resultado de ello, Escila, para mitigar su sufrimiento, buscó las aguas salobres del mar, y nos cuenta el mito que acabó transformada en un terrible monstruo que asustaba a los navegantes de aquel tiempo.

Cambiemos de cultura pero no de continente. En otra mitología, la celta, el veneno se personifica en alguno de sus dioses. Ante nosotros Morrigan, una de las deidades más relevantes. Y en una de sus naturalezas –tiene tres– recibe el nombre de Nemain, o lo que es lo mismo, la venenosa. Los mitos cuentan que aquel a quien mire o toque morirá padeciendo terribles dolores.

En la mitología nórdica, de la cual a veces bebe la celta, encontramos el tapiz que nos presenta a Jormungand, una entidad que puede presentarse bajo forma antropomorfa o ser una serpiente. En ambos casos, su naturaleza es ponzoñosa, tanto que el dios supremo Thor, sabiendo de la naturaleza tóxica de la criatura, intenta ahogarla a fin de evitar que emponzoñe a las buenas gentes. Dentro de esta misma mitología nos encontramos con el retrato del corpulento Loki, el dios del engaño y la mentira, hermanastro de Thor. Es uno de los dioses sanguinarios nórdicos, supuesto responsable, según el mito, de la muerte de Balder, hijo de Odín y favorito de todos los dioses. La mitología nos dice que Loki fue condenado a permanecer en pie aguantando las gotas venenosas que le caían sobre la cabeza obligándole a retorcerse de dolor.

Al respecto de Loki conviene matizar que según los celtas dicho dios no mató a Balder en una pelea, sino envenenándolo con muérdago, una de las plantas sagradas –y tóxicas a dosis elevadas– en la tradición celta. Y en este sentido cabe decir que los celtas, o al menos sus dioses mitológicos, conocían bien las propiedades y usos de los venenos.

Otro ejemplo de divinidades venenosas lo encontramos en la planta que los griegos conocieron como Belenion, a quienes los celtas atribuyeron al dios Belenos. Hoy sabemos que esta deidad no era sino la manifestación curativa, alucinógena y mortal de la plana del beleño. Por cierto, que en la lengua celta, *belos* significa claro y resplandeciente y es que muchos celtas alcanzaban una iluminación místico-religiosa ingiriendo, a dosis convenientes, dicho veneno.

La galería celta concluye con la espeluznante imagen de Balor, otro personaje celta vinculado al veneno, el más terrible de sus dioses de la muerte, que tiene la singularidad de poseer un solo ojo con poder para destruir cuanto contempla. El mito nos habla de que esta capacidad destructora se debía a que el dios Balor ingería, antes de lanzar su mirada, un brebaje ponzoñoso. Sirva como curiosidad el gran tamaño de este ojo destructor que, según la mitología, poseía un párpado tan pesado que debía ser izado entre cuatro esclavos.

Una muestra de que las sustancias tóxicas no siempre son letales la encontramos en la mitología egipcia. Frente a nosotros, Anubis nos observa con sus enigmáticos ojos amarillos de chacal, la cabeza altiva y el cuerpo con el vigor de un hombre joven. El mito asegura que Anubis es la entidad iluminada y mágica que alcanza un sueño letárgico tumbándose o envolviéndose en una piel de vaca. Es evidente que la piel de vaca, en sí, no posee poder alucinógeno o tóxico alguno,

Anubis, la cabeza altiva, los ojos de un chacal y el cuerpo de un hombre joven.

pero lo que seguramente omite el mito es que en otras culturas, como la siberiana, la nórdica e incluso la celta, los sacerdotes se propiciaban estados modificados de la conciencia, sueños letárgicos y revelaciones divinas ungiendo las pieles de carnero o vaca en las que se acostaban con resinas y restos de plantas machacadas, entre ellas el beleño y el acónito.

Impactante es tener ante nosotros la imagen de Selket. La diosa escorpión, con abdomen, patas y cola arácnida y pecho, brazos y cabeza de una hermosísima mujer. Selket es una criatura venenosa. Domina las potencias del desconcierto que amenaza el orden del mundo egipcio. De ella se decía que protegía el caos del nacimiento y, en el momento de su entierro, a los cadáveres momificados. Su furia era letal. Cuando la diosa percibía que no había sido honrada con amuletos o sacrificios, se personaba ante el que le había ofendido y le inoculaba su veneno.

La galería de criaturas y dioses ponzoñosos egipcios es amplia. Recordemos a Meretseger, la que ama el silencio, que adoptando la forma de una cobra, tenía la misión de escupir veneno al que intentase profanar el Valle de los Reyes. Tampoco podemos olvidar los padecimientos del dios Ra, quemado por el tóxico de las serpientes que nacían a su paso cada vez que él escupía en el suelo.

La mitología romana también nos habla de venenos. Júpiter, por ejemplo, prepara uno para Saturno con el fin de que vomite todos los hijos que ha engullido en vida. Pero quien sí sabía de verdad cuál era el poder de los venenos era Esculapio, Asclepio para los griegos. Este dios de la medicina, que era hijo de Apolo, recibió del centauro Quirón todos los conocimientos en el arte de la sanación, la cirugía y el uso de drogas, venenos y sustancias capaces de realizar encantamientos, así como pociones de amor. Uno de sus brebajes preferidos era «la sangre de gorgón», sustancia cuya composición desconocemos y que según cuenta el mito le fue regalada por Atenea. Asclepio utilizaba esta pócima unas veces para de devolver la vida a los muertos y otras como veneno mortal a fin de facilitar el tránsito de quien estaba presto a reunirse con los dioses, pero también para eliminar al que se había mostrado como manifiesto enemigo.

No podemos dejar sin visitar, en nuestro paseo por la galería mitológica del veneno, al lejano Oriente, para conocer en Japón al mítico héroe Reiko, quien habitualmente luchaba con gigantescas arañas ponzoñosas. La mitología nipona asegura que el héroe murió envenenado, pero no por una araña, sino por una pócima herbal que preparó un espíritu demoníaco que tomó la apariencia de inocente muchacho.

Las fábulas de la mitología japonesa nos ofrecen veneno hasta en su bebida más popular. Cuenta la historia que el sake era originariamente un vino blanco medicinal llamado Shiroi Saki, que preparaban unas criaturas que vivían en el fondo del mar y que recibían el nombre de Shojo. Al parecer dicho bebedizo en realidad era un potente veneno, pero sólo actuaba si quien lo bebía estaba poseído por un espíritu maligno.

No podemos dejar Oriente sin detenernos ante la tumba de Buda, quien fallece a los 80 años en Kusinagara, Nepal, tras haber sido envenenado. La versión oficial cuenta que Buda muere tras ingerir alimentos en mal estado. Una muerte que, por cierto, él mismo había predicho. Al parecer, Buda, el Iluminado, se dio cuenta que la comida que se estaba preparando para los feligreses que acudían a sus charlas, había sido contaminada con hongos venenosos. Sabiendo que le había llegado el momento, decidió prohibir la ingesta de alimentos, comiéndoselos todos él y, evidentemente, abandonando el plano de los vivos.

Aunque pueda parecerlo, no me estoy olvidando de los venenos aztecas, mayas e incas, que también aparecen en la mitología de aquellos pueblos y que reservaremos para conocerlos cuando viajemos al Nuevo Mundo en pos de la historia y evolución de las sustancias tóxicas.

CAPÍTULO 5
LA DOMESTICACIÓN DE LOS VENENOS

A estas alturas el lector puede preguntarse algo que intencionadamente he ido reservando para el final de esta primera cata ponzoñosa. ¿Cómo, cuándo y por qué se empiezan a utilizar los venenos de manera consciente?

El planteamiento es lógico si aceptamos que los venenos interactúan en la evolución de los prehomínidos; aceptemos que quizá descendemos de monos colocados, que son los venenos los que generan o ayudan a la creación de mundos espirituales y divinos que nos conducen al surgimiento de dioses, y por tanto de mitos; en algún momento los productos venenosos, sean de origen animal o vegetal, pasan a formar parte de lo cotidiano.

Aunque los mitos aludan a extrañas criaturas ponzoñosas y los libros sagrados aseguren que son los dioses quienes obtienen o elaboran los venenos convirtiéndolos en elixires de la trascendencia, la realidad es otra. La certeza es que a lo largo de diferentes espacios de tiempo, nuestros antepasados se topan en su entorno con plantas y animales tóxicos. Observando a estos últimos se dan cuenta que los que poseen propiedades venenosas las utilizan como arma de caza. Los humanos llegan a la conclusión que el empleo de venenos facilita la vida, crea comodidad y ayuda a que las presas sean abatidas.

Durante los capítulos precedentes, y en los que vendrán, la palabra *tóxico* ha sido y será común. No deja de ser curioso que tóxico procede del griego *toxicon* y que significa «aquello que se pone en la punta de las flechas y facilita la caza». Y desde luego, los primeros humanos que fabrican puntas de flecha, lanza o arpón son los neardentales. Aquellos que simbólicamente domesticaron el veneno convirtiéndolo en un aliado para abatir sus presas.

El problema, si es que se puede considerar como tal, es que por deducción, en algún momento los neardentales llegaron a la conclusión de que el veneno de sus flechas no sólo era útil para la caza: se convertía también en un aliado para eliminar al enemigo humano. Para quitar de en medio jefes tribales y, cómo no, para acabar con las disputas entre vecinos.

Los antropólogos creen que a partir del uso del veneno en la caza, el ser humano dispone de más tiempo libre. ¿En qué lo usa? Sencillamente, en pensar. En tener más tiempo para estar asentado, en no depender del nomadismo. Usa el tiempo en algo tan interesante como en descubrir primero la agricultura y luego la ganadería y, posiblemente, es en este momento cuando el hombre primitivo, lentamente, va abandonando los procesos de nomadismo cuando aparecen luchas y problemas jerárquicos y vecinales.

Saetas envenenadas

Los neardentales emponzoñaban las puntas de sus armas con extractos vegetales. Una muestra de su herencia la encontramos en el dundake, una pasta venenosa que contiene estrofanto. Un potente veneno que se obtiene de algunas enredaderas, lianas y pequeños arbustos de la sabana que crecen tanto en África como en Asia.

En la actualidad las culturas primitivas que todavía recurren a este método para la caza, disponen de un antídoto para poder comer las presas abatidas por estrofanto. Para ello cortan los bordes de la herida y le aplican corteza de baobab, dado que creen que este gigante actúa como inhibidor de la toxicidad del estrofanto.

Otro legado de aquellos tiempos es el veneno, común todavía en nuestros días, utilizado en algunos pueblos de Nigeria que recurren a un preparado denominado *jirou*, con el que ungen la punta de sus flechas. El jirou contiene fisostigmina, que se extrae del jugo de una leguminosa denominada *haba del calabar*, que además posee alcaloides como la eserina y la calabarina. Con este potente tóxico los cazadores provocaban en sus presas convulsiones y asfixia.

Acabaremos nuestro repaso sobre flechas envenenadas africanas, indicando que en la zona oriental se emponzoñaban con ouabaina, una semilla de la planta del estrofanto, y que, por su parte, los nativos del África austral para emponzoñar sus flechas recurrían al veneno denominado *echuja*, que seguramente procedía del arbusto *adenia bohemia*, de propiedades paralizantes.

Cambiamos de continente para verificar que también en muchas de las primitivas sociedades de Asia y Oceanía, las armas envenenadas formaron parte de la vida cotidiana. En la provincia de Malaca, en Malasia, encontramos la tribu de los Orang-Asli, que desde tiempos inmemoriales cazan con dardos y fechas envenenadas. Utilizan una pasta sumamente peligrosa, tanto que además de envenenar el arma, intoxica el aire. La extraen del árbol denominado upas, que en lengua nativa significa veneno. De la corteza de este árbol se obtiene un látex viscoso altamente tóxico que contiene antiarina.

Tribu de los Orang-Asli, indígenas que se encuentran en la península malaya, que suelen cazar con dardos y fechas envenenadas.

Otra de las tribus que dispone de armas letales es la de los Krem en Laos, que para preparar sus tóxicos mezclan resinas de árbol con veneno de cobra. Todo parece indicar que la toxicidad real de las armas procede no del árbol, que actuaría como fijador, sino de la serpiente. Cobra es el nombre genérico de un grupo de serpientes venenosas que acaban con sus víctimas gracias a que su veneno contiene neurotoxinas. Las neurotoxinas son, por definición, todas aquellas sustancias que alteran el sistema nervioso. Confunden a los neurotransmisores del cerebro y cuando liberan un agente denominado *clostridium tetati*, desactiva las conexiones neuronales, que son las que en definitiva gobiernan el organismo, provocando convulsiones, espasmos e incluso la muerte.

En este rápido repaso por el continente asiático, hallamos en Tailandia la tribu Lisu, quienes consideran una gran panacea la planta del acónito cuyo principio tóxico es la aconitina –que conoceremos en toda su amplitud al entrar en contacto con el mundo de la brujería–. Además de emponzoñar las puntas de las flechas con ella, la colocan en lugar preferente en las casas especialmente edificadas como morada de los espíritus tribales.

Para finalizar la ruta asiática del veneno, debemos acercarnos al norte, donde esquimales y tungües han pasado a la historia por seguir una extraña tradición: envenenar sus flechas insertándolas en cadáveres putrefactos. Este acto plagado de ceremonias mágicas –que a veces combina el uso de restos humanos con el de animales– no es más que una pantomima chamánica. Los cuerpos no poseen veneno alguno. Éste proviene de una sustancia que los nativos llaman izginte y que realmente es una planta del género de la anemone, posiblemente la hepática, cuyo principio activo, la anemonina, provoca alteración de los ritmos respiratorios y cardíacos.

Un bien necesario

Como vemos, al paso del tiempo el veneno o, mejor dicho, la forma de obtener las sustancias letales, prepararlas y suministrarlas, se convirtió en una herramienta de la vida cotidiana. Un útil más que, sin querer avanzar conceptos que descubriremos oportunamente, se perpetúa en el tiempo hasta bien entrada la Edad Media. ¿El motivo? El veneno formaba parte de las armas y fue indispensable hasta que evolucionaron convirtiéndose en armas de fuego. Sólo entonces el veneno se retira de los frentes de batalla más cruentos para, adaptándose a los nuevos tiempos, poblar las tramas secretas y elegantes de palacios, templos y, cómo no, boticas...

CAPÍTULO 6
LA PONZOÑA DEL NILO

En nuestra particular sala de las maravillas hay una hornacina que contiene objetos singulares procedentes de otras épocas, auténticos testigos de tiempos pretéritos. La figura de un pequeño escarabajo de lapislázuli nos conduce al conocimiento. Su historia es mucho más amplia que la de un simple amuleto funerario. Sobre él todavía hay restos de natrón y resina, la sustancia gomosa que fijaba al amuleto al cuerpo de una momia envuelta en telas de lino. Unos restos humanos que en vida conocieron la belladona, la mandrágora e incluso el poder de la dolorosa picadura del escorpión que un sacerdote-médico supo mitigar con un antídoto vegetal.

El escarabajo, cuya misión como amuleto fue la de proteger el cuerpo del finado en su viaje hacia el más allá, nos cuenta la historia de una civilización que durante tres milenios habló con los dioses, desarrolló tratamientos clínicos, inventó una forma propia de escritura y utilizó, además de unas portentosas matemáticas, seis lenguas. Y como toda gran civilización, tuvo acceso al uso médico, mágico, religioso y letal del veneno. Iniciamos el viaje.

La herencia de un río

El antiguo imperio egipcio se origina a través de los grupos de población que se asientan a lo largo del cauce de las orillas del Nilo, en especial en la zona media y baja. Se calcula que esta civilización, sin duda heredera de los conocimientos de la mesopotámica, nace entorno al 3000 antes de nuestra era y, oficialmente como civilización y grupo cultural influyente, se acepta que su extinción concluye en el 31 antes de Cristo, tras ser conquistados por el Imperio romano.

Los médicos-sacerdote

Sin restarle méritos a todos sus conocimientos, lo que más nos interesa de la cultura egipcia es el papel que tuvieron en ella los venenos. Para llegar ahí, tenemos que hablar primero de medicina.

En sus inicios, los médicos egipcios actuaron más como brujos y curanderos que como galenos. Dominaban el uso de ciertas plantas y elaboraban preparados, pero casi siempre, pues su herencia mesopotámica y asiria así se lo indicaba, antes de tratar una dolencia tenían en cuenta la voluntad divina, los castigos mágicos o las denominadas «penas del alma».

Aquellos primigenios sanadores creían que había tres sistemas de enfermar: uno por azar, otro como consecuencia del castigo de los dioses y un tercero que combinaba el azar con el esoterismo, denominado «descomposición interna», donde la enfermedad física acababa por emponzoñar simbólicamente el alma.

Los originales tratamientos se basaban en dichos conceptos y para lograr la sanación se utilizaban fórmulas mágicas basadas en invocaciones y oraciones. Fórmulas farmacológicas que eran como las anteriores pero además incorporaban pociones, pomadas, colirios y remedios exclusivamente medicinales. Había un cuarto sistema de curación: el exorcismo o expulsión de entidades malévolas causantes de la enfermedad.

Los médicos egipcios actuaron más como brujos y sanadores que no como galenos.

Pero los médicos egipcios también estudiaban y redactaban textos basados en sus investigaciones, y llegó un momento que incluso se tomaban la libertad de poder cobrar por su trabajo. El hecho que recibiesen un emolumento por la realización de su tratamiento es mucho más relevante de lo que pueda parecer a simple vista. El cobro profesionalizaba al médico y ayudaba a despojarle, aunque sólo en parte, de su vinculación con los dioses.

Y decimos sólo en parte, porque en las dinastías más antiguas, cuando los médicos no tenían un sistema de gratificación, eran miembros de las castas sacerdotales y por tanto dependían de éstas. La curación o preparación de fórmulas no dejaba de ser una interactuación con los dioses. De hecho, el fundador de la medicina egipcia, Imhotep, fue un sumo sacerdote.

Al paso de los siglos, aunque los médicos al profesionalizarse no necesariamente debían rendir culto a los dioses ni tampoco pedirles permiso para llevar a cabo sus actuaciones, éstas siempre eran vigiladas de cerca por los sacerdotes.

Imhotep, el Hipócrates egipcio

Se calcula que vivió entre el 2690 y el 2610 antes de nuestra era. Además de médico, astrólogo y arquitecto fue visir del faraón Zoser y a él de debemos el diseño de una de las pirámides más antiguas del país del Nilo, la escalonada de Saccara.

Este sabio matemático y geómetra está considerado como el padre de la medicina egipcia y como el redactor del primer tratado clínico, el papiro de Edwin Smith, el documento médico más antiguo del mundo, que recibe el nombre del egiptólogo que en 1862 lo compró y que posteriormente su hija donó a la Sociedad de Historia de Nueva York.

Imhotep relata en su papiro –que por cierto contiene acotaciones posteriores a las de su época que muy probablemente fueron efectuadas por otros médicos– algunos tratamientos para sanar heridas, realizar suturas craneales, analizar la superficie exter-

Imhotep está considerado el padre de la medicina egipcia.

na del cerebro así como recomendaciones quirúrgicas y sobre el uso de anestésicos. De hecho, él mismo sugiere el empleo de opiáceos como la adormidera como método perfecto para que el paciente obtenga serenidad, relajación y dulces sueños. De lo que no hay duda es que Imhotep tuvo acceso al conocimiento de los venenos.

Sin embargo, por muy avanzados que puedan parecer algunos de sus métodos médico-quirúrgicos, Imhotep era un sacerdote y como tal al emplear sus tratamientos tenía en consideración los sistemas mágico-ritualistas. Tanto es así que decían de él que no sólo curaba a los enfermos, sino que también, y gracias a su interactuación con los dioses, conseguía que resucitasen.

Su leyenda hizo que mil años tras su muerte fuese deificado y que tiempo después culturas como la griega o la romana lo incluyeran en sus panteones como dios de la medicina, llamándole Asclepio los griegos y Esculapio los romanos.

Dos métodos médicos

Imhotep puso las bases para que la medicina egipcia se desarrollase o dividiese en dos escuelas, la empírica con base científica y la mágico-ritualística con intervención esotérica.

La medicina empírica era cara, muy cara. Estaba reservada a mandatarios y personas de alto nivel social. Consideraba que el corazón era el centro del cuerpo y que su interior estaba formado por una serie de conductos que transportaban el aire, la sangre, los alimentos y el esperma. Penaban que las enfermedades eran generadas por obstrucciones acaecidas en cualquiera de estos conductos. Para tratarlas recurrían al uso de la fitoterapia y ocasionalmente a pequeñas intervenciones quirúrgicas. Dado que esta metodología no excluye la cuestión mágica, el clínico podía contar con el asesoramiento de astrólogos, sacerdotes e incluso hechiceros que utilizaban el método de encantamiento consistente en realizar invocaciones favorables a la curación.

El sistema mágico ritualista era mucho más económico que el anterior. Consideraba los preceptos de los circuitos o conductos anteriormente citados, pero percibía que las oclusiones, al pasar al cuerpo espiritual del paciente, perturbaban sus buenas relaciones con los dioses. Los médicos mágico-religiosos iban a lo práctico, limpieza externa e higiene interior. De manera que los edemas estaban a la orden del día. Junto a ellos los lavados vaginales así como el uso de supositorios eran el método más barato para preservar el cuerpo de dolencias o alejar de él las enfermedades.

El tratado farmacológico

El documento más importante que nos habla de la composición de los supositorios, ungüentos, pastillas, cremas y por supuesto lavativas es el papiro de Ebers. Datado en torno al 1550 aC., es considerado como el papiro farmacológico por excelencia. Se cree que contiene una recopilación, a modo de enciclopedia médica, de las recetas y tratamientos de la antigua farmacopea egipcia.

El papiro de Ebers es un rollo que supera los 20 metros de longitud que nos muestra más de 800 consejos para tratar dolencias internas, ópticas, dermatológi-

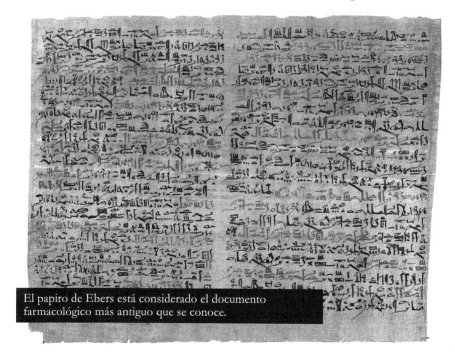

El papiro de Ebers está considerado el documento farmacológico más antiguo que se conoce.

cas, etc. Una de sus singularidades es que nos cuenta en qué consiste la curación mediante hechizos y da pistas al respecto del anteriormente denominado exorcismo. Nos dice que los encantamientos serán invocaciones y oraciones que el sacerdote realizará con preferencia en honor de Isis, al tiempo que el médico aplica productos como leche de mujer parturienta o piel de menstruante sobre la quemadura o herida a tratar. Indica también que el exorcismo servirá para curar cuando se pronuncie, en el lugar adecuado, una exhortación que será repetida por el sacerdote y el enfermo, y que tendrá por objeto aplacar la ira de lo malévolo.

¿Qué sustancias utilizaban?

Por lo que se refiere a la composición de los medicamentos, el papiro de Ebers, al margen de contener información de sustancias y productos que por carecer de toxicidad pasaremos por alto, entre muchos otros nos indica que los médicos egipcios utilizaban antimonio, opio y trementina como calmantes, purgantes o depuradores de la sangre.

Nos dice que prescribían la coloquíntida, un fruto similar a la naranja, que contiene colocintina que además de muy tóxica, en dosis moderadas es catártica y que se empleaba de forma habitual como antídoto de picaduras venenosas.

Pero el papiro nos sorprende con un vegetal en apariencia tan inocente como la lechuga. Y decimos aparentemente porque la planta, cuando está madura, segrega un látex blanco y lechoso que al oxidarse adquiere un tono ocre, activando principios narcóticos. La lechuga en sí no es un veneno, pero mezclada –como ya hicieron los boticarios medievales– con la trementina extraída de la resina del pino se convierte en tóxica.

Portadores de secretos

En Egipto se utilizaron los tóxicos como elementos sagrados. Algunos acompañaron al difunto al más allá y otros aceleraron su camino a la eternidad. Y es que las conjuras y odios que fermentaban en los centros de poder del país del Nilo provocaron más de un emponzoñamiento. Para ello fue preciso el conocimiento de sustancias que sólo estaban al alcance de unos pocos.

El egiptólogo Alberto Cánovas, director del centro Axum de Estudios Egipcios, asegura que «el pueblo llano no tenía acceso a los venenos. Las sustancias que contenían toxicidad sólo podían ser recolectadas y manejadas por los denominados «jefes de los secretos», que no eran otros que los médicos quienes efectuaban su trabajo con el beneplácito de los dioses».

Sin embargo, con el veneno pasó como con la momificación, hubo un poco de todo. Herodoto asegura que en Egipto existían tres categorías de momificación y que una de ellas, la más económica, no estaba aceptada dentro de la liturgia, puesto que no respetaba el ciclo de los 70 días que debía durar el embalsamamiento. Con los venenos pasaba lo mismo, existía un amplio mercadeo en el terreno de la curación y la ponzoña. Un sector en el que hechiceros y curanderos, que no sacerdotes-médicos, se ocupaban de suministrar tóxicos acompañados de invocaciones y papiros guardianes, pasando por alto cientos de preceptos religiosos.

Sunnu, los que corrigen o curan

Los sacerdotes con conocimientos curativos no se llamaban a sí mismos médicos. Pero con el tiempo y a raíz de la creación de templos en los que se trataban enfermedades, fueron aquellos sacerdotes los conocidos como *sunnu*, corta palabra que significa «hombre sabio que puede corregir o curar».

La vinculación sacra del conocimiento médico se vinculó inicialmente a dioses protectores como Ra, en cuyo honor se erigió un templo curativo en Heliópolis. Neith, también conocida como Tehenut, a la que se adoraba bajo la forma de escarabajo, tuvo también el honor de que se le erigiera otro templo para la curación y el culto religioso en Sais. Por último, cabe destacar también el templo que estuvo situado en Letópolis y que fue erigido y consagrado a Anubis, que los egipcios antiguos denominaban Inpu y que era el encargado de conducir el espíritu de los muertos al otro lado.

En todos estos templos y por extensión en las ciudades de las inmediaciones, tal y como nos indica el papiro de Ebers, vivían los «jefes de los secretos». Médicos-sacerdotes que según su posición en la corte recibían el tratamiento de

El Ankh es uno de los símbolos más reconocibles del Antiguo Egipto, conocido como "la llave de la vida" o "la cruz de la vida".

«médico superior» cuando se relacionaban directamente con el faraón; «médico de palacio» cuando coordinaban las labores de tratamientos en dichas instalaciones; o «portador del conocimiento médico», que eran unos médicos de jerarquía elevada que tenían potestad docente para instruir en las denominadas «escuelas de los secretos» o «escuelas de los sabios magos».

La casta médica, que al parecer era notable en aquel tiempo, llegó incluso a especializarse en dolencias. La mayoría de los médicos, faraónicos o no, eran funcionarios de rango elevado que cobraban del estado para investigar y curar. Alguno de ellos incluso percibían retribuciones estatales para cuidar gratuitamente a los enfermos. Pero su auténtica preeminencia residía en que el poder de la vida y de la muerte estaba en sus manos, puesto que sólo ellos sabían qué productos y en qué medida debían ser utilizados tanto para curar como para eliminar a una persona.

El manual médico

Los tratados de medicina egipcia le decían al médico cómo debía proceder en el acto de curar. Se le conminaba a atender al paciente en su casa, lugar en el que se debía presentar de forma ceremonial: primero comunicándolo a los dioses de la curación, efectuando después en el umbral de la vivienda unas fumigaciones de limpieza y finalmente situándose junto al lecho del doliente.

Los médicos egipcios no sólo conocían la enfermedad, sino que se esforzaron en el estudio de la sintomatología. Analizaban al paciente a fondo y además de hablar con él sobre sus hábitos de vida e incluso prácticas religiosas, tenían en cuenta la expresión de sus ojos, coloración de la piel, pulso, aliento, así como las excreciones salivares, mucosas, heces y orina. La base de la medicina egipcia se centraba en el diagnóstico.

Según el historiador Diodoro de Sicilia, también conocido como Dioro Sículo (siglo I a.C.), quien nos ha dejado abundante información de la vida cotidiana de los egipcios y, por supuesto, sobre sus sacerdotes-médicos: «los sacerdotes, tras haber estudiado la dolencia de su paciente llegan a una de esas tres conclusiones: que el enfermo o envenenado lo es en estadio leve, en cuyo caso el sacerdote-médico dirá: esta es una enfermedad que puedo tratar. Si el pronóstico es reservado, dirá: me encuentro ante un padecimiento que quiero combatir. Pero cuando los síntomas son graves, tanto que casi anuncian la muerte, deberá decir: esta es una desgracia que escapa a mis conocimientos y mis experiencias. Sólo los dioses tienen en sus manos la vida o la muerte».

Llegar a estas tres ceremoniales conclusiones les servía a los médicos para usar más o menos magia en sus tratamientos. Ante dolencias leves procedían al uso de purgantes. En el caso de ser reservadas, y más cuando se había tratado de un envenenamiento, buscaban antídotos acompañándolos del uso de amuletos. Cuando la dolencia era grave, lo normal es que el médico se limitase a proteger el cuerpo del enfermo con una cruz ankh –denominada cruz de la vida– y recitase largas y crípticas oraciones o invocaciones en las que aparecían nombres de dioses, en manos de los que dejaba lo que para él era una evidente muerte.

Disimulando el envenenamiento

La casta médica conocía los tóxicos. Una somera observación del paciente le certificaba si aquél padecía una indigestión o había sido envenenado. Disponer de un protocolo como el descrito por Diodoro facilitaba mucho las cosas a los galenos, que no siempre deseaban evitar un envenenamiento.

Cuando en la corte alguien había suministrado ponzoña a un mandatario y el médico quería que sus efectos letales siguieran su curso, se limitaba a dejar en manos del más allá la salvación de quien moriría irremediablemente. Disimulaba lo que para él era una evidencia de complot –el envenenamiento, con actos mágicos–, utilizando terminologías que, según Diodoro, eran creativas: «A veces aseguran que la enfermedad se debe a potencias hostiles y dicen que ha sido provocada por gusanos, insectos o serpientes conducidos por espíritus nefastos. Pronuncian diagnósticos como «este es el resultado de las acciones malévolas de los enemigos» o también «el dolor que siente este paciente lo provocan las potencias ocultas ante las que la medicina nada puede hacer». Era común que a veces la dolencia fuera tomada como castigo, en cuyo caso, el sacerdote médico aseguraba que era una venganza de los difuntos». En resumen, que siendo sacerdotes y magos al tiempo que galenos, tenían en sus manos todas las herramientas para justificar cualquier cosa. Y si bien es cierto que trataban las enfermedades más comunes y se preocupaban por curarlas, no lo es menos que muchas otras, para no solventarlas, las disimulaban con el manto del esoterismo, en especial cuando se trataba de flagrantes casos de envenenamiento.

Combatir la ponzoña

No cometamos el error de pensar que todos los médicos hacían la vista gorda cuando veían que un colega suyo había envenenado a alguien. Por supuesto, también hubo quienes intentaron combatir los efectos producidos por los tóxicos. El historiador griego Herodoto de Halicarnaso (485-482 aC.), al margen de ensalzar la medicina egipcia y sus tratamientos hasta el punto de asegurar que los egipcios eran personas muy sanas, nos cuenta: «En todas partes hay un gran número de médicos. Unos para la vista, otros para la cabeza, otros para los dientes, otros para el vientre y otros para las enfermedades del interior. Casi todos ellos conocen el poder de las ponzoñas y venenos que afectan a una u otra parte del cuerpo».

En el papiro de Ebers, donde se describe el tratamiento para más de 20 enfermedades digestivas, se explica qué debe hacer el médico cuando en el interior del vientre hay extrañas dolencias. La mayoría de venenos empleados en Egipto, además de provocar alteración del ritmo cardíaco y respiratorio, así como inflamaciones o espasmos, generaban dolores internos. Era labor del médico detectar si era una indigestión u otra cosa. En el papiro de Ebers leemos: «Cuando visites a un hombre demasiado grave como para tomar pan, con el vientre contraído y el corazón alterado, haz que se tienda. Si encuentras su vientre caliente puede ser una afección del hígado, dale nuez de dátil mezclada con planta de paserit, así vaciará su vientre y eliminará el mal».

Por su parte Herodoto, que insiste en que los egipcios se purgan con vomitivos y lavativas, cuenta que «aunque después de los libios son los más sanos de todos los hombres, a veces intoxican sus cuerpos. Cuando ello acontece, sus sacerdotes médicos no siempre los pueden curar. El vientre se inflama, la lengua se paraliza y el aire no quiere entrar en sus pulmones. En estos casos dicen que el día es infausto y que nada puede curar al enfermo».

Intuimos que el concepto de infausto al que alude el historiador griego tiene relación con un curioso calendario de tratamientos médicos según el cual unos días o meses eran mejores que otros para acabar con la enfermedad. Los médicos acomodaban sus recetas a diferentes estaciones del año que creían más o menos propensas para la curación. Aseguraban que el calendario venía marcado por los cometidos que tenían los dioses, que no siempre podían ser molestados. Pero en realidad el extraño calendario podía deberse a un problema de conservación. Dado que recurrían a muchos productos naturales estacionales, no siempre disponían de éstos, y por tanto buscaban alternativas sustitutivas.

Tratamientos pintorescos

Los sacerdotes-médicos, rodeados de un halo oscurantista y misterioso, no podían caer en el error de afirmar que no disponían de un ingrediente determinado ni de intentar, ni siquiera metafóricamente, de aliviar un proceso de dolor. Por eso incluso cuando la enfermedad dependía de los dioses, mediaban para que fuera breve y lo menos dolorosa posible. En dichos casos y también en aquellos que, dada la época del año, no disponían del fármaco adecuado, lo sustituían por fórmulas cuanto menos curiosas, que tenían la finalidad de «asustar y asquear» a la dolencia haciendo que huyera del cuerpo del enfermo. Dioscórides nos dice que en ocasiones abandonan al paciente a la voluntad divina, relatando, por ejemplo: «A veces sitúan a los enfermos ante estatuas para que el poder divino de éstas intervenga». Diodoro de Sicilia, por su parte, alude a «extraños y repugnantes ungüentos que contienen secreciones de oído de puerco mezcladas con excrementos de niño, asno, gacela e incluso de cocodrilo e hipopótamo, inmundicias éstas que a veces se combinan con leche materna y otras grasas».

Adormidera: la planta del júbilo

Los médicos-sacerdotes egipcios recurrieron con frecuencia al uso de sedantes, anestésicos y narcóticos, pero no para envenenar sino para tratar las dolencias. Sabemos que en el transcurso de la VIII dinastía, esto es entre el 2173 y el 2160 antes de nuestra era, alcaloides como la morfina, codeína y tebaína, presentes en la planta del opio, eran cultivados en Egipto. Habían aprendido su uso de los sumerios, quienes además del opio empleaban la adormidera a la que llamaban «planta del júbilo». Diodoro de Sicilia, al respecto del uso de la adormidera en Egipto, nos dice que «es la droga que proporciona el olvido de todos los males y sé que las mujeres de Tebas la emplean con frecuencia para curar el miedo y la tristeza».

Una de las muchas pruebas del uso de la adormidera en Egipto es el hallazgo en varias necrópolis de restos de cápsulas de esta planta. Una de las muestras mejor conservadas es la encontrada en la necrópolis de Dehir el Medina, que es de la época de Tutmosis III que gobernó Egipto en el siglo XV a.C. Destaca también el collar formado por cápsulas de adormidera encontrado sobre la figura de Amenhotep III del siglo XIV a.C.

Los sacerdotes-médicos veían que en la adormidera una sustancia que además de dar paz procuraba al enfermo visiones reconfortantes. También utilizaban la adormidera cuando creían que el proceso de la muerte era irreversible y eran conocedores que, si se pasaban con la dosis, podían provocarla. Como asegura Herodoto, «puede inducir al sueño, pero también hacer que nunca más se produzca el despertar».

Mandrágora: la raíz de los sueños

Otra de las plantas tóxicas y comunes en Egipto fue la mandrágora, que los egipcios llamaban *didi*, que contiene antropina. Su uso moderado tiene efectos calmantes. Lo malo es que en dosis elevadas produce el efecto justamente contrario, llegando a estimular con tanta intensidad el organismo que desemboca en delirios e incluso a la muerte.

Los médicos egipcios machacaban las hojas frescas de mandrágora y las mezclaban con leche para aplicarlas, según leemos en el papiro de Smith, en úlceras y en heridas que «aunque están abiertas no muestran el hueso». Recurrían a la raíz fresca como purgante que, mezclado con miel y leche, introducían vía anal. Como tiempo más tarde describió Plinio en el siglo I, también la combinaban con alcohol ya fuera para producir sueños reveladores o «ante los ataques convulsivos e incluso la melancolía». En el papiro de Leiden del siglo III antes de nuestra era, se expone una fórmula al respecto del uso de la mandrágora mezclada con vino para ser utilizada como potente inductor del sueño.

Para los sacerdotes egipcios, al igual que para los médicos, la mandrágora contaba con un simbolismo especial y es de suponer que dados sus poderes alucinógenos y mortales, la valorasen especialmente en los rituales funerarios. Quizá por ello formaba parte de los ornamentos y ajuares de las tumbas de las dinastías del Imperio Nuevo que abarca del 1550 al 1069 antes de Cristo.

La mandrágora está presente en el anexo de la tumba de Tutankamon donde se encontraron varios cestos con bayas de esta planta, no sabemos si para facilitarle un buen viaje al más allá o como medicina en caso de que en el otro mundo se pusiera enfermo. Otra muestra de la presencia funeraria de la planta se halla en una jarra que, según la inscripción, contenía dos litros de una poción curativa y mágica, siendo uno de los ingredientes la mandrágora. Dicha jarra fue encontrada en la tumba de un alto oficial del ejército de la XVIII dinastía.

Beleño: la hierba loca

Además de la mandrágora, los médicos egipcios utilizaron, según explica el papiro de Ebers, el beleño, una de las plantas brujas popularmente conocida como hierba loca, y que en el país del Nilo, como también hacían en Mesopotamia, Babilonia y Asiria, se empleaba para tener revelaciones y también como sedante, analgésico y abortivo.

El historiador y filósofo griego Jenofonte (431-354 a.C.) advierte que se trata de una planta muy peligrosa diciendo de ella que «no podemos estar dispuestos a afirmar que es un bien aquello que vuelve loco a quien lo come». Aunque los egipcios la emplearon como planta abortiva, no deja de ser curioso que utilizaran aceite de beleño para mitigar el dolor en los partos. Según destaca el papiro de Ebers, «cuando llegaba el momento de dar a luz, ungían con dicho aceite el sexo de

Flor del beleño.

las futuras madres». Curiosamente, siglos después las brujas medievales también lo utilizarían, pero no para ayudar a dar a luz, sino para aplicarlo en los mangos de las escobas que cabalgaban y las hacían volar.

Los médicos egipcios sabían de los peligros del beleño. No es de extrañar, teniendo en cuenta que posteriormente aparecerá citado en prácticamente todos los tratados de botánica cómo planta tóxica. Y es que contiene, entre otros alcaloides, hiosciamina, antropina y escopolamina, sustancia que a principios del siglo XX se administraba, junto con la morfina, como analgésico en los partos. Es un elemento que administrado en exceso puede bloquear los receptores del sistema nervioso central y paralizar el corazón. Tanto es así que los médicos del siglo pasado abandonaron su uso al considerar dicha sustancia como «causa de la excesiva mortalidad infantil».

En malas manos, la escopolamina del beleño tuvo que ser peligrosísima en el antiguo Egipto. Sabemos que la planta se administraba como calmante mediante vahos e infusiones, pero también se prescribía cocinada mezclada en crudo con la masa de dulces típicos.

Hiedra: la planta de Osiris

Este arbustillo vivaz, altamente tóxico, puede causar la muerte porque contiene, entre otras sustancias tóxicas, la saponina, que puede alterar el sistema digestivo e incuso romper las membranas de las células luego de ser absorbidas hacia la corriente sanguínea. Los griegos utilizaban los frutos o pequeñas bayas oscuras de la hiedra como veneno y quizá por ello la planta fue adoptada por los egipcios como símbolo de la eternidad.

En Egipto no había hiedras. Diodoro de Sicilia nos indica que «cuando fue llevada a aquel país, tuvo que ser consagrada a Osiris, dios de la resurrección y de la fertilidad, supremo gobernante de la vegetación y de la agricultura. Cuando fue aclimatada se usó como planta de la muerte». Los médicos egipcios, con cierta tendencia al uso de purgantes y pócimas purificadoras de cuerpo y espíritu, supieron por los griegos, concretamente por Dioscórides, «que la hiedra libera la cabeza y es capaz de perturbar el espíritu pero también de calmarlo». Esta debió ser la razón por la que importaron la planta, la cuidaron con mimo para que se aclimatase y acabaron usándola como símbolo de eternidad, ya que engalanaba muchos sarcófagos y vasos funerarios. Dado que la hiedra también podía matar, la vincularon con los espíritus de la muerte y del más allá y la hicieron partícipe de su iconografía funeraria.

Con la momificación de los difuntos se preservaba al finado para la eternidad.

«La tumba no es la negra morada de la corrupción, manchada con
la podredumbre del cuerpo. La tumba es una urna donde se guarda
la memoria de un alma humana.»

Axel Munthe, *Lo que no conté en la historia de San Michele*

CAPÍTULO 7
¿MALDICIONES O VENENOS?

Retengamos en la mente el escarabajo citado en el capítulo anterior. Formó parte de una momia y quizá nos produce cierta inquietud saber que estuvo junto al cuerpo de un difunto y que una maldición lo protegía... ¿Realidad o pura invención anti profanadores?

Uno de los actos más sagrados para los egipcios era la momificación de sus difuntos. Se trataba de un complejo proceso que mezclaba conceptos mágicos, litúrgicos, médicos, etc. El fin, siempre era el mismo: preservar al finado para la eternidad, para que cuando fuera sometido al juicio de los dioses y lograse alcanzar la vida en el más allá conservase su cuerpo. No vamos a entrar en la realización de los procesos de momificación, pero sí en cómo para llevarlos a cabo el veneno era un aliado esencial.

Cuando un cadáver llegaba al recinto de los tariquentas o momificadores, además de ser lavado y desangrado, era sometido a un proceso de evisceración y acto seguido conservado con sales minerales como el natrón. Pero además, para la buena conservación de la momia, era preciso utilizar aceites esenciales, plantas aromáticas y, en definitiva, productos antisépticos que garantizasen la ausencia de putrefacción.

El proceso de momificación contaba con la presencia de un mago-sacerdote, que no necesariamente era médico, y que se ocupaba de elaborar y consagrar amuletos y talismanes que tenían la misión de proteger al difunto tanto en el más acá como en el más allá. Pero el mimo del sacerdote variaba según el tipo de momificación contratada por el cliente, sujeta a un presupuesto. Evidentemente, a mayor presupuesto más amuletos, protecciones mágicas y oraciones.

Para evitar el saqueo de las tumbas, los sacerdotes impregnaban los cuerpos de sustancias ponzoñosas.

Como es lógico, la mayoría de las momias de alto presupuesto eran enterradas con un notable y rico ajuar funerario. El sacerdote, además de proteger el cuerpo, tenía la obligación de hacer lo mismo con los tesoros que lo acompañarían y, en este caso, los venenos eran el arma perfecta. Cuando un mandatario, noble o personaje de relevancia recibía sepultura, todo el mundo sabía que había sido protegido mágicamente y que sus tesoros contenían una defensa invisible que los preservaba de manos ajenas.

Los sacerdotes no eran tontos. Por mucha fe que tuvieran en sus acciones, sabían que el encantamiento o el hechizo podían no ser suficientes para detener a un saqueador de tumbas. Por eso impregnaban los objetos y el cuerpo del difunto –y también repartían entre el ajuar– con sustancias tanto alucinógenas como ponzoñosas.

No molestes a los muertos

Los egipcios antiguos no empleaban el término *maldición* en el sentido que lo hacemos en la actualidad. De hecho, el concepto de «maldición de la momia» es relativamente nuevo. La primera vez que aparece es en Londres, en 1821, durante una representación teatral en la que unos actores, emulando a los antiguos profanadores de tumbas, mueren luego de quitarle las vendas a unas momias. Las investigaciones de varios egiptólogos llegan a la conclusión que Jane Loudon, tras ver la citada obra teatral, escribió su libro de ficción denominado *La Momia*. La obra, publicada cn 1822, cuenta la historia de una momia egipcia que al ser perturbada en su sueño eterno vuelve a la vida para castigar mediante maldiciones e incluso ataques físicos, a quienes la molestan.

Acababa de nacer el concepto occidental de la maldición de las momias. Una idea que, posteriormente al descubrimiento de la momia de Tutankamon, se popularizaría de la mano de la novelista Marie Corelli, quien aseguró tener en sus manos un viejo texto de magia árabe donde se detallaban las múltiples maldiciones que padecería quien profanase una tumba.

Es cierto que en la tumba de una momia de la dinastía XVIII podemos leer: «Aquél que registre mi momia, será golpeado por el dios Sol». No es menos cierto que inscripciones similares a la anterior eran frecuentes en las tumbas de los finados más pudientes. Es verdad que los sacerdotes recurrían a encantamientos y sobre todo a difundir, cuanto más mejor, la existencia de castigos, pero no se ha hallado ninguna prueba en la que se aluda a una maldición tal y como la conocemos hoy.

Los castigados

Muchísimas tumbas de Egipto fueron saqueadas. La mayoría de los que entraron en ellas pudieron escapar obteniendo un interesante botín, pero padeciendo alucinaciones y terribles dolores que a veces les llevaron a la muerte. Cuando fueron descubiertos los cuerpos de los que cayeron por la supuesta maldición, además de presentar rictus de terror, tenían el organismo hinchado y habían quedado en extrañas posturas de agarrotamiento. Sin duda aquellas visiones tuvieron que ser más que suficientes para ahuyentar a nuevos saqueadores.

De los que salvaron sus vidas no faltó quien alimentase todavía más la fenomenología mágica. Es normal: habían violado un recinto sagrado, un espacio que sabían estaba protegido por el poder de los dioses y de los sacerdotes-magos. Acudían a un recinto donde existía un cuerpo fallecido. Pero lo mejor de todo era la experiencia que vivían en dicho lugar. Los sacerdotes se habían ocupado de distribuir en frutas, panes y otras viandas, venenos y narcóticos, como cápsulas de adormidera, elixires de belladona, etc. Habían diluido venenos en las bebidas que acompañaban al muerto al más allá, algunos ajuares contenían jarras de hidromiel, cerveza e incluso vino, pero, eso sí, debidamente emponzoñados. Cuando los ladrones hacían uso de dichos productos eran literalmente envenenados. Su cerebro se abría a una nueva realidad sensorial y la sugestión, el miedo y las creencias hacían el resto. Los saqueadores escuchaban voces, veían luces y creían estar padeciendo la venganza de los difuntos. Si a ello le añadimos las convulsiones, sudoraciones, vómitos o procesos diarreicos generados por los tóxicos, podemos decir que ciertamente la «maldición» había sido muy efectiva.

La ponzoña de las tumbas egipcias podía estar presente incluso en las armas del ajuar funerario. Las tribus primitivas que poblaron lo que actualmente es Sudán y parte de Egipto, utilizaban como veneno de caza el látex del euforbio que obtenían de un cactus que puede sobrepasar el metro y medio de altura y que es irritante en contacto con la piel y altamente venenoso si es ingerido en dosis elevadas. Como muchos otros venenos, el euforbio –en la justa dosis– puede ser utilizado como purgante y vomitivo.

Tuvo que ser terrible para el saqueador de tumbas de turno cortarse o pincharse por accidente con restos de atractivas puntas de flecha que expresamente eran forjadas con oro para garantizar que alguien las tocara. Pero el celo de los sacerdotes iba más allá, organizaban la preparación de trampas untando paredes y pasillos con sustancias tóxicas. Se cree incluso que, una vez finalizada la preparación de recinto y antes de cerrar definitivamente la tumba, encendían antorchas emponzoñadas con cianuro. Su combustión envenenaba el aire que permanecía letal hasta el momento en que el recinto era abierto de nuevo.

Pero claro, toda precaución o trampa era poca si tenemos en cuenta que las sustancias químicas y las propiedades tóxicas caducan con el tiempo. Por eso la mayoría de tumbas que se descubren en nuestros días teóricamente no poseen el efecto «maldición». El egiptólogo Alberto Cánovas, director del centro Axum de estudios egipcios, opina que «los envenenamientos funerarios no se hacían pensando a largo plazo. Difícilmente los sacerdotes egipcios podían imaginar que una tumba sería profanada no ya decenas sino miles de años después. Perseguían pues castigar con la inmediatez».

No es de extrañar. Los principales filósofos e historiadores griegos aseguran y detallan la existencia de complejos entramados que hoy denominaríamos mafiosos ávidos del robo de tumbas. Herodoto de Halicarnaso, que visitó Egipto en el siglo V antes de nuestra era, además de narrar con todo lujo de detalles cómo se efectúan los procesos de embalsamamiento y describirnos la existencia de varias categorías, explica: «no todos ellos poseen una moral límpida. Los mejores, cuando les llevan el cadáver, muestran a los acompañantes modelos de madera con colores naturales y explican que el mejor embalsamamiento es el de aquel cuyo nombre no me atrevo a citar... Cuando llegan a un acuerdo en el precio, los allegados se quitan de en medio y los otros comienzan el proceso con el cuerpo. Pero entre éstos los hay que realizan tocamientos innecesarios con los que ya adolecen de la vida, y otros que, sabiendo de los bienes funerarios al alcance del difunto, piensan en ellos con ansia».

Herodoto denuncia algo que en Egipto estaba penado con la muerte, como es la violación de cadáveres, pero también deja entrever en sus múltiples escritos sobre el tema que los embalsamadores disponían de ayudantes, que no necesariamente eran sacerdotes, y que podían formar parte de, por decirlo de alguna forma, redes de ladrones de tumbas. Así las cosas, la programación de un hurto era fácil. A partir del momento que se sabía que el cadáver de un hombre o mujer pudiente estaba siendo tratado se podía establecer un concreto plan de actuación futura. Es cierto que los ayudantes sabían de la existencia de formulaciones mágicas e incluso de las protecciones venenosas en torno al cadáver y su ajuar pero, dado que todo ello se preparaba en secreto por los sacerdotes-magos, no tenían más remedio que arriesgarse.

La momificación en el Antiguo Egipto era el proceso por el que se impedía que un cadáver llegase a su putrefacción natural.

Estudios realizados demuestran que los venenos podían entrar en contacto con la futura víctima gracias a la transpiración. El ladrón de cadáveres, además de tener que penetrar por estrechos y a veces punzantes pasadizos que le herían la piel, y que en caso de estar emponzoñados le inocularían el veneno, penetraban en recintos dotados de elevadas temperaturas. El esfuerzo y el calor generaban que los ladrones transpirasen, por lo tanto los poros de su piel se abrían y el organismo podía así absorber los tóxicos.

Tutankamon, la gran maldición

Entre las diferentes capas de vendaje que envolvían la momia de Tutankamon se encontró un amuleto con un texto que además de inquietante, sirvió de punto de partida para la que ha sido considerada la maldición por excelencia. El texto decía «Levántate de la no existencia ¡Oh, yaciente! Vende a tus enemigos. Que triunfes sobre la que hagan contra ti».

Tutankamon fue un joven faraón que gobernó durante la XVIII dinastía entre el 1333 y el 1323 antes de nuestra era. Fue llamado «Toro fuerte, ordenador de todas las cosas», «fuerza de las leyes y señor de todo», «hijo de Ra, viviente imagen de Amón, legislador de la Heliópolis del alto Egipto», así como «aquél que exhibe las insignias, el que propicia a los dioses». No nos engañemos. Estos apelativos o sobrenombres no hacen justicia a la realidad. No diremos que el faraón Tutankamon fuera un don nadie, pero lo cierto es que se ha mitificado en exceso tanto su vida como gobernante como su muerte.

Tutankamon fue enterrado como era costumbre, es decir, rodeado de abundantes tesoros y de gran cantidad de alimentos para abastecerse en la otra vida.

El descubrimiento de su tumba en noviembre de 1922 demostró que el faraón no tuvo necesidades en 3000 años, puesto que no usó ninguno de sus objetos del ajuar ni tampoco probó alimento o bebida alguna. Quizá el hecho de que el tesoro de Tutankamon estuviera intacto fue lo que dio una considerable relevancia al hallazgo de su tumba.

No nos interesa el mal trato que sabemos hizo el arqueólogo Howard Carter del cuerpo del faraón, dejándolo expuesto a los elementos –nadie sabe dónde está ni su oreja ni su enjuto y pequeño pene, seguramente arrancados cono macabro *souvenir*–, ni tampoco cuántos de los innumerables tesoros pasaron a manos profanas. Consideramos que lo relevante, en lo que al contenido de esta obra se refiere, es la existencia de una falsa maldición así como la también falaz historia de que Tutankamon murió envenenado.

Las excavaciones de Carter habían sido patrocinadas por Lord Carnarvon, quien al poco de descubrirse la momia muere en extrañas circunstancias en el hotel Continental de El Cairo. Todo parece indicar que sufrió la picadura de un mosquito que se le infectó, aunque la versión oficial es que murió de neumonía. No fue envenenado como se dijo, ni tampoco tocó productos ponzoñosos en la tumba, pero la hipótesis de la maldición cobró fuerza dado que justo en el momento en que moría Carnarvon un apagón dejaba la capital egipcia a oscuras. Las leyendas urbanas comenzaron a multiplicarse.

Se decía que el espíritu de Tutankamon revoloteaba sobre la capital del país del Nilo y que su maldad arrasaría con quienes habían profanado la tumba. Lo cierto es que tiempo después murió el conservador del museo de antigüedades del Louvre, Georges Bénédite, también en extrañas circunstancias, después de haber visitado la tumba. Otro tanto sucedió con Arthur Mace, del Metropolitan Museum of Art de Nueva York, que por supuesto también había entrado en contacto con los restos funerarios de Tutankamon. Curiosamente, el descubridor, Howard Carter, quien había asegurado presenciar extrañas luminiscencias e incluso voces en el momento de efectuar el hallazgo, no sólo sobrevivió a los miembros de su equipo sino que murió diecisiete años después.

Nunca se ha podido probar que la tumba del faraón contuviera dispositivos tóxicos ni tampoco que en el aire hubiese restos de veneno que interactuasen con los descubridores. Sin embargo, gracias o por culpa de la ya citada novelista Marie Corelli, así como sir Arthur Conan Doyle, padre de Sherlock Holmes, la historia de maldiciones, momias vengativas y elementos del más allá se popularizó.

La realidad fue otra

El faraón Tutankamon yacía acompañado de más de cinco mil piezas de ajuar funerario. Pero lo relevante es su momia. ¿Envenenaron al faraón? Los análisis de su tumba, estudiados por primera vez el 11 de noviembre de 1923, justo al año de su descubrimiento, revelaron que su cabeza estaba separada del tronco y faltaba

El arqueólogo Howard Carter, descubridor de la tumba de Tutankamon.

parte de la caja torácica. Además el cuerpo carecía de esternón. Todo ello lleva a los investigadores a pensar que el faraón sufrió un accidente –que le causó la muerte– dañando las partes del cuerpo citadas, razón por la cual fueron enterradas en algún otro lugar y, por tanto, no formaron parte del cuerpo integral de la momia.

Durante años se ha especulado que Tutankamon había sido asesinado por el general Horemheb, quien habría convencido a una criada del faraón para que acabase con él envenenándolo mientras le regalaba sus favores sexuales. Los primeros análisis de la momia, por lo dañado que estaba el cuerpo, apartaba de un plumazo el envenenamiento reforzando la teoría del accidente.

Ahora bien, en 1996 un nuevo análisis determinó que el golpe que presentaba el cráneo de Tutankamon había producido una hemorragia y que ésta sólo podía generarse en caso que el cuerpo estuviese en posición horizontal. Por lo tanto, cabía la posibilidad de que la criada, más que emponzoñar, golpease al faraón. Sin embargo, tiempo después la hipótesis del asesinato por envenenamiento volvió a cobrar fuerza. Se llegó a la conclusión que la hemorragia cerebral sólo podía haberse producido en un cuerpo horizontal. Efectivamente, pero siempre que el cuerpo estuviese previamente muerto. Por tanto, quizá la criada primero acudió al veneno y luego remató el trabajo con el golpe de gracia.

Pues no, tampoco fue así. Los paleopatólogos determinaron que la lesión ósea se produjo durante el proceso de extracción del cerebro, es decir, cuando se llevaba a cabo la momificación de cuerpo. De manera que los expertos del British Museum descartan que Tutankamon muriese a consecuencia de un golpe en la cabeza.

Cuenta la leyenda que el espíritu de Tutankamon arrasaría con quienes habían profanado su tumba.

El misterio de Tutankamon en lugar de aclararse se complica al paso de los años. En un alarde de creatividad y a sabiendas que los sacerdotes-médicos egipcios utilizaban hongos y venenos para propiciar sus maldiciones, durante décadas los amantes de las teorías conspiratorias han asegurado que las personas muertas tras ver la tumba, habían sido atacadas por el hongo *aspergillus*, que teóricamente habría activado su tóxico con la renovación del aire. Pues tampoco. Nada más falso, dado que en la actualidad un ser humano puede inhalar miles de esporas de este hongo a diario y como mucho padecer una molesta rinitis, pero no letal. También se habló de la presencia del histoplasma *capsulatum*, un hongo producido por las heces de los murciélagos y que no es ni mucho menos mortal.

Es cierto que el cuerpo de la momia, así como los alimentos de la tumba generaron, durante su proceso de descomposición, cierta toxicidad, pero ni en un cementerio de mamuts encontraríamos tantos gases lo suficientemente letales como para que sus propiedades perdurasen miles de años después. Así pues, desestimada la teoría del golpe en la cabeza propinado por la doncella-amante, la de los hongos y bacterias asesinas, la de los gases tóxicos y, por supuesto, la de las maldiciones desde el más allá, la imprecación de la ponzoña no se sostiene.

Sólo nos queda como enigma pendiente resolver cómo murió realmente Tutankamon. Todo parece indicar que la suya no fue una muerte natural, por lo tanto, escojamos entre accidente y veneno y en este caso centrémonos en el general Horemheb, quien junto con el visir Ay acapararon el poder y dominaron la joven rey Tutankamon, siendo durante diez largos años los auténticos gobernantes del país.

Horemheb era un héroe nacional querido por el pueblo. El visir, un anciano sin hijos varones. El general lo tenía todo muy bien pensado: si moría Tutankamon, un joven adolescente que no tenía descendencia, él apoyaría la ascensión al trono del viejo Ay. Era cuestión de aguantarlo dos o tres años. Después, dada su falta de descendencia, el siguiente en acceder al trono sería Horemheb. La casualidad —o no— quiso que el faraón falleciera, que el veterano Ay gobernase cuatro años y que Horemheb acabase siendo el último faraón de la décimo octava dinastía egipcia, gobernando 27 años.

¿Mató Horemheb a Tutankamon? El general contaba con mercenarios extranjeros bajo sus órdenes dispuestos a ayudarle a alcanzar el poder. Claro que para eso era preciso eliminar a Tutankamon. Tal vez lo hizo, una de las teorías de la conspiración es la de la criada envenenadora. Otra, que el faraón murió víctima de un accidente de carro provocado. No sabemos si Horemheb estaba tras todo ello, pero sí que al final se lo organizó, pretendiendo lavar su imagen, para que en el pedestal de una estatua erigida en su honor apareciera una inscripción que reza: «Hermanos egipcios, nunca olvidéis que los extranjeros han matado a nuestro rey Tutankamon».

La diosa de la ponzoña

Una de las figuras más ilustres de Egipto es la de la última reina del país del Nilo: Cleopatra. Sabemos que coqueteó con sustancias toxicas, ¿pero realmente murió envenenada?

Cleopatra se convierte en reina de Egipto tras morir su padre Ptolomeo XII. La historia nos sitúa en el año 51 antes de nuestra era. Cleopatra tiene unos 16 años y es una adolescente que se ha pasado los últimos cuatro años en la escuela de cortesanas de Ninfeo, lugar donde se encontraba el más refinado burdel de Alejandría. Cleopatra no pretendía hacer carrera en la prostitución, pero era normal que algunas mujeres de la alta sociedad, a partir de que su primera menstruación, fueran enviadas a «escuelas» donde eran formadas en el arte de la conversación, el amor y el sexo.

Las biografías de Cleopatra aseguran que era muy inteligente, dominaba las artes y ciencias de su tiempo, además de hablar griego, hebreo, sirio, egipcio y arameo. El historiador y biógrafo Plutarco (46-125 dC) dijo de ella que era muy culta en geografía, astronomía, matemáticas y prosa. Cleopatra, que parece ser era más

Cleopatra usaba la cantárida como primitivo viagra para que sus amantes no desfallecieran.

bien fea –las monedas de su época así lo atestiguan– más que seducir con su rostro lo hacía con el verbo y las buenas maneras. Con su capacidad lírica y dialéctica, pero también con un singular dominio de la sexualidad, los conocimientos mágicos y los venenos.

De ella se llegó a decir que dominaba veinte formas distintas de realizar la felación y que era habitual que participase en orgías con decenas de amantes a la vez. Tanto es así que también era reconocida como diosa del sexo.

Durante su estancia en Ninfeo aprendió a lograr la turgencia en los hombres mediante el uso de sustancias que podían ser mortales. Al parecer era común que Cleopatra usase la cantárida como primitivo viagra destinado a que sus amantes no desfallecieran.

La cantárida es un insecto cuya apariencia se encuentra a caballo entre una mosca y un pequeño escarabajo que en la península Ibérica se conoce como Mosca de España, y de la que existen unas 300 variedades en todo el mundo. Este coleóptero, que ya fue utilizado por Hipócrates (460.370 a.C.), como activador de la circulación y para tratar ulceraciones de la piel, era empleado por la faraona para lograr interminables erecciones de sus amantes. Este poder afrodisíaco, pues así fue clasificado el insecto hasta el siglo XVII, procede de la sustancia tóxica que en dosis altas puede producir la muerte, denominada cantaridina.

El veneno de la cantárida suele obtenerse secando y pulverizado al animal, pero consta en diferentes crónicas históricas que también ha sido ingerido vivo. En todos los casos, el veneno de la cantárida, al margen de producir irritaciones digestivas y alterar el aparato urinario, genera también, como ya hemos comentado, la erección. Además de ellos, esta sustancia ha sido utilizada como abortivo y estimulante, ya que otro de sus efectos es producir insomnio y agitación nerviosa.

¿Murió envenenada?

Los narradores de la muerte de Cleopatra apuntan a que murió a causa del veneno de una víbora, o un áspid, o incluso que falleció por la ingesta de una hoja de cicuta. Pero recientes investigaciones desbancan la teoría del suicidio para conducirnos a la del asesinato.

La historia de la princesa regente egipcia suele relacionarse con intrigas, complots, comportamientos incestuosos y afán político. Pasó a la historia por ser la amante de los grandes mandatarios Julio César y Marco Antonio, y supuestamente acabó sus días suicidándose mediante veneno. Sin embargo sucede que la muerte de Cleopatra se nos narra bastantes años después del óbito. Se nos explica con trazas poéticas envueltas en el misterio y el romanticismo que lejos de aclarar qué pasó de verdad parecen evocar un episodio mitológico.

Las motivaciones

Lo único que sabemos cierto es que cuando Cleopatra muere, por su lecho han pasado —entre otros cientos— los citados Julio César y Marco Antonio, mano derecha este último de César, con quien Cleopatra supuestamente tuvo otros dos vástagos.

Cleopatra llega al final de sus días con el sentimiento de haber fracasado como gobernante y amante. Primero sedujo a Julio César, lo que le significó eliminar del poder a su esposo y hermano Ptolomeo XIII. Con César como amante tuvo un hijo, Cesarión, que esperaba que, a la muerte del emperador romano, fuese gobernante del Imperio romano. Sin embargo vio cómo tras su muerte, el 15 de marzo del 44 aC., su hijo no sólo no accedía al poder, sino que nunca fue reconocido como hijo de César por el Senado romano.

Esto significa que Cleopatra abandona Roma, pierde un gran aliado y regresa con su hijo a Egipto. Después entra en escena Marco Antonio, amigo de Julio César y comandante en jefe de su ejército. Marco Antonio formará parte del segundo triunvirato y gobernará el Imperio junto a Lépido y Octavio, el heredero político de Julio César. Cleopatra seducirá a Marco Antonio, vivirá con él una tórrida historia de amor que durará poco más de un año, ya que quedará truncada cuando Marco Antonio regresa a Roma para casarse con Octavia, la hermana de Octavio, que es el sobrino-nieto de Julio César.

Cuando Cleopatra cree que ya lo ha perdido todo, Marco Antonio regresa a sus brazos y sin repudiar a Octavia se casa con la reina. Esto genera que la tensión entre Roma y Egipto sea cada vez mayor. El pueblo romano ve a Marco Antonio como un mal gobernante, entregado a los placeres mundanos (se dice que era un adicto al sexo). Cuando concluye la vigencia del triunvirato, Marco Antonio repudia a su mujer Octavia. Este hecho provoca que el hermano de Octavia —Octavio— deje de confiar definitivamente en Marco Antonio. Se enteró de los favores que ha concedido a Cleopatra, y hay documentos que testifican que Marco Antonio, además de haberle otorgado a la faraona numerosas posesiones romanas, tenía la intención de trasladar la capital del Imperio de Roma a Alejandría.

La revelación de los secretos anteriores provoca la destitución de Marco Antonio y que tenga que enfrentarse a una declaración de guerra. Octavio y Marco Antonio deberán luchar hasta la muerte.

Octavio, en plena batalla, cuando las tropas de Marco Antonio ya están perdiendo la contienda, recibe un falso informe en el que se le dice que Cleopatra ha muerto. Como resultado de ello Marco Antonio acaba su vida dejándose caer sobre su propia espada. En este drama-culebrón histórico –del que según parece Shakespeare se alimentó para el final de su *Romeo y Julieta*– falta el final trágico de Cleopatra que ve perdido todo su poder, y que las tropas de su amado están siendo aniquiladas. Al tener constancia de que Marco Antonio se ha quitado la vida, decide morir. Y aquí nace la leyenda del suicidio.

Un final de película

En la actualidad todavía no se sabe cómo murió Cleopatra. Las últimas indagaciones realizadas por un equipo de investigadores del Discovery Channel, despojan de toda traza de romanticismo y leyenda a la muerte de la regente. Concluyen que en realidad no hubo suicidio sino asesinato. Pero no adelantemos acontecimientos.

La historia de la muerte de Cleopatra nos llega envuelta de poesía. Los historiadores griegos Plutarco y Deocasio –posteriores a ella en el tiempo, por tanto no la conocieron– contribuyeron a perpetuar una historia que la ciencia de nuestros días está desmantelando.

Cleopatra decide morir porque se encuentra sola y desesperada. La versión literaria nos pinta a una Cleopatra sesgada de amor y desesperanza. Una mujer que con mano temblorosa antes de su suicidio redacta sus últimas voluntades: Va a suicidarse y quiere que su cuerpo descanse junto al de su amado Marco Antonio. Ese el mensaje que hace llegar a Octavio. Posiblemente hubo otras motivaciones.

La reina sabía que Octavio deseaba humillarla y que tenía la intención de secuestrarla y exhibirla en Roma como trofeo de guerra. Al enviarle el documento de sus últimas voluntades, le está dando el postrero bofetón al enemigo de su amante. Pero este detalle fue pasado por alto en las crónicas de los historiadores.

La historia más poética nos ofrece varias versiones novelescas sobre la muerte de la reina. Una asegura que la gobernante ordena a sus criadas, Charmion e Iras, que le preparen una cesta con frutas y que escondan en su interior una cobra. Ella alargará la mano y morirá inocentemente.

Una segunda versión asegura que Cleopatra toma una cobra con sus propias manos y aplicando su boca a la garganta provoca que la muerda en el cuello. Después la misma serpiente acabará con la vida de las sirvientas de la reina. Al respecto de la ponzoña del reptil, otra versión indica que la faraona guardaba en su poder un frasco repleto de veneno de serpiente y llegado el momento, untó en él su prendedor de pelo y lo hincó en su carne.

Finalmente, otra crónica sin desperdicio es la que nos cuenta que Cleopatra masticó unas hojas de cicuta que llevaba escondidas debajo de su peineta. ¿Qué hay de verdad en todo ello?

Un baño de realidad

Aunque no se conserva ningún texto original, las crónicas del suicidio de Cleopatra proceden mayoritariamente del historiador y ensayista griego Plutarco, cuyos biógrafos han sugerido que admiraba profundamente la figura de la reina, lo que le levó a dulcificar la narración de su muerte.

Plutarco no la conoció, pero veía en el personaje a un ser admirable. Dijo de ella que «su belleza no era tan incomparable como para producir asombro y admiración, pero su tacto era tal que resultaba imposible resistirse. Los encantos de su figura secundados por la gentileza de su conversación y por todas las gracias que se desprenden de una feliz personalidad, dejaban en la mente un aguijón que penetraba hasta lo más vivo. Al hablar poseía una voluptuosidad infinita y aunque Platón reconoce en ella cuatro tipos de halagos, tenía mil».

Las narraciones de Plutarco difícilmente se sostienen. El historiador cuenta que el cuerpo de la reina, el mismo que él jamás vio, así como el de sus dos fieles esclavas, presentaban dos marcas como símbolo de muerte, señales que para Plutarco son las señales dejadas por los colmillos de la cobra.

Los expertos en toxicología determinan que no todas las picaduras de una misma cobra conducen a la muerte. Que difícilmente una misma cobra esté escondida en un cesto o no, puede morder tres veces generando tres muertes consecutivas. Pero hay otro dato más interesante aún y es que la toxicidad del veneno suele tardar unas dos horas en generar efectos neurotóxicos. Teniendo en cuenta que Octavio se encontraba relativamente cerca, a pocos kilómetros, de donde estaba Cleopatra, los investigadores creen que tuvo tiempo más que suficiente para evitar la muerte de la gobernante que, desde luego, no murió en pocos minutos.

Si Octavio hubiera querido podría haber salvado a la reina y seguir con su plan de mantenerla viva para someterla al escarnio público romano.

En cuanto a la hipótesis del envenenamiento mediante las hojas de cicuta, los investigadores creen que es poco probable. Calculan que adornando el cabello de la reina habría unos dos mililitros de veneno, cantidad insuficiente para morir, ya que para causar la muerte de la faraona se precisarían unos 30 ml de solución concentrada, y si hacemos caso a Plutarco, que deja entrever que las criadas también ingieren el mismo veneno, se habrían necesitado otros 60 ml más para acabar con ellas. Las hojas tal cual que nacen del árbol de la cicuta contienen sólo el 0,5% de tóxico. Entonces, una de dos, o Cleopatra tenía un jardín botánico sobre su cabeza –cada planta supera el metro de altura– o la cosa no cuadra. Todo ello sin contar que los efectos de la cicuta son lentos, por tanto no ha lugar a la «muerte fugaz» a la que alude Plutarco.

¿Fue asesinada?

Los investigadores de Discovery Channel concluyen que casi con total seguridad, tomasen lo que tomasen Cleopatra y sus sirvientas, la sustancia las pudo conducir a un aturdimiento pero en ningún caso a la muerte. Los expertos teorizan sobre la posibilidad de que Octavio, al recibir la nota, partiese a un encuentro con Cleopatra. Y que hallándola todavía viva, optase a última hora por no recurrir a cualquiera de los antídotos de los muchos que conocían los egipcios para mitigar el efecto de los venenos. Que optase por cambiar su plan de exponer a Cleopatra en Roma, con lo cual todavía habría tenido más problemas para asentar su poder dado que en la capital del Imperio vivía el hijo de César y Cleopatra. Así las cosas, y disponiendo de una nota de suicidio que le servía de coartada, es de suponer que acabó matando a la reina y a sus sirvientas.

El cómo no lo sabemos, entre otras cosas porque el cadáver de Cleopatra, así como su tumba, a día de hoy todavía no se sabe dónde está. No hay momia, no hay autopsia, no hay rastros. Sólo se sabe que Octavio la sepultó con todos los honores cerca de la tumba de Marco Antonio. Y cuenta la leyenda urbana que en 1798, Napoleón Bonaparte fue enviado a ocupar Egipto para frenar la expansión inglesa. La historia narra que al general le regalaron tres momias sin vendas. Dos eran masculinas y la tercera de una mujer. Le aseguraron que eran los restos mortales de la última gran reina de Egipto.

Cuando Napoleón regresa a Francia, entre sus pertenencias queda constatada la de la momia de Cleopatra que fue cedida a la Biblioteca Nacional de París para ser expuesta en el gabinete de medallas y antigüedades. Sin embargo, tiempo después, en 1871, cuando las tropas prusianas entran en París, las autoridades deciden poner a salvo los tesoros de la Biblioteca.

La momia de Cleopatra fue conducida a un sótano. La humedad aceleró la putrefacción de un cadáver ya en muy mal estado de conservación y, como resultado de ello y debido a que el hedor era inaguantable, se decidió que aquellos cuerpos fueran enterrados en el jardín del edificio de la citada Biblioteca Nacional.

«No daré veneno a nadie aunque me lo pida, ni le
sugeriré tal posibilidad.»
Hipócrates de Cos

CAPÍTULO 8

GRECIA, LA CULTURA DEL VENENO

Una opalescente copa higía –símbolo de poder y remedio–, preside la zona griega de nuestro gabinete de las maravillas. Junto al recipiente que tal vez un día sostuvo en sus manos el médico y toxicólogo griego Nicandro de Colofón, uno de los más antiguos expertos en antídotos de la antigua Grecia, descansa un Toxikon, o tratado de sustancias venenosas y, junto a éste, un Pharmakon, obra de autor anónimo que recoge principios curativos, pero también letales de algunas plantas. Con todos estos elementos vamos a viajar por una de las etapas más interesantes de la historia del veneno y la política de la antigua Grecia.

Un tema familiar

Los griegos clásicos conocían el veneno al dedillo. Otra cosa es que hicieran de él un uso delictivo. Lo conocían porque su cultura fue el centro del mundo. Se relacionaron con egipcios, asirios, fenicios e incluso con pueblos que ellos llamaron bárbaros e hiperbóreos. De todos aprendieron, de todos extrajeron información, noticias y sabiduría que unas veces omitieron por considerarla poco práctica o poco sacra y que otras absorbieron para acabar adoptándola como propia. Pero antes de eso, más allá del plano tangible y real, los griegos tenían sus mitos, aquéllos que les conectaban con la psique, la magia y el misterio.

La literatura griega está plagada de referencias a la ponzoña. Al margen de las que ya hemos visto, rememoremos la que nos cuenta, por ejemplo, el poeta Hesíodo, nacido en torno al siglo VIII aC. y que está considerado, luego de Homero, como el segundo poeta heleno más antiguo.

Hesíodo cuenta que Prometeo engañó a Zeus sedándole con adormidera. Precisamente es en la *Odisea* de Homero donde se explica que Helena recurre al opio para calmar a Telémaco: «Helena, nacida de Zeus, puso una droga en el vino que estaban bebiendo. Era un gran remedio para la hiel, los dolores y el alivio de demás males. Quien lo bebiera disuelto en la vasija quedaría para todo aquel día curado de llantos, aunque perdiera a su padre y su madre, o cayera el hermano o el hijo herido de muerte por mano enemiga».

El veneno en Delfos

La historia mitológica anterior puede antojarse lejana, pero quizá un vestigio a caballo entre el mito, la realidad y con el veneno como denominador común lo hallamos en Delfos a través de su famoso oráculo.

Los relatos dicen que Delfos era el centro del mundo, el lugar en el que coincidieron las dos águilas enviadas por Zeus para hallar el epicentro terráqueo. Un territorio en el que según narró Diodoro de Sicilia en el siglo primero antes de nuestra era –fecha en la que el conocimiento de tóxicos y su aplicación médica, farmacológica y ponzoñosa, era común entre los griegos– había una misteriosa grieta que conectaba directamente con el Parnaso, allí donde la mitología griega asegura que vivía el dios solar Apolo, regente de la medicina la música, la poesía y cómo no de las artes adivinatorias. Difícilmente hubiera sido posible el augurio de no ser por ciertas sustancias que más que divinas, eran de la madre naturaleza.

Retomando a Diodoro, éste nos cuenta que «cerca de la ciudad de Fócida hay una colina singular donde hablan los dioses». Se trata del montículo donde se erigió el templo que contenía el Oráculo de Delfos, y donde que Diodoro advierte que «hay un gas que embriaga a los que lo respiran».

El lugar fue descubierto casualmente por un pastor y sus cabras. Cuando los animales respiraron el aire viciado comenzaron a saltar descontroladamente. El pastor, según Diodoro, viendo aquel agujero «se acercó, olió, y al momento, tras aspirar, se tornó loco como sus cabras». Pero lo más curioso es que dicho gas generaba visiones y daba el don de la profecía. Por ello se desarrolló la creencia de que un dios, sin duda Apolo, moraba en aquel espacio y por ello se erigió su templo y nació el oráculo. ¿Quién era el dios? Pues nada menos que ácido sulfhídrico, un gas que huele a huevo podrido y que posee un profundo efecto narcotizante en dosis moderadas y causa la muerte en altas cantidades.

Sin restarle valor por ello al famoso oráculo, cabe destacar que las inmediaciones de Delfos ya se utilizaban en la prehistoria como zona de culto. Las dataciones arqueológicas nos conducen incluso hasta el tercer milenio antes de nuestra era, que es cuando están datados los fragmentos de vasijas más antiguas halladas en la zona. Recipientes que tal vez pudieron contener alimentos o bebidas usadas como ofrenda.

Así funcionó el oráculo

Cuenta la leyenda que Apolo mató a una serpiente pitón que vivía en una de las grutas de Delfos. Obtuvo así el poder místico y adivinatorio que después alcanzarían las denominadas pitonisas o pitias, llamadas así en honor de la serpiente. Dichas mujeres, consideradas como sacerdotisas, eran las encargadas del augurio. Inhalaban los vapores venenosos que exudaba la tierra, entraban en catarsis y daban un mensaje. El presagio casi siempre era críptico y ambiguo, tanto, que la mayoría de las veces resultaba acertado al ser su interpretación totalmente subjetiva.

No hay duda de que existió Delfos, de que hubo un oráculo, pero es complejo calcular su antigüedad. Ni Homero ni tampoco Hesiodo, aluden a la sibila o adivina. En cambio sabemos que el oráculo estaba considerado como un lugar sagrado. A él acudían mandatarios y embajadores del mundo clásico para tomar decisiones de estado. Por ejemplo, en torno al siglo VI antes de nuestra era, acudió a él Creso, el último rey de Lidia, quien visitó a la sibila, la principal pitonisa del lugar.

Delfos es quizá una de las grandes pruebas que nos da la historia de cómo una misma sustancia que resulta tóxica, puede tener otros usos en teoría menos nocivos. Ahora bien, más allá de Delfos, en cuyas instalaciones no podemos detenernos por más tiempo, ¿por qué era tan relevante el veneno en Grecia? Sin duda la respuesta está en sus creencias religiosas.

Cuestión de fe

Los griegos, como después los romanos, creían en la inmortalidad del alma. Rendían culto a la muerte y tenían una estrecha relación con sus dioses. Cuidaban a sus difuntos, les preparaban comidas rituales, hablaban con ellos, los invocaban y procuraban tenerlos siempre en su memoria. No hacerlo significaba caer en desgracia. El difunto que había sido abandonado por su familia se convertía, creían ellos, en un ser maléfico con poder para castigar a los vivos. En cambio el finado que era cuidado desde el más acá, podía interceder y ayudar a su familia desde el más allá. ¿Qué relación tiene todo ello con el veneno?: su efecto alucinógeno.

Rituales con veneno

Los griegos disponían de un altar en su casa. Allí ardía permanentemente el fuego del hogar, siendo cuidado por el cabeza de familia, el padre. Él era el conocedor de los ritos, las oraciones e invocaciones para comunicarse con los dioses y por extensión con sus familiares difuntos.

La forma de conocer la voluntad de los seres sobrenaturales y de mantener el contacto con los seres difuntos era recurriendo a los mensajes y revelaciones del fuego avivado con plantas aromáticas y alucinógenas o del sueño. Y para soñar, era preciso estar relajado y dormir plácidamente. Elementos como la cicuta, la

Delfos, el lugar al que acudían los griegos para consultar al famoso oráculo.

belladona e incluso el opio resultaban perfectos para inducir la sedación o revelar los misterios ígneos.

Otra manera de mantener un diálogo no doméstico con el más allá era acudiendo a un oráculo como el de Delfos, visitando a un profeta que era el encargado de obtener los consejos o decretos de Zeus a través de Apolo, quien se manifestaba gracias a las alucinaciones psicodélicas. En Delfos y otros templos había un augur que podía examinar las llamas del fuego, las entrañas de los animales, el vuelo de los pájaros o la forma de las nubes, pero que casi siempre estaba en un estado de ensoñación permanente gracias a la ingestión de sustancias tóxicas.

El veneno en la ley

La toxicología no sólo moraba en el reino espiritual griego, sino que también lo hacía en la política y la ley. La sociedad griega era compleja. Inicialmente no conformaba un estado en sí, sino varios. Cada pequeña ciudad-estado tenía sus instituciones legislativas, de manera que no había una única ley, siendo las primeras dictadas por los cabeza de familia. Durante muchísimo tiempo las leyes eran cosa de inspiración de los dioses que, a través de sus consejos facilitados con la intervención de sustancias tóxicas, o de las visiones oníricas, determinaban qué era lo mejor, lo correcto o lo adecuado ante un delito o falta.

Hasta que nació la democracia, las polis o ciudades estado se regían por los preceptos casi siempre arbitrarios de un tirano o de una sociedad aristocrática. No es hasta el siglo V antes de nuestra era que en la democracia ateniense se establecen unas bases para la libertad de opinión y pensamiento basadas en la opinión de una asamblea de ciudadanos que muchas veces opinan guiados por sus dioses y supersticiones. Por encima de dicho grupo, se encuentran los magistrados que tienen poderes religiosos, judiciales y militares. Los dioses siguen estando presentes.

Algo similar sucedía en la dictatorial y militarizada sociedad de Esparta. Estaba gobernada por una asamblea que poseía una *gerusia* o consejo de 28 ancianos que a su vez estaba dominado por los *eforos*, cinco magistrados dotados de poder legislativo y ejecutivo. Cinco personajes que, como sus subordinados, además de a su inteligencia, recurren a los oráculos para averiguar los designios de los dioses antes de emprender una guerra, cambiar una ley o modificar determinadas conductas sociales de la ciudadanía.

Los sofistas y Sócrates

Llega un momento en que Atenas se gobierna a sí misma gracias a la asamblea de ciudadanos. La democracia está asentada y sirve de ejemplo para otras polis griegas. La política es una actividad prestigiosa en la que participan activamente los denominados maestros de sabiduría. Son hombres supuestamente conocedores de astronomía, geometría, matemáticas, fonética, pintura, pero también embaucadores y artistas del discurso. Eran los denominados sofistas. Lo malo es que más allá de buscar la verdad, la razón de las cosas, perseguían la denominada *arete* o el dominio de las palabras para persuadir a los demás. Eran personas que, como describieron sus contemporáneos, eran capaces de usar las palabras para envenenar unas veces y embelesar otras.

Los sofistas afirmaban que la verdad absoluta y total no existía. Participaban del relativismo de las cosas, de la subjetividad y defendían que la verdad era de quien creía tenerla y que la misión de éste era defenderla con palabras y argumentos, convenciendo a los demás con su discurso. Estrategias que muchos –Sócrates entre otros– tildaron de falsas y manipuladoras. Sobre todo cuando entre los sofistas se comenzó a cuestionar la ley de los dioses y por tanto sus poderes, consejos y decretos. En este sentido el afamado Protágoras, (485-411 aC.) un sofista muy respetado que recorría Grecia impartiendo discursos por los que cobraba cantidades astronómicas, dijo al respecto de los dioses: «No dispongo de medios para saber si existen o no, ni la forma que tienen; porque hay muchos obstáculos para llegar a ese conocimiento, incluyendo la oscuridad de la materia y lo breve de la vida humana».

Según los sofistas, las leyes que hasta el momento tenían un origen divino y basado en la experiencia de la vida, debían cambiar. Ellos no renunciaban a los dioses, ni a su culto, pero consideraban que era preciso separar religión de política o ley. De nada servía que el mismísimo dios Apolo hubiese inspirado a Licurgo (700-630) –el mítico fundador de Esparta–, o que se manifestase legislativamente en Delfos ante los gobernantes que debían tomar decisiones. Los sofistas decidieron, desde su posición de poder en las asambleas, que era preciso dictar leyes humanas para los humanos, normas para «que los hombres vivan como tales y no como animales». Leyes que a diferencia de las divinas podían ser castigadas en el mundo de lo tangible y, claro está, también eludidas.

La oposición

Los sofistas fueron vistos con distintos ojos. Para el dramaturgo Esquilo eran los que daban utilidad a lo sabido, al conocimiento. Para el poeta Eurípides eran los encargados de practicar el buen gobierno. En cambio, Sócrates pensaba distinto, creía que eran unos manipuladores, gente sin conocimiento cuya vanidad y prepotencia impedía alcanzar la verdad.

Sócrates pensaba que la ley humana era peligrosa ya que si bien perseguía proteger al débil, el fuerte siempre tenía ventaja. Podía actuar de forma negativa y no estar sometido al juicio de los dioses, sino al de los hombres de quienes Sócrates aseguraba que muchas veces eran sobornados, manipulados o engañados. Tal era el caso de los denominados sicofantes o acusadores profesionales que recibían regalos y pagos bajo mano a cambio de acusar o delatar a quien fuese y por cualquier motivo ante la asamblea o *eklesia*.

El que fuera precursor de Platón y Aristóteles, Sócrates (470-399 aC.), aunque fue considerado como un filósofo sofista, nunca lo fue. Él pensaba que la moral y la ciencia, así como la ley estaban cayendo en desgracia por culpa de aquéllos. Creía que una cultura rodeada y plagada de dioses que participaban activamente en el día a día griego, no debía dejarse llevar por la subjetividad humana.

Sócrates, con su famosa frase «la única cosa que sé es saber que nada sé; y esto cabalmente me distingue de los demás filósofos, que creen saberlo todo», pretendía luchar contra quienes poseyendo sólo desconocimiento, engañaban a los demás con el arte de la palabra. Pensar así le costó muy caro al filósofo: pagó sus ideas con la vida. A los sofistas de más poder no les gustó nada la idea de un hombre cada vez más popular y considerado por muchos como sofista, que decía que nadie tenía el conocimiento y que para poder ser sabio, lo primero que había que hacer era reconocer el desconocimiento de las cosas.

El maestro y los tóxicos

Ya desde joven el filósofo estaba empeñado en conocer y descubrir la verdad de la existencia, pero a diferencia de otros de su tiempo no participó en política, no hizo discursos ni empleó la oratoria para convencer a los demás. Se convirtió en el arquetipo contrario a los sofistas. Poseedor de gran inteligencia y de estudios, siempre negó su sabiduría y renunció a ser maestro de nadie. Creía que la verdad de la existencia y de todas las cosas podía descubrirse mediante el diálogo.

Contemporáneo en el momento de máximo esplendor sofista, muchos creyeron que era uno de ellos, pero era exactamente lo contrario. Nunca intervino en la política. No pronunciaba discursos. No escribió nada. Según él, nunca fue maestro de nadie. Es más, incidía en que las palabras sólo servían para perturbar y que era menester vaciar la cabeza de conceptos y verbo para hallar la esencia de las cosas. Sócrates simplemente se dedicaba a conversar con quien quería hablar con él, dado que pensaba que la sabiduría se adquiere en el intercambio vivo de la conversación.

Pero lo más singular de Sócrates era su comportamiento: pasaba noches en vela, con la mirada fija, perdida, como contemplando un horizonte diferente al resto de los mortales. Después se sumía en profundos sueños reveladores y durante el día escuchaba una vocecilla en su interior que al parecer le orientaba en sus preguntas y respuestas. ¿Esquizofrenia o alucinaciones tóxicas? Seguramente lo segundo.

El daimon de Sócrates

Entre los griegos se aceptaba la existencia de entidades del más allá denominadas *daimon*. Inicialmente se las representaba siendo mitad bestias mitad humanos y se decía de ellas que eran divinidades inferiores que luchaban en favor de la oscuridad y lo tenebroso para sumir al hombre en las tinieblas. Más tarde se aseguró que eran espíritus errantes y Platón llegó a afirmar que en realidad eran los espíritus de los difuntos sabios más evolucionados y, por tanto, merecían un culto especial.

Sócrates era distinto: aseguraba tener su propio daimon. Una entidad que vivía en su interior, por eso aseguraba: «Sólo el conocimiento que llega desde dentro es el verdadero conocimiento». Su daimon era un ser que tenía carácter propio y que lejos de ser un dios inventado por él, era una entidad divina que se le manifestaba de igual forma que aquellas otras que entraban en contacto con las sibilas y los augures. Debemos entender que para ello Sócrates debía utilizar alguna sustancia tóxica con propiedades psicoactivas. Eso o que sencillamente padecía una anomalía psiquiátrica.

A diferencia de lo que se hacía con otros dioses, entidades o espíritus que se manifestaban desde el más allá, Sócrates decía que su daimon se expresaba de forma diferente al resto, pues «aunque posee características irracionales, está domesticada por la razón». Tal vez por ello la tenía en tanta consideración, ya que creía que era la síntesis perfecta entre lo tangible y lo intangible. Creía que a través de él se manifestaba la sabiduría antigua, la experiencia religiosa, aunque no le rendía culto como se hacía con otros dioses.

Víctima del veneno

Llegó un momento que la fama de Sócrates y sus ideas fueron tan notables e influyentes que los sofistas decidieron eliminarlo. Para ello, organizaron toda una campaña de desprestigio.

Aunque el maestro afirmaba que «los vicios son el resultado de la ignorancia y el desconocimiento», le acusaron de comportamiento indecoroso con los jóvenes

La muerte de Sócrates, por Jacques-Louis David.

que se acercaban a él en busca de sabiduría. Aprovechando el aspecto físico de Sócrates, que era bajito y regordete, de vientre prominente y ojos saltones, y que tenía visiones, dijeron de él que era un borracho y lo compararon con los silenios, viejos sátiros y dioses menores de la embriaguez que servían a Dionisio en sus orgías. También lo acusaron de negar la existencia de los dioses y de crear dioses propios como su daimon y de no querer asumir las leyes humanas.

En su famoso juicio, Sócrates, cuya sola síntesis ya se merecería otro libro, comenzó su defensa diciendo: «Cuatro características corresponden al juez: escuchar cortésmente, responder sabiamente, ponderar prudentemente y decidir imparcialmente». Prosiguió su argumentación ante el jurado diciéndoles que sus mentes habían sido envenenadas por sus enemigos mientras eran jóvenes e impresionables y que su reputación de sofista había sido impuesta por sus enemigos, los cuales eran maliciosos y le tenían envidia.

Afirma que, por lo que se refiere a los cargos de ser un criminal, no piensa responder a ellos porque no son más que rumores. En cuanto a la corrupción de los jóvenes con sus pensamientos, indica que es una idea incoherente que no comparte, ya que no entiende el cargo cuando no hay testigos que lo sostengan, es más, han acudido familiares de jóvenes a defenderle.

Por lo que se refiere a ser un metomentodo que pregunta hasta al cielo y la tierra, indica serlo, pero que su mala fama en dicho sentido no se debe a un mal procedimiento sino a la burla que ha hecho de él, de su método y de su físico el poeta cómico Aristófanes a través de la obra *Las Nubes*, quien hacía más de veinte años que tildaba a Sócrates de un loco mentiroso dedicado a inculcar todo tipo de insensateces en las mentes de los jóvenes.

La sentencia

La primera sentencia es de 281 votos a favor de la condena contra 275 en contra. Vistos los números, Sócrates se crece. Piensa que puede salvarse de la pena de muerte. Repentinamente la vocecilla de su interior enmudece y él, un tanto desconcertado, efectúa otro alegato de defensa. Negocia con el jurado, propone como pena para sí mismo organizar y pagar una comida para todos los miembros de la asamblea. Se celebrará en el Pritaneo, el edificio donde se reunían y eran mantenidos a costa del estado los senadores de Atenas. Sugiere, además, pagar una multa de 100 dracmas, pues asegura no tener más dinero; pasar por un tiempo en prisión y posteriormente exiliarse. Pero algo falla, la asamblea vota de nuevo esta vez con 360 a favor por la sentencia de muerte y 141 en favor las penas referidas más una multa de 3.000 dracmas. Sócrates debe morir.

El maestro se resigna y sólo advierte, cual profecía que luego se cumplió, que vendrán otros como él, con más fuerza y argumentos que serán los que cambiarán las cosas. Y reconoce que si su procaz verbo le hubiera dado un respiro, tal vez el daimon de su interior podría haber hablado ayudándole a una mejor defensa.

Pese a todo interpreta el silencio de su voz interior como una bendición divina. La muerte le permitirá una migración a otro lugar en el que reunirse con las almas de Hesiodo y Homero o héroes de la mitología con los que hablar y seguir preguntando por todo aquello que le interesa. Se supone que es entonces cuando pronuncia aquello de: «Yo he sido condenado por falta no ciertamente de palabras, sino de temeridad y desvergüenza... Prefiero morir habiéndome defendido dignamente, a vivir habiéndolo hecho indignamente».

El desenlace

Sócrates permaneció casi un mes en prisión esperando que llegase el momento de su muerte. Entretuvo sus días conversando con sus amigos acerca de temas filosóficos. Cuando llegó el día, un carcelero le entregó a Sócrates una copa en la que había cicuta, posiblemente diluida en vino.

El maestro bebió ante la mirada vidriosa de Platón, quien días antes había intentado convencerle de huir y que no podría presenciar el final de su maestro. Allí estaba también el rostro compungido de Antístenes, quien narraría el episodio tiempo después.

Tras ingerir el líquido mortal, Sócrates pasó un rato en silencio esperando hallar la muerte. Primero padeció un terrible dolor de garganta. Después percibió que todo a su alrededor se movía. No pudo vomitar pese a estar muy mareado. Como tampoco pudo contener sus esfínteres ni aguantar la terrible diarrea casi instantánea que le produjo la planta. La rigidez comenzaba a extenderse por todo su cuerpo. Momentos antes le habían hecho caminar para aminorar el dolor de las extremidades. Le ayudaron a recostarse y su verdugo, el que le había suministrado el veneno, comprobó que los pies y piernas habían perdido la sensibilidad. Sócrates estaba a punto de morir. Su pulso se fue debilitando. Tuvo tiempo todavía de indicar: «Critón, debemos un gallo a Asclepio; no te olvides de pagarlo». No hubo tiempo para ningún mensaje más.

La terrible cicuta

Aunque su aspecto nos recuerda al inocente perejil o el hinojo, la planta de la cicuta puede tener efectos letales. Por fortuna la forma de distinguirla de las dos citadas es gracias a su pestilencia que recuerda a la orina. Por lo demás, se parece mucho.

Sus poderes sedantes hicieron de ella un buen remedio tanto en la medicina egipcia como en la griega donde se aplicaba pulverizada mezclada con grasas animales para calmar heridas, efectuar intervenciones quirúrgicas, etc. El problema, como suele suceder con este tipo de sustancias, era la dosis.

Efectivamente, la cicuta calma. Ello se debe a la presencia en el vegetal de alcaloides que embotan los sentidos, siendo uno de los más relevantes la coniína. Dicho alcaloide primero activa los receptores del sistema nervioso produciendo una ligera excitación, después seda rápidamente o causa la muerte.

Teóricamente, la cicuta propiciaba una muerte dulce, plácida y no violenta. Algo se supone que reservado para personajes importantes. Pero hay algo más relevante, cuando el organismo ya está paralizado y la respiración es muy dificultosa, la conciencia todavía está activa y no se pierde hasta el último momento. Seguramente por ello los etíopes recurrían a dicha sustancia administrándosela a sus gobernantes y reyes que, llegados al abismo de sus días, eran ayudados a morir con un bebedizo de cicuta, si bien podían dictaminar cualquier voluntad hasta última hora.

«De la datura se administrará una dragma si el paciente debe tan solo animarse y pensar bien de sí mismo; el doble si debe delirar y sufrir alucinaciones; el triple si ha de quedar permanentemente loco; se administrará una dosis cuádruple si debe morir.»

Teofrasto

CAPÍTULO 9
PHARMATON O EL VENENO MÉDICO

Recuperemos por un momento la copa higía del capítulo anterior. En su interior hay un pedacito de cerámica vidriada, un minúsculo trozo de mosaico policromo en el que domina el verde. Conserva en su esencia el haber soportado el peso de Alejandro Magno subiendo a la ciudadela de Pérgamo. Alberga el paso cansado de Galeno, quien acudía con frecuencia a la biblioteca de aquella ciudad y casi seguro que también contiene trazas del que fuera sucesor de Aristóteles en la escuela peripatética, el botánico y científico Teofrasto de Ereso y tantos otros que siguieron la estela de Hipócrates. Y es que no podemos omitir el veneno en la medicina griega.

Los santuarios de salud

Hoy, caminar por la ciudadela de Pérgamo, especialmente si estamos en verano, resulta sofocante. Pero hace 2500 años, cuando en el 560 la ciudad de orígenes mitológicos que supuestamente fundó Neoptólemo, el hijo de Aquiles, pasa a formar parte del reino de Lidia, las cosas eran distintas.

La antigua Pérgamo, cuyas ruinas rodean la actual ciudad turca de Bérgama, era una urbe cálida, mediterránea, llena de árboles y plantas medicinales. De espacios a la sombra para hablar y discutir sobre tratamientos, cultura, mitos y hasta romances o divertimentos. Pérgamo está situada a 30 km. de la costa del mar Egeo y frente a la isla de Lesbos, lugar donde nació Teofrasto en el 372 antes de nuestra era y vivió la poetisa griega Safo (650-580 aC.), habitual usuaria de sustancias tóxicas y venenosas como fuente de inspiración.

Pérgamo fue capital del conocimiento y la cultura de la Antigua Grecia. Tanto por sus calles como por su elevada ciudadela, una fortaleza construida a 335 metros sobre el nivel del mar, pasaron los mejores médicos y sacerdotes. Aquellos que con frecuencia acudían a estudiar o consultar los textos redactados sobre pergamino —piel tratada de oveja, cabra o ternera—, otra aportación de esta ciudad al mundo de la cultura.

La biblioteca de Pérgamo, aquella de la que habla Plinio el viejo en su *Historia Natural*, la misma que visitó Alejandro y en la que estudió Galeno, fue la segunda biblioteca más importante del mundo antiguo, después de la de Alejandría, y se calcula que albergaba doscientos mil volúmenes.

A muy pocos kilómetros del centro de Pérgamo, al oeste de la ciudad, todavía hoy es posible ver las ruinas del Asclepion o templo curativo consagrado al dios de la medicina, por el que pasaron además de Galeno para estudiar y formarse como médico terapeuta, otros doctos como Teofrasto, Dioscórides y quizá antes que ellos, aunque no está documentado fehacientemente, Hipócrates.

El templo de Asclepio, como el de Epidauro, fue precursor de lo que hoy conocemos como un hospital. La diferencia es que los asclepios eran una mezcla de santuarios, sanatorios, bazares, centros de milagrería y, por supuesto, lugares de curación. Tengamos en cuenta que para los griegos la medicina primitiva era más magia que ciencia.

Quizá por ello no es casual que justo antes de morir envenenado por la cicuta, Sócrates recuerde a uno de sus alumnos la entrega de un gallo, en este caso como tributo y ofrenda a Asclepio. Se trata del dios de la medicina, de aquel a quien se invocaba antes de una operación para que guiase la mano del cirujano o cuando se recibía un tratamiento complejo. Y es que el veneno, como no podía ser de otra manera, formó parte de la tradición médica griega, aunque en la época de Sócrates los conceptos estaban a punto de cambiar.

Los dioses, al margen

La Grecia clásica bebe de las fuentes egipcias y asirias, y como éstas, dispone de médicos-sacerdotes que unas veces anestesian con plantas narcóticas y otras lo hacen recurriendo a la hipnosis. Médicos, o en este caso cirujanos, capaces de abrir el vientre a cuchilladas y, en paralelo, esperar que sea el dios Asclepio quien guíe certeramente el instrumento cortante. Al fin y al cabo los dioses que inspiraban en las cuestiones del espíritu, inicialmente también eran los responsables de la salud y de las hierbas y tratamientos.

Con la presencia de Hipócrates, la antigua medicina griega se va apartando poco a poco de las dependencias mágicas de los dioses y si bien al principio consideran que la enfermedad y la curación dependen en buena parte de actos de magia y rituales litúrgicos, poco a poco se centran en la búsqueda de la salud mediante procesos naturales.

Cuando todo cambia

Los fundamentos hipocráticos no creen en que la cura se deba a la transferencia simbólica del mal. Dicho de otro modo, si la enfermedad desaparece, no es gracias a un amuleto que domina la maldad apartándola del cuerpo, ni tampoco de una oración que conduce lo pecaminoso y doliente a un estado de purificación.

Los griegos hipocráticos llegan a la conclusión de que las drogas, o mejor dicho los efectos de ellas, no son elementos sobrenaturales, sino que como podemos leer en el *Corpus Hippocráticum*, se trata de productos que «actúan enfriando, calentando, secando, humedeciendo, contrayendo, relajando o haciendo dormir».

Los médicos determinan que los dioses existen, que su poder es notable, que no está de más invocarlos o rezarles porque ello dará paz y serenidad al enfermo. Ahora bien, determinan que cuando acontece la enfermedad, ésta amenaza al organismo y la solución pasa por la higiene, la desinfección y el tratamiento. A este respecto, se recurrirá al uso medicinal de las plantas y de ellas. En el ya citado *Corpus Hippocraticum* se nos dice: «Lo esencial en cada una es la proporción entre dosis activa y dosis letal, pues sólo la cantidad distingue el remedio del veneno».

Hipócrates de Cos

Está considerado como el padre de la medicina moderna. Un personaje un tanto legendario que si bien está aceptado que existió realmente y que nació en torno al 460 antes de nuestra era, lo cierto es que la mayoría de sus datos biográficos están entremezclados con leyendas. Se supone que Hipócrates tuvo un padre que también fue médico y que penetró en el templo de Asclepio, dios mitológico de la medicina, a los 13 años. Su obra, recogida por sus discípulos, alberga 53 escritos redactados en el *Corpus Hippocraticum*.

Si Hipócrates se sentase en el diván de nuestra sala de las maravillas, vería que en nuestros días las cosas no han cambiado tanto de como él las imaginó. Nos diría que la enfermedad se debe a fenómenos naturales y no a intervenciones mágicas ni religiosas. Y que a pesar de haber viajado a Egipto, lugar en el que terminó su formación como médico de la mano de sacerdotes y curanderos del país del Nilo, la salud y su mantenimiento se consiguen gracias a la dieta y la higiene y que cuando éstas no son suficientes se recurre al *Pharmakon*.

El *Pharmakon* griego es un auténtico tratado de venenos y difiere del *Toxikon* simple y sencillamente en que plantea la posibilidad de curar. El *Toxikon* alude a los productos con los que emponzoñaremos armas y a las sustancias que causarán la muerte. El *Pharmakon* nos explica que una misma sustancia puede conducirnos a la eternidad o hacer que de momento la evitemos.

Hipócrates tuvo que ser un personaje singular. Las crónicas cuentan que con 80 años, sin duda una buena garantía de sus terapias, corría de una ciudad a otra para procurar consejos médicos; eso sí, curar lo que se dice curar, no siempre estaba a

Hipócrates.

su alcance. Y por ello aseguran los cronistas que diagnosticaba utilizando terminologías científicas que «infundían respeto hasta cuando no curaban».

El maestro Hipócrates era un virtuoso en el arte de la sugestión y aunque había desterrado los procesos ritualísticos divinos, aprendió de los egipcios la correcta puesta en escena para ser venerado casi tanto como los médicos de cabecera, ahora llamados de familia, de no hace demasiados años. La medicina hipocrática era apacible y estéril. Decía el maestro que las funciones del médico no eran sanar o matar, sino siempre mejorar. Limpiaba las heridas con agua o vino aunque no descartaba tratamientos secos mediante emplastos de plantas.

El legado del maestro

No cabe duda que Hipócrates conocía el poder del veneno. El hecho de dejar por escrito en su juramento hipocrático la mención a no utilizarlo por los médicos, es una llamada de atención a los que vinieron después.

Es evidente que los griegos conocían el poder de la potasa, la sosa, la cal o el salitre. Tenían nociones del mercurio como veneno muy peligroso, tanto es así que los mineros helenos cubrían su rostro con rudimentarias mascarillas para preservarse de las emanaciones mercuriales. Otro veneno clásico y perfectamente conocido era el sulfuro de arsénico al que denominaban *sandaraco*.

Pese a todos estos conocimientos, el maestro Hipócrates procura evitar el pantanoso terreno del veneno. Es más, habla poco de él y únicamente cita de forma expresa en sus tratados el sandaraco. Como podemos intuir, Hipócrates era un hombre singular. Sabía que el conocimiento botánico podía ser peligrosamente útil y seguramente procura no dar demasiadas pistas sobre sustancias tóxicas a fin de evitar un mal uso. Que actuase así era una forma de cubrirse las espaldas, ya que la legislación de Atenas prohibía hablar de venenos y recurría a éstos a través de los médicos para aplicarlos en las sentencias del poder judicial. Además Hipócrates sabía de la existencia de otros médicos que con una dudosa moral y anclada todavía en los principios mágicos, preparaban amuletos, talismanes y fórmulas médico-mágicas utilizando sustancias tóxicas como el estramonio, que contiene potentes alcaloides como la escopolamina y la atropina, ya utilizada por los egipcios a modo de exorcismo o hechizo.

La estela de Hipócrates será larga. Tras los primeros años de su muerte, aunque el maestro renunció a la magia como forma de terapia y origen de algunas dolencias, los que vendrán tras él, sean médicos, botánicos o filósofos e historiadores, no siempre comulgarán con sus ideas y dejarán una puerta abierta a los poderes del mundo etérico.

Teofrasto, el divulgador

Su nombre auténtico era Tirtamo, nacido en el 372 antes de nuestra era. Era oriundo de Lesbos, por tanto vecino del centro de sabiduría de Pérgamo.

Teofrasto no era médico, por lo que no estaba adscrito a juramento hipocrático alguno. Tenía libertad para hablar de plantas y venenos, pudiendo pues romper el tabú a través de sus tratados, nueve en total. Entre ellas, *De la Historia de las Plantas*, está considerada como la obra botánica más relevante de la antigüedad.

Su visión del estramonio

Al respecto de esta planta Teofrasto se recrea, como no lo hizo Hipócrates, hablando de los notables efectos que su uso tiene en la curación de lo que él denomina «ciertos males de la mente».

En su *Historia de las Plantas* podemos leer: «La especie que origina locura y que unos llaman estramonio y otros peritón posee una raíz blanca, hueca y de aproximadamente un codo de longitud. En lo referente al espíritu, trastorna la mente y provoca la locura, por ello se le da al enfermo sólo una dragma si se presenta con aspecto festivo y se considera a sí mismo persona excelente, pero hay que darle dos dragmas si está loco de remate o dice ver cosas extrañas». Menciones como éstas son frecuentes en los textos de Teofrasto.

Las plantas de la mente

En la misma obra *De la Historia de las Plantas*, el sabio griego nos ilustra, siguiendo en la línea de las plantas que «curan los pensamientos», sobre la mandrágora y el eléboro negro. Lo malo es que de la primera se centra más en aspectos mágicos que en medicinales, diciendo sobre su recogida que: «Antes de tomarla del suelo me dicen que hay que trazar tres círculos a su alrededor con una espada y que hay que cortarla mirando en dirección a Occidente. Que cuando se corta el segundo trozo hay que decir muchísimas retahílas entorno a amor carnal». Como tendremos ocasión de ver, las brujas medievales seguramente hallaron una buena fuente de inspiración en textos como éstos a la hora de recolectar sus plantas mágicas.

Efectúa una mención interesante, casi un abc del boticario, sobre cómo recolectar algunas plantas no sólo para que no pierdan sus propiedades: «Algu-

Teofrasto.

nas raíces hay que cogerlas de noche, otras de día, y algunas antes de que los rayos del sol caigan sobre ellas. De esta manera el vegetal contiene toda su fuerza», y realiza también notificaciones sobre el peligro de ciertas plantas que pueden resultar venenosas por inhalación o contacto: «Las propiedades de algunas plantas son tan nocivas, que hay quien dice que consumen y queman como el fuego. Porque el eléboro hace que la cabeza adquiera pesantez, y los recolectores no pueden estar arrancándolo mucho tiempo, por lo cual comen antes ajos que riegan con vino puro».

Más allá del rústico antídoto de vino y ajo, Teofrasto está en lo cierto al realizar su advertencia. La raíz negra que contiene la planta de eléboro es muy tóxica en el caso de entrar en contacto con la una herida y pasar a la sangre.

Con respecto al antídoto, Teofrasto está en lo cierto aunque sólo en parte, ya que no garantiza la inocuidad del tóxico del eléboro, lo que sí hace es estimular el riego sanguíneo, actúa como diurético y es bactericida. Su uso era común en la medicina griega.

Dejemos a un lado la sapiencia de Teofrasto a quien los botánicos de citarán muchas veces, para seguir descubriendo la estela de Hipócrates diciendo, sin pretender adelantar acontecimientos, que el divulgador fue íntimo amigo del historiador griego Calístenes de Olinto, que a su vez fue compañero del malogrado Alejandro Magno.

¿Envenenaron a Alejandro Magno?

Había nacido en la ciudad macedonia de Pella en el 356 antes de nuestra era. Era un joven bien parecido, pero no tanto como nos lo describe el cine. Fue un hombre cuya historia vital no podemos detallar en esta obra, baste decir que fue el mayor conquistador del mundo antiguo. Un gobernante que cuando llega el momento de su muerte, a los 32 años, tiene en su haber ser el gobernador de toda Grecia y haber conquistado el imperio Persa.

Cuando Alejandro fallece a causa de la malaria, la encefalitis vírica, la fiebre tifoidea o por los efectos del veneno, depende de cada interpretación, su imperio se extiende desde el valle del Indo hasta Egipto, pasando por toda la península de Anatolia y Grecia. Ha fundado más de 70 ciudades y de ellas al menos 50 llevan su nombre. Es un ser amado y odiado, ansiado y temido.

Presuntos culpables

La lista de personajes ávidos de la muerte de Alejandro es interminable, pero el destino y la mala salud del macedonio deja en el aire claridad de cuál fue la mano ejecutora.

Alejandro Magno no tuvo una vida fácil y además tampoco se cuidó demasiado. Es cierto que disponía de médicos y sacerdotes que velaban por él y probaban antes todo lo que comía y bebía. Eran famosas sus borracheras, aunque no le mató el alcohol ni una extremadamente veloz cirrosis hepática. La noche en que muere el gobernante llega indispuesto a sus aposentos. Algunos investigadores creen que padecía malaria y que sus herbarios ya no sabían qué drogas administrarle para mantenerle en pie y evitar sus fiebres y temblores. Otros opinan que si bien es cierto que padecía alguna enfermedad grave, lo que le mató fue la última copa de vino, esa que se había ocupado de envenenar su maestro de cocina, un tal Yolas, quien con la connivencia de Casandro, uno de los generales del emperador, habían tomado de la determinación de eliminar a su gobernante.

Más que vino, según algunas fuentes, Alejandro bebió una sustancia parecida al agua que procedía de pantanos putrefactos de Babilonia. De ser así, teniendo en cuenta que la cicuta gusta de crecer en aguas pantanosas, tendríamos una posible causa de la muerte.

Otro posible culpable del fallecimiento de Alejandro es el filósofo y precursor de la anatomía y la biología Aristóteles (384-322), su antiguo tutor, cuyo padre era Nicómaco, médico personal del rey Amyntar III de Macedonia, abuelo de Alejandro Magno.

Según la historiadora y experta en simbología Marisa Benovart «Aristóteles odiaba a Alejandro por haber ordenado el asesinato de su sobrino Calístenes, quien tenía que ser el historiador personal de Alejandro». Pero quiso el destino que el joven no sólo no estuviera conforme con lo que hacía el emperador, de manera que difícilmente podía narrarlo de forma adecuada pese a hacerlo a través de numerosas obras y además, según Benovart había otro motivo: «El sobrino de Aristóteles padecía celos de la extraña e íntima relación que Alejandro mantenía con su gran amigo de la infancia y posible amante Hefestión».

Calístenes no sólo resultaba molesto para Alejandro por sus divergencias, sino por el carácter indolente del joven que le cuestionaba en público y se negaba a postrarse ante los pies del macedonio como exigía el protocolo ritual. El gobernante aprovechó el descubrimiento de un complot con intento de envenenamiento que detectó gracias a la muerte de un esclavo catador, para encarcelar a Calístenes, que murió luego de ser torturado según unas fuentes y de inanición otras.

Pero hay más presuntos culpables en esta historia, también su mujer es una buena candidata a asesina: «La princesa Roxane de Bactria estaba harta de las aventuras extramatrimoniales de Alejandro. Podía tolerar, pues era habitual en aquella época ciertos escarceos con alguna esclava y tal vez dama de la corte, pero seguramente lo que más le molestaba eran los devaneos afectivos y sexuales que su marido mantenía con su gran amigo Hefestión, que también murió envenenado», indica Marisa Benovart.

Algunos investigadores creen que Roxane fue quien se ocupó de emponzoñar el vino de la última cena utilizando para ello unos polvillos de estricnina, un potente veneno procedente de la planta de nuez vómica, una planta de origen asiático poco conocida en el imperio de Alejandro y cuya ingesta además de fiebre genera rigidez muscular y ahogo.

Según dejaron escrito los historiadores griegos, en sus últimos momentos Alejandro Magno sufrió de una terrible agitación, temblores y rigidez de cuello. Después dijo sufrir de un gran dolor agudo en el estómago y tener muchísima sed, tanto que nadas podía calmarla. Desde luego la muerte del gran Alejandro no fue coser y cantar.

Toxicólogos de la Universidad de California que han investigado la sintomatología descrita por los cronistas del tiempo de Alejandro creen que los efectos coinciden en buena manera con los que padecen los envenenados por la estricnina que suele afectar a los músculos dado que lo primero que hace es atacar a los transmisores químicos del cerebro.

Quienes están en contra de la hipótesis de la estricnina defienden que puestos a asesinar a Alejandro por envenenamiento ya en aquella época se conocían otros productos mucho más rápidos y menos espectaculares o al menos más discretos, lo suficiente como para que nadie pudiera ser acusado de asesinato.

«La ciencia es el gran antídoto contra el veneno del entusiasmo y de la superstición.»
Adam Smith

CAPÍTULO 10
DE CATADORES Y ANTÍDOTOS

Un pergamino, gastado por el paso de los años y de las manos sucias que lo acercaron a los ojos de Pompeyo está enrollado sobre sí mismo. Lo dibujó alguien enamorado de las plantas, pero no tanto como para dar su vida por ellas, eso lo hicieron sus prisioneros.

La obra refleja una escena cotidiana en la corte del rey del Ponto: una serpiente, eterna compañera de Esculapio se ha desprendido de su vara. El poder y la mutación aúnan sus esfuerzos. La sierpe zigzaguea sigilosa. Su lengua bífida se esfuerza por captar la vida. Retrayéndola y sacándola rápidamente puede percibir las partículas químicas que se traducirán como complemento a su función del olfato. Se acerca a una bolsa cerrada de arpillera. Una punta de las dentadas hojas de estramonio asoma entre el tejido. La flor rosada de un solo pétalo se repliega a modo de embudo. El olor acre y nauseabundo de la bolsa activa sus papilas. El silencio es total. La penumbra se alivia mediante una lámpara de aceite y junto a ella viendo toda la escena el rey Mitridates aguarda la cata de un nuevo veneno.

Todos los que se han acercado a las plantas buscando un remedio curativo y han descubierto propiedades letales, han investigado sobre la manera de remediarlas. Y esto mismo, la búsqueda de un antídoto, ha sido la gran preocupación intentando que una picadura de serpiente o escorpión resultase inocua o cuando menos que no fuera mortal. Pero ¿en base a qué se alcanza un antídoto? Sin duda primero sabiendo de la existencia de la ponzoña.

Los primeros botánicos y médicos egipcios y griegos tenían un método bastante sencillo y por extensión dudoso para descubrir la toxicidad. Inicialmente la apariencia física de la planta podía determinar la peligrosidad. Así y aunque nos pueda parecer una traza de inocencia, cuando más desagradable a la vista más peligrosa se entendía que era. Luego vino el seguimiento por el color del cual nos informan los botánicos y médicos griegos, como Teofrasto quien alude a las propiedades nefastas de raíces y plantas oscuras o negras, señalándolas como peligrosas.

Por supuesto en esta ficha de apariencias no falta el olor: cuando más pestilente es el vegetal más peligroso ha de ser. Esto funciona bien con la cicuta, es precisamente el olor a orín que emite lo que nos permite no confundirla con el perejil. Sucede lo mismo con algunos gases como el que surgía de Delfos o el azufre que más tarde convivirá con las demoníacas brujas. Su pestilencia advierte de la negatividad que contienen. Pero no nos engañemos, la auténtica efectividad pasa por la cata.

Hay venenos que no huelen, otros que si bien tienen un sabor amargo no necesariamente son desagradables. ¿Cómo averiguar pues la efectividad? Probando y esto es lo que tuvieron que hacer los buscadores de venenos. Los animales fueron sus primeras cobayas, pero otros humanos, en este caso esclavizados o capturados en guerras también sirvieron como elementos de laboratorio. Y es que aquello que resulta molesto, pero no mortal para un animal puede tener efectos mucho más letales para un humano.

Inicialmente los métodos de prevención contra el veneno era muy simples: lavar el cuerpo a fondo y, partiendo de la base que el tóxico afectaba al interior, la higienización era doble: se provocaba el vómito y se practicaba una limpieza anal mediante enemas. Sin embargo, con el tiempo se pensó en las mismas plantas como remedio. Son los griegos quienes sientan este gran precedente ya que entienden que igual que una plantas matan, otras pueden curar e incluso anular los efectos de las primeras.

La búsqueda del antídoto

De igual forma que para los antiguos el poder del veneno se confundía con aspectos mágicos y sobrenaturales, el antídoto no era menos singular. A veces se invocaba a los difuntos mientras se les ofrecían libaciones de vino o fragancias de incienso. En otras ocasiones, además de las purgas, se les dibujaban sobre el abdomen anagramas curativos. Claro que el colmo de la originalidad acontece cuando se recurre al uso de productos tan extraños como la venda de momia, o la pezuña de centauro y como no, el producto estrella, el unicornio.

No vayamos a pensar que la obsesión por el unicornio es exclusivamente medieval. Aunque en las cortes europeas hubo auténtico frenesí por hallar la mítica bestia, la moda proviene de antiguo.

El historiador y médico griego Ctesias de Cnidos, (siglos V y VI a.C.) nos comenta: «Hay, en la Persia, ciertos asnos tan grandes como los caballos o más grandes aún. Sus cuerpos son blancos y sus ojos azul oscuro. Ellos tienen un cuerno en la frente de un pie y medio en longitud. El polvo macerado de este cuerno se administra en una poción como protección contra las drogas mortales».

Ctesias fue raptado por soldados persas y según sus cronistas acabó siendo médico de la corte del rey Astajerjes II donde tuvo ocasión de ver cómo el veneno, desde hacía tiempo corría de copa en copa. Hagamos un alto para descubrir una auténtica dinastía tóxica entre los gobernantes Persas.

Astajerjes II es hijo de Darío II, quien alcanzó el trono luego de envenenar a Sodiano quien sólo pudo estar en el trono seis meses y que a su vez ya había envenenado a Jerjes II, el breve, puesto que sólo fue monarca poco menos de dos meses. Claro que la auténtica mano negra en esta historia bien puede ser la de una mujer, Parisatis madre de Astajerjes II, conocida por su afición al uso de ponzoña.

No sólo se cree que envenenó a su marido, Darío II también ayudó a éste a eliminar a su predecesor. Es más, ella, cuando su hijo ya es rey, se ocupó personalmente de emponzoñar la comida de su nuera. Creía Parisatis que la chica no respetaba lo suficiente al monarca, de manera que en una cena en la que se servían unas aves de reducido tamaño, que bien pudieron ser similares a las perdices y que en Persia denominaban *runtaces*, emponzoña a Estatira, lo que le costó el exilio.

Las crónicas, alguna de ellas apoyada por el griego Ctesias, nos cuentan que Parisatis, para no levantar sospechas, unta una de las caras del cuchillo con el que corta el ave que sirve a su nuera. Ella, al ver que su suegra come con deleite, no sospecha que su pedazo sea tóxico. Muere entre convulsiones.

Tal vez Estatira no disponía de una copa de cuerno unicornio como la que recomienda Ctesias: «La base del cuerno es blanco puro, la parte superior es afilada y de un rojo vívido; y el resto, o la porción media es negra. Aquéllos que beben en vasos hechos con estos cuernos no están sujetos a convulsiones o la enfermedad santa. De hecho, ellos incluso son inmunes a los venenos si, o antes de o después de tragarlos, beben vino nada más de estas copas. Todos los animales cuentan con cascos sólidos».

Antídotos caseros

En Persia como sucedió en Grecia y Roma, el pueblo que no podía acceder a antídotos tan caros como el cuerno del unicornio, debía contentarse con otros antídotos universales. Uno de ellos fueron las piedras encontradas en los estómagos de ciertos animales a las que se les atribuyeron poderes mágicos. Las piedras antídoto recibían el nombre de *padzahr,* término originario de los vocablos persas *pad* que significaría protección y *zahr* que aludiría a veneno.

Eran particularmente apreciadas las de rumiantes como gacelas y cabras, aunque se llegó a utilizar aquellas que comían pollos y gallinas. La creencia era simple, se partía de la base que los animales, más sabios e intuitivos ingerían pequeñas piedras para protegerse o curarse de la ingestión de plantas venenosas. Por tanto si la piedra estaba dentro del animal debía contener suficiente fuerza como para detener un proceso tóxico.

Recipientes de Terra Sigillata.

Lo que no sabían quienes recurrieron a dichos amuletos es que los citados animales, en especial algunos rumiantes ingieren piedras para facilitar el proceso digestivo, es poco mágico aunque más cierto.

La Terra Sigillata

Procedente de la isla de Lemnos, cercana a Lesbos, es un tipo de arcilla de color tostado que se utilizaba como antiveneno, alrededor del año cero, por griegos y romanos. Quien recurrían a dicho producto decían que sus propiedades eran mágicas y medicinales, hasta el punto que un alimento envenenado perdía sus propiedades al ser colocado sobre una fuente o plato de dicha arcilla. Otro tanto sucedía con las copas, vasos y jarrones. Tanto es así que según la leyenda Nerón, temiendo ser envenenado, dispuso que el vino «de compromiso» le fuera servido en dichos recipientes.

La tradición y la creencia en la Tierra Sigillata como antídoto se perpetuó hasta bien entrado el Renacimiento, básicamente porque cualquier elemento de dichas características era mucho más barato que otro compuesto de cuerno de unicornio.

Amuletos de pergamino

No sabemos si su invención se la debemos a los botánicos e investigadores griegos que vivían en Pérgamo, pero lo cierto es que los amuletos y sellos de pergamino debidamente decorados con figuras mágicas eran el mejor remedio antiveneno para las clases más bajas, aquellas que no podían no ya con un catador esclavo dispuesto a morir probando un plato intoxicado, sino esos otros para los que era imposible pagar por un poco de polvo de cuerno de unicornio.

Los amuletos de pergamino era simples trozos de piel debidamente preparados por sacerdotes o magos unas veces y médicos un tanto supersticiosos otras. Se suponía que para confeccionarlos el ritualista de turno debía efectuar una serie de sacrificios ceremoniales en honor a las entidades que contenían el nombre de Asclepio para proteger de todo mal o el de Apolo, para ser capaces de dilucidar si había o no mal. Dichos amuletos podían llevarse encima, o colocados estratégicamente cerca de las fuentes en las que se servía el alimento.

Una variedad fueron los talismanes encantados de Dionisio primero y Baco después. Contenían sus nombres así como palabras solicitando su invocación. Estos se utilizaban con preferencia por griegos y romanos para colocarlos bajo la copa en la que debía servirse el vino. Creían que la intervención de los dioses haría que la ponzoña de la bebida resultase inocua.

Lejos de quedar en desuso fueron utilizados hasta bien entrada la Edad Media. Se encargaron de su importación a Europa los médicos y magos árabes y judíos. Claro está que no eran amuletos como los griegos y romanos ya que si bien se efectuaban sobre la base de pergamino o de piel e incluso sobre lino, contenían el nombre de otros dioses y distintas oraciones. Dentro del Islam por ejemplo, el amuleto curalotodo, protector y contra venenos era una de las especialidades de los místicos islámicos denominados sufís.

El médico poeta

No cabe duda que persas y egipcios recurrieron con más o menos fortuna a toda clase de potingues antiveneno, pero quien sin duda efectúa una investigación más o menos relevante poniendo las bases para futuros descubrimientos es el griego Nicandro de Colofón (235-135 aC.), poeta y médico.

Nicandro no tiene más información sobre los venenos que la escasa información que obtiene sobre Hipócrates y por fortuna, la bastante más abundante divulgada por Teofrasto. Así las cosas, investiga los mitos que lee una y otra vez intentando descubrir sustancias y efectos. Recopila historia y leyendas de otras culturas como la egipcia o la griega y por supuesto experimenta. Pero su fuente de información esencial fue la biblioteca de Pérgamo.

Nicandro tiene la suerte de pasar a ser miembro de la corte del rey Atalo III, quien gobernó Pérgamo entre el 138 y el 133. A dicho mandatario lo del poder y el gobierno no le interesaba mucho. Prefería destinar importantes cantidades de dinero a la investigación. Su deleite eran la medicina la botánica y la jardinería y siempre que podía utilizaba su poder para engrosar el archivo de la biblioteca de Pérgamo, un lugar que frecuentaba asiduamente Nicandro.

Nicandro redacta dos obras esenciales de toxicología, la *Theriaca* y la *Alexiparmaca*. Pero si hay algo singular en los tratados de este buscador de venenos y antídotos es sin duda su forma de escribir. Como queriendo proteger de miradas ajenas lo que para él tuvieron que ser maravillosos secretos y en un afán de que nadie desvirtuase lo surgido de su pluma, redacta la *Theriaca* en más de tres mil versos de doce sílabas que riman en consonante y pareados. Vamos que no se conformó con escribir y contar sin más.

En la *Theriaca* el médico habla de serpientes, cantáridas, arañas y dedica especial atención a nueve tipos de escorpiones que describe como raza detestable y de los que dice: «el rojo causante de un fuego en la cara y sed ardiente. El negro que provoca temblor y una risa incontenible. El verde deja frío mortal. El amarillo, con la cola oscura, y que es también mortal».

La segunda obra compuesta por algo más de 800 versos alude a los efectos que producen vegetales como la cicuta, el acónito, beleño, opio e incluso hongos que resultan venenosos pero también, dice él, inspiradores. Hongos que siglos más tarde buscarán los maestros renacentistas. Singularmente Nicandro explica las precauciones a tener en consideración al recoger ciertos productos venenosos y aunque no entra en detalle explica la relevancia de usar una sustancia u otra según la celeridad que se persigue en los efectos de un tóxico.

Parte de la poesía de este personaje servirá como fuente de inspiración a otros que vendrán tras él como Dioscórides, Galeno e incluso Plinio. Pero lo más interesante es que su término *Theriaca* se convertirá en concepto, pasando a ser una palabra que define globalmente aquella sustancia que siendo venenosa puede ser utilizada como antídoto.

Conviene clarificar que las famosas *Theriacas* o «cócteles» de sustancias venenosas o bálsamos «teriacos» que lo curaban todo, como el famoso «Bálsamo de Fierabrás» que aparece en El Quijote y garantizaban la inocuidad de un veneno y que causaron furor hasta el siglo XVIII, no son de Nicandro. Es cierto que él puso las bases y que posiblemente, aún sin saberlo, lo redactado le sirvió al verdadero creador de la fórmula el rey de Ponto Mitriades VI, al que podemos considerar como el primer catador de la historia.

Obsesión venenosa

Situemos la historia. El centro del mundo está agitado. Los romanos están acabando con los etruscos en Italia. Los reinos helenísticos de Atenas, Alejandría, Seleucia y Edessa, tienen conflictos entre ellos. Pero de estos quizá el que más destaca es el Ponto y en él, gobernando con el asesoramiento de un numeroso grupo de filósofos y médicos griegos, se encuentra Mitridates VI, quien con el tiempo se convertirá en un problema para Roma debido a sus deseos expansionistas.

Entre el mito y la realidad

Los datos biográficos de Mitridates son complejos. Se dice que pasó su infancia en las montañas viviendo como un salvaje. Otros cronistas apuntan que habitó escondido en los bosques y fue educado por animales durante más de siete años. Sea como fuere hay un hecho que sí es cierto, se pasó la vida obsesionado por el veneno.

Mitridates creía estar rodeado de enemigos y tenía la seguridad interior de que en cualquier momento intentarían envenenarlo. Decía que desde niño le asaltaba una pesadilla: un hombre cuyo rostro jamás se manifestaba en sus visiones oníricas le suministraba una copa que le provocaba la muerte. Quizá por ello y a diario se ocupó de que sus médicos, magos y botánicos se informasen sobre todo tipo de sustancias venenosas y le suministrasen pequeñas porciones de aquellas que descubrían. El objetivo del monarca era ingerir dosis que no fueran letales pero que le permitiesen ir creando defensas naturales para acabar por ser inmune a cualquier ponzoña.

Mitridates gastó enormes fortunas para conseguir cuernos de unicornio, gemas mágicas que permitiesen eliminar la fuerza de los tóxicos y tuvo a su mando un ejército de recolectores, botánicos y personajes siniestros, muchos de ellos griegos, que experimentaban el uso de venenos con reos, prisioneros de guerra, e incluso ciudadanos del Ponto que de pronto desaparecían sin dejar rastro. Todo para poder fabricar el tónico conocido como *Theriaca*, el antídoto perfecto.

La lucha contra Roma

Además del hobby venenoso Mitridates era un guerrero, un gobernante con notables deseos expansionistas. Desafió el poder de Roma y después de dominar parte de Armenia, Paflagonia, la Cólquide y el Bósforo, deseaba ocupar toda Anatolia. Ello sucedía en el 88 antes de nuestra era, pero aquel debía ser el principio de su fin.

La fama de Mitridates como guerrero era terrible, seguramente porque tenía la costumbre de hacer una curiosa selección de prisioneros: aquellos que tenían un buen aspecto físico y eran relativamente jóvenes y sanos, consideraba el rey que podrían ser buenos catadores de venenos, por tanto, ordenaba que fueran entregados a sus botánicos y médicos carceleros quienes se ocupaban de probar en los reos decenas de sustancias tóxicas y sus correspondientes antídotos. El resto de prisioneros eran sencillamente asesinados.

Sin embargo, tras conquistar en Anatolia en el 88 aC. Mitriades realiza una excepción, no quiere prisioneros sino advertir a Roma de que muy pronto conquistará toda Italia. No se le ocurre otra cosa que ordenar el asesinato de unas cien mil personas entre hombres, mujeres y niños. Ello desencadena la Primera Guerra Midriática que durará cuatro años y será ganada por el ejército romano al mando de Lucio Cornelio Sila quien expulsa a Mitridates de Grecia.

Mitriades.

Al año siguiente el rey del Ponto vuelve a las andadas y declara la Segunda Guerra Mitriádica, durará dos años y vencerá. No será hasta la tercera guerra entre los años 75 y 65 aC. que Mitridates halla la derrota al ser traicionado por su hijo Farnases quien conmina a las fuerzas del gobernante a rebelarse contra su padre para acabar de una vez con una sucesión de batallas que a nada conducen.

Cuando el rey del Ponto asume que su fin está cercano, intenta suicidarse, viendo con desazón –siempre según sus cronistas– que todo cuanto ingiere le resulta inocuo. Su cuerpo estaba tan intoxicado que nada le hacía efecto, de manera que el monarca decide acabar con su vida clavándose la espada de uno de sus soldados. Otra versión asegura que ordena ser degollado por un miembro de su guardia personal.

Derrotado el gobernante por las tropas del general romano Pompeyo (106 –48 a. C.) el reino Ponto fue anexionado a Roma y con él un tesoro mucho más preciado que el geográfico: en una habitación secreta del palacio real se guardaban todos los documentos sobre tóxicos y antídotos así como sus efectos que habían sido redactados por el mismo Mitridates y sus asesores. Los vigilaba, con celo, un personaje no menos siniestro Crateuas, el médico y torturador por excelencia del rey, el que sí conocía todos los secretos del veneno y que por orden expresa de Pompeyo pasó a servir al imperio. Gracias a él los romanos tuvieron acceso al conocimiento amplio de los tóxicos que, como veremos, utilizaron con cierta profusión.

El bálsamo antiveneno

La historia nos dice uno de los documentos más reveladores suministrado por el médico Crateuas era un tónico antídoto descrito unas veces como bebedizo y otras como sustancia pastosa o cremosa. Era la *Theriaca* o Teriaca, un «curalotodo» a caballo entre la pócima mágica y la botánico-alquimista.

Sin duda se trata de uno de los antídotos más populares y utilizados a lo largo de la historia. Tal vez por ello su composición está plagada de leyenda y superstición. Su nombre, *Theriaca*, aunque procede del griego *therion*, palabra utilizada para definir de forma genérica a las víboras y otros animales venenosos, se le debe al poeta Nicandro.

Durante siglos se aseguró que el inventor de dicha fórmula fue Andrómaco de Creta, el que fuera médico personal de Nerón, pero lo cierto es que dicho galeno lo único que hizo fue acceder a la receta original redactada en verso que Galeno publico en su escrito *De antídotis* y que estaba basada en los textos de Mitridates.

La Triaca se componía de entre 50 y 70 sustancias diferentes según sea el investigador que nos habla de ella. Pero originalmente, más que un antídoto a ingerir tras ser envenenado, era algo así como un protector permanente y para ello era preciso tomarla a diario. Decían los romanos que Mitridates la degustaba un par de veces al día, antes del primer ágape y después del último.

No se sabe exactamente la composición real del tónico que contenía diluidos en aceites y grasas animales, entre otros ingredientes: cicuta, eleboro, opio (una aportación de Andrómaco) veneno de cobra, pitón y hasta carne de víbora, sangre de salamandra, esperma, bilis, excrementos, ralladura de minerales, gemas y conchas marinas, azufre, sal, así como ajo, cebolla, y perejil entre otros.

Con el tiempo la Triaca traspasó las fronteras espacio temporales. Penetró con fuerza en la medicina árabe, alcanzando a crear Triacas de hasta 400 ingredientes distintos. En el medioevo llegó a Europa y se asentó en los conventos y en los establecimientos de los boticarios donde ya no se fabricaba una única Triaca sino varias. Durante el Renacimiento hubo Triacas específicas para tratar el envenenamiento por vino, alimento, animales venenosos, etc. Eso sí, se mantenía vigente, aunque posiblemente bastante remodelada la *Triaca Mitridathium* elaborada en honor del rey del Ponto y que teóricamente era un bálsamo que servía para todo.

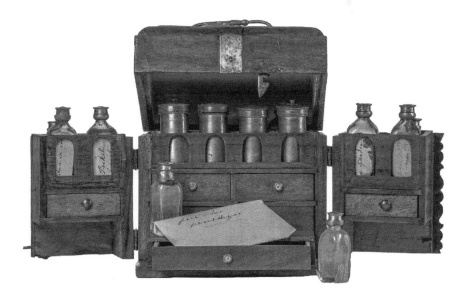

Más tarde, cuando las composiciones o mezclas de ingredientes eran cuanto más extraños mejor –fue uno de los grandes pasatiempos de los boticarios el siglo XVIII–, las triacas ya no eran sólo para contrarrestar el veneno, servían contra la impotencia, para mejorar la apariencia del rostro, para mantener la juventud, etc. Aunque no por ello el tónico perdió prestigio, al contrario, se seleccionaban cuidadosamente los ingredientes y los boticarios de Venecia, Holanda y Francia debían preparar la pócima con ciertas ceremonias en presencia de las autoridades. En Venecia por ejemplo se reunían maestros especieros llegados de toda Italia para mejorar la fórmula original. Y así siguió su fama hasta el siglo XX, dado que todavía se pueden encontrar registros de su uso en las farmacias de Nápoles en el año 1906, se llegó a la conclusión que de la teriaca original quedaba bien poco y que las otras servían para casi nada.

La historia de la toxicología le debe mucho a Mitridates, el rey de la ponzoña. Durante siglos las mezclas de plantas, resinas y minerales que se preparaban como antídotos recibían el nombre genéricos de «compuestos mitriádicos» llamados así en honor del rey del Ponto. Pero hay más, la familia de plantas tóxicas pero que pueden utilizarse con fines medicinales que recibe el nombre genérico de *Eupatorium* debe su nombre al apellido del monarca, Eupator. Sin embargo, no nos entretengamos con más palabras ni honores sobre el rey caído que Crateuas, el emponzoñador del monarca, aguarda a ser conocido.

CAPÍTULO 11
MANUAL DEL ENVENENADOR

El gabinete de las maravillas se convierte por un momento en un recuerdo del horror más pavoroso. En uno de los cajones que alberga lo que no es conveniente que quede a la vista hay una caja de madera de acacia que contiene, envuelto en tela de terciopelo negro un fémur correspondiente a la pierna derecha de un hombre. En otro tiempo, siglos atrás, el hueso estaba en el reino del Ponto en Grecia, separando la vida cotidiana de aquella sala de los horrores en la que días después de haber certificado la muerte de su enemigo Mitridates penetró Pompeyo.

El hueso no cerraba puerta alguna, tampoco la atrancaba, sencillamente invitaba a no entrar. Advertía sobre la conveniencia de no traspasar el umbral. Cuando Pompeyo empujó el portón en busca de Crateuas, el famoso envenenador, la fetidez enranciaba la estancia. Ningún animal había podido penetrar en aquella cámara especial, pero el olor a herrumbre se hacía muy evidente. Hacía días que las dos ventanas del lugar se habían sellado con tela tramada con fino alambre de cobre y sobre él una piel impedía el paso de la luz. La chimenea del viejo hogar de mármol había sido clausurada mediante una trampilla de madera que se ajustaba a la perfección.

Pompeyo recorrió el lugar con la vista, no vio ningún esqueleto, pluma o guano de pájaro o de murciélago. Tampoco excrementos de ratón. Lo más vivo de la estancia pertenecía al alma de cada objeto. La sala había permanecido clausurada durante cuatro días, pero al abrir la puerta, una bocanada de acre pestilencia impactaba en el olfato. El rastro hacía que el visitante condujera su mirada hacia un gran cuenco de mármol del que sobresalía un ramillete de hojas verdinegras triangulares, puntiagudas y divididas en gajos elípticos de una planta parecida al perejil, o tal vez al hinojo. Diminutos pétalos blancos se entremezclaban con los pequeños frutos parduzcos de sólo 3 mm. de diámetro. Junto al bello ejemplar de *conium maculatum*, cicuta para los amigos, aguardaba Crateuas el envenenador de Mitridates.

El que arranca las raíces

Crateuas, de quien no se sabe ni origen ni nacimiento, pasa a la historia por ser un duro y cruel médico y botánico al servicio del rey Mitridates. Un ser extraño que vivía tras una puerta presidida por un fémur. Era un hombre desagradable en aspecto –los cronistas lo describen con tez pálida, cuerpo huesudo y mirada vidriosa– y en formas.

Los romanos que lo conocieron cuando pasó a servir al imperio decían de él que era tosco, celoso de todo cuando hacía y que vivía permanentemente rodeado de extrañas plantas que él mismo recogía. El hecho de que le apodasen Rizotomo, «el que arranca raíces», ejemplifica bastante bien la opinión que se tenía de él.

Sirviendo como médico romano Crateuas fue moderado en sus formas. Pasó el tiempo poniendo a limpio sus miles de apuntes sobre tóxicos y perfeccionando

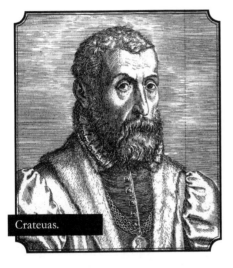
Crateuas.

los cientos de dibujos que había hecho sobre plantas. Las pintó con tanto lujo de detalles que la historia botánica lo reconoce como el primer ilustrador de dicha especialidad.

Pero Crateuas el dibujante tenía un pasado. Un tiempo de experimentación plagado por cientos de experiencias que dejó debidamente escritas y que hoy conocemos gracias a que Pompeyo se hizo con sus diarios. Textos que más bien parecen extraídos de novelas de terror y que conforman un verdadero manual del envenenador. Dejemos que nos guíen:

Sobre la trementina

Crateuas no la menciona de dicha forma, alude a ella al estilo romano y, como hizo Galeno la llama *opocarpasso*, esto es, jugo de «carpasso», algo que no sabe qué es pero que Galeno describe como «una goma de resina, parecida a la mirra, pero venenosa. Un jugo vegetal que causa sopor e imprevistas contracciones». Vamos, algo perfecto para nuestro amigo Crateuas, siempre ávido de probar cosas nuevas, que no duda en usar los que a todas luces y según los efectos descritos por el médico envenenador es Trementina con algo más: «Cuando Monima bebió –cuenta Crateuas– entró en grave sopor y en la mitad de una jornada su respiración era fría y sus deposiciones ora blancas ora sangrientas. Sus uñas eran negras y sus orejas transparentes. Su hedor insoportable. Su boca retorcida llena de esputo y vómito».

A Crateuas se le había ido la mano. La tal Monima era la amante de su rey y enemiga del botánico de cuyos tratamientos e investigaciones recelaba profundamente. Lo mejor, debió pensar el galeno, era eliminarla, de manera que en lugar de darle una purga y unas hierbas curativas para bajar su dolor de estómago y fiebre, le suministró un bebedizo de trementina u opocarpaso. De resulta de todo ello y como sucede con las indigestiones y envenenamiento por aguarrás que es para lo que en nuestros días se utiliza la esencia de trementina, la chica padeció dificultades respiratorias, dolores abdominales, vómitos, quemaduras en el esófago, irritaciones por todo el cuerpo y necrosis en la piel.

Con tal panorama el rey Mitridiates decide buscar una segunda opinión y la encuentra en el filósofo y cirujano Aristión, quien por cierto también moriría envenenado, en este caso a manos del ejército romano en la primera guerra Mitridiática. Crateuas nos dice: «Aristión abrió viendo que del hígado fluía un aceite oscuro. Ella convulsionó y sólo alzó la voz para maldecir, después, envuelta en bilis, vio salir su alma por la boca».

Sobre la Hierba Sardónica

Ser enemigo de Crateuas era peligroso, muy peligroso. Según nos cuenta, en cierta ocasión quiso ser burlado y escogió para vengarse una hierba letal que además de la muerte produce un rictus en el rostro semejante a una sonrisa. Es la llamada risa sardónica que procede de la planta venenosa que le da nombre, la sardónica, un vegetal originario de la isla de Creta popularmente conocido como «revienta bueyes» o «apio de la risa».

Dado que en dosis moderadas esta planta no mata, pero sí produce la contracción muscular que propicia la aparición de una sonrisa exagerada, era utilizada con cierta frecuencia en el Imperio romano para castigar a quienes osaban despreciar la ley o burlarse de ella propiciando engaños.

Algo parecido a la burla debió entender que le había sucedido a Crateuas quien en uno de sus muchos documentos nos cuenta que se entera de que un esclavo ha dejado embarazada a su esclava favorita a quien amaba profundamente. Compra a dicho cautivo y prepara su venganza. Recurre para ello a una planta que utilizaba con frecuencia y que tenía plantada en su jardín «para dar alivio a los que, siendo tan viejos ya no merecen estar entre los vivos. Qué mejor pues que permitir su ansiada y necesaria partida, que liberar su alma con una sonrisa de despedida».

Pero cuando el emponzoñador se siente burlado no pretende una eutanasia vegetal como las que hacía con frecuencia. Quiere sufrimiento, dolor, cuanto más mejor y todo ello lo halla en la hierba sardonia, también conocida como «apio de la risa». Encarcela en una de sus múltiples mazmorras al joven que ha mancillado el honor de su esclava y procede: «Puse dos onzas repartidas en los oídos y en los ojos, en las narices y en los labios, en el interior del prepucio y en la profundidad

Hierba Sardónica.

del ano. Hervía la carne y rezumaba una sustancia semejante a cardenillo adelgazado en leche».

Es curioso el resultado que comenta Crateuas. En principio la sardonia no es urticante, al contrario, antiguamente se empleaba machacada y en cataplasma para alivio de herpes y contra la ciática. Es plausible pensar pues que tuvo que diluir la hierba en otras sustancias de carácter irritante o que aplicó su preparado en un cuerpo que previamente había sido herido gravemente. En uno de sus textos da una pista sobre el vinagre: «Los gritos eran verdaderamente molestos, tanto que hube de ausentarme por un tiempo. Después viendo que continuaba, añadí más vinagre al preparado e hice que el joven recibiera en su interior la sardonia líquida. El hombre puso en el aire un solo y gran alarido que fue debilitándose hasta adquirir suavidad musical y así dio paso a una risa muda sobre el crujido de los dientes. Al rato, la necia sonrisa se inmovilizó; uñas y párpados se mostraban azules, indicando la interior gangrena; hedía y sus orejas parecían talladas en hielo. Era mozo fuerte y tardó dos días en morir». Seguramente la dosis también influyó en ello.

Sobre el acónito

No sabemos si el hecho de que esta planta se pusiera de moda entre los romanos como sedante y relajante se debe a Crateuas. Lo cierto es que él la descubrió buscando algo bien distinto: una planta de la verdad, pues Mitridates le había encargado hallar un veneno que facilitase la confesión de los enemigos, los traidores y los que creía que le espiaban. Poco imaginaban ellos dos que tiempo después el acónito pasaría a ser una de las plantas brujas por excelencia, no en vano ellas lo denominaban «la raíz del diablo».

Vayamos a la historia: «Cuando lo probó, Cippo declaró su pasión. Primero, es verdad que durante un tiempo parecía confundido. Había movimientos desconocidos en su lengua, semejaba que los espíritus más graves quisieran abandonar su cuerpo con dulzura mas él no hallase palabras para despedirse. Luego, tras sufrir un gran vértigo, pues decía sentirse volar, me contó que le parecía contemplar un abismo y me lo narró todo».

Desconocemos quién es el famoso Cippo ni tampoco qué secretos le narraba a Crateuas, seguramente le contó más visiones que realidades, pero lo que sí demuestra el envenenador con su texto es que, si las brujas, que llegarían siglos después, volaban o sentían ligereza, era gracias al acónito. Y como ellas, Cippo también tuvo que ver demonios: «Con los ojos cerrados quiso explicarme la existencia y la forma de un gránulo de luz que se movía en su interior. Luego dijo ver sólo tinieblas y más tarde, ya con los ojos abiertos, mucho y vacíos de mirada me dijo ver algunos rostros que conservaba en su corazón. Algunos le asustaban y otros le causaban risa».

El acónito, más que ser usado como primigenia droga de la sinceridad, era útil para el descanso y los médicos romanos lo aconsejaban, de forma especial para quien tenía pesadillas o había padecido situaciones graves. Eso sí, todos recomendaban usarlo con moderación, «una jornada de tantas otras» apuntará Galeno, y es que gracias al acónito se podía descansar, pero en paz y para siempre, como le sucedió a Cippo en manos de Crateuas; «Pasada la sexta parte de un día, dejó de contestarme. Su boca exhalaba corrupción y en su rostro lucía aún la maldad. Así permaneció dos días y al tercero dejó de latir. ¿Habré errado al suministrar mayor cuantía que la precisa?».

Acónito.

Sobre la belladona

Crateuas buscaba una sustancia que produjera una muerte agradable, casi inocua. Como él mismo asegura, «que sea diligente, efectiva y a un tiempo dulce, divina y gratificante». Sabía que entre los curanderos de Egipto era común recetar una sustancia que despejaba la cabeza y servía para alejar los pensamientos tristes. Un producto que actuaba de forma breve –se calcula que comienza a hacer efecto unos quince minutos después de la ingesta–. El problema para los egipcios era la dosis, pues muchos se alegraban tanto que luego, cuando caían dormidos, no despertaban jamás.

Alguien le ofrece al botánico una planta de belladona que en aquel tiempo recibe el nombre de Artropa, la hija de la noche o Erebeo, la más vieja de las tres parcas, aquella que se encarga de cortar el hilo de la vida, lo que nos da una idea del poder del vegetal.

Crateus nos indica un primer efecto: «Puse el aceite negro en sus oídos y me di cuenta de su juventud al colocar un espejo bajo las pupilas giratorias». Si la planta recibe el nombre de belladona es precisamente porque dilata la pupila, da brillo al ojo y hace que todo el rostro tenga una luminosidad especial, rejuvenecedora que convertía en «bellas» a las mujeres, «donas» italianas que en el Renacimiento hicieron de dicha planta su continuo aliado.

Pero la belladona también facilita, como buscaba Crateuas, ligereza y alegría: «De pronto, arrodillado, él inició una canción como si se sintiera escuchado por un dios. Yo mandé abrir las puertas y el joven númida empezó a andar hacia una hebra de luz que señalaba el límite de la noche; era feliz y de su cuerpo se desprendían heces blancas: la belladona avanzaba fría y los espíritus se engrosaban en las cámaras del cerebro».

Tras aquella visión del joven drogado con belladona, un númida que por cierto acaba muriendo, Crateuas lo tiene claro: «Es cierto que hay una clemencia ciega en las sustancias que procuran ebriedad antes de la muerte. Informaré a mi maestro de este logro». Y el maestro no era sino el rey Mitridates.

Sobre la cicuta

La mejor descripción sobre los efectos de esta planta, datos que luego resultarían de mucha utilidad para galenos posteriores, es la que hace Crateuas cuando el rey del Ponto le ordena que mate, «con dulzura y cariño, como se merecen morir quienes me han servido bien» a un viejo poeta de su corte, que al parecer ha cuestionado los métodos de investigación del rey Mitridates. Crateuas recurre sin dudarlo a lo que llama «da ponzoña de los grandes, la cicuta». Deja escrito que la hace importar de Esparta «en cantidad suficiente como para hallar en ella otros métodos de aplicación y sistemas de vencerla».

El médico llamó al poeta a su gabinete. Le invitó a hablar sobre unos versos y le sirvió vino debidamente envenenado: «En un tiempo corto, sus pupilas broncíneas se hicieron grandes y profundas a costa del anillo amarillento y de la blancura de la córnea. Acercándome, le llamé por su nombre, pero ya se habían cerrado sus oídos y no había mirada dentro de sus ojos que permanecían abiertos».

Pero la clave no era esa aparente ausencia, sino la temperatura. Crateuas lo sabía, sabía perfectamente que Sócrates envenenado con cicuta siglos antes que él naciera había hablado hasta el final. Y que muchos gobernantes y nobles egipcios y eritreos, incluso habían bromeado. La clave, le habían dicho, estaba en la temperatura: «Bajo mis manos, su frente se hizo sentir fría y húmeda a causa de que la cicuta convierte en finísimo hielo la sangre de las celdas cerebrales, de lo cual vienen sordera e imbecilidad como si el pensamiento colgase fuera del mundo». La rigidez, la ausencia de temperatura y de sensibilidad son aspectos esenciales en los efectos mortales de la cicuta, por ello como bien indica Crateuas: «Su cuerpo se irguió en manera convulsa, pero ya había desertado su alma y no daba de sí otra señal que un derramamiento de heces coléricas»

Crateuas sabía qué era la cicuta antes de adquirirla, por eso importa una notable cantidad para conocer a fondo los efectos que producía y por cómo eliminarlos. Estaba claro que con matar al viejo poeta no era suficiente así que la dio a probar a decenas de sus presos buscando un antídoto. Anotó minuciosamente lo que sentían mientras el tóxico penetraba en su cuerpo y se expandía paralizándolo, generando vértigo o cambios de temperatura. Llegó a la conclusión de que: «Es mortal, aunque muy dulce en su proceder e inexorable en su meta. A diferencia de otras libaciones la de cicuta no favorece la locura, más bien aburre pues el reo no ve más allá que cualquier otro mortal hasta que se siente desfallecer paralizado».

Es de suponer que Crateuas pretendía entretenerse viendo cómo sus conejillos de indias humanos sufrían y le contaban sus alucinaciones. Pero con la cicuta era distinto, como ya le sucediera a Sócrates, la mayoría seguían conscientes hasta el final. Pero buscando un antídoto extrajo una enseñanza muy relevante: El vómito producía la detención de la toxicidad y dado que el envenenado no perdía la conciencia, podía advertir de los síntomas que padecía, de manera que como comenta el envenenador «bebían el jugo amargo y cuando me decían perecer les hacía vomitar. Así una y otra vez, en distintas fracciones de tiempo y en jornadas diferentes para no cansarlos en exceso y evitar que se acostumbrasen a ello. El resultado me permite afirmar que el antídoto por purificación interior, mediante purgas de aceite con ajo es válido hasta que los pies se enfrían, luego, aunque dos sobrevivieron, quedando tullidos por siempre, poco hay que hacer sino esperar que mueran».

Sobre otras sustancias

El vademécum o manual de Crateuas originalmente era muy extenso. Lamentablemente su obra denominada *Rizotomicon* desapareció. Sólo se conservan de él un lexicon botánico y un tratado de medicamentos. Claro que por fortuna personajes como Dioscórides, Galeno o Andrómaco de Creta tuvieron acceso a él, a la información que dejó sobre las plantas y sus efectos. Sin embargo, estos investigadores o simples recopiladores, como sería el caso de Plinio el Viejo, no siempre aportan datos concluyentes y además prefirieron limar la narrativa del cruento médico dejándonos a veces fríos pasajes que, sin una visión global de cómo se produjeron, informan lo justo.

Crateuas usó además de las citadas sustancias, *amanita muscaria* que probó en propia carne buscando una revelación; opio que utilizó para mitigar los dolores de un anciano al que finalmente mató de sobredosis; beleño con el que intentó averiguar si realmente hacía volar y propiciaba visiones; se hizo con muérdago una planta que describió como bárbara y usada por los sacerdotes hiperbóreos, como sucedía con la corteza de tejo en la que Crateuas buscó la muerte y la resurrección pues ese era el poder atribuido a la toxina que segrega; cantárida como la empleada por Cleopatra, cannabis y otras muchas sustancias vegetales y minerales como el arsénico o animales como el venenos de serpiente... Eso sí, su gran obra fue descubrir para el rey Mitridates la elaboración del tónico antídoto por el excelencia, la Thetriaca.

Guardemos el fémur y cerremos el cajón que nos ha permitido entrar en contacto breve con Roma. Los primeros pasos efectivos de la ponzoña en el imperio acaban de comenzar.

Celos, deshonra, adulterio, interés económico. Hubo cientos de
motivos para que las mujeres romanas hicieran uso del veneno.

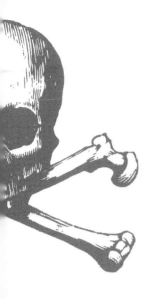

«Lo que no me mata, me fortalece.»
Friedrich Nietzsche

CAPÍTULO 12
EL VENENO DEL IMPERIO

En una de las zonas de archivos, allí donde están los viejos documentos y legajos de nuestro cuarto de maravillas hay un viejo pliego romano. Nos habla de crimen y ley. Fue redactado como medida paliativa ante la impunidad de los asesinos que utilizaban el veneno. Si Roma pudiera hablar de tiempos pretéritos...

Con decir que Roma es la primera cultura que se ve en la obligación de crear una ley expresa para el veneno, la *Lex Cornelia de Sicariis et Veneficis* (asesinos y envenenadores) parece que todo está explicado. Más que ninguna otra cultura, la romana es, de toda la historia, la que mayor uso hace de los tóxicos con fines criminales, tanto es así que lo acontecido en el Renacimiento, donde a primera vista puede dar la impresión que no hubo más que venenos por todas partes, queda en un inocente juego de niños.

La sociedad romana era un mar de odios, envidias, intereses y subterfugios. La ponzoña era algo muy habitual. Era el elemento ideal para acabar con senadores, políticos, militares y por supuesto emperadores. Algunos venenos, como sería el caso del arsénico, alcanzaron tanta fama que recibieron el apodo de «polvos de sucesión», una expresión que sería recuperada en el Renacimiento.

Pero el veneno no sólo hacía política en Roma. También servía para dirimir diferencias entre ciudadanos libres, esclavos, comerciantes y hasta amantes despechados. Se suministraba en baños y termas, en las casas de lenocinio y con especial agilidad en los banquetes y orgías. Tal vez por ello la figura del catador, que ya existía en tiempos pretéritos, en Roma alcanza cotas relevantes. Pero no adelantemos acontecimientos.

Así eran

Comprender de verdad la antigua cultura romana, implica asumir que estamos ante un pueblo que se nutre de otros para generar su propia idiosincrasia y esta es, en buena parte, de origen griego, persa y egipcio.

A diferencia de los helenos, los romanos son más pragmáticos en todo lo que hacen. Tienen dioses y una mitología, pero es una adaptación sincrética de la griega. Contemplan la existencia del más allá, de entidades sobrenaturales de poderes mágicos. Sin embargo, los romanos utilizan o recurren a los dioses en una especie de toma y daca. El romano no busca el conocimiento religioso, la evolución espiritual o el desarrollo de la psique como el griego, sino que cuando se dirige a lo oculto pretende resultados. Esto favorece que su cultura sea, en parte, menos supersticiosa y, al tiempo, que utilice mucho menos que la griega los tóxicos, al menos para temas espirituales.

Un mundo complejo

Los dos grandes grupos de la sociedad romana primitiva eran los hombres libres (patricios y plebeyos) y los esclavos. Los patricios eran los descendientes de los primeros ciudadanos romanos y por tanto se consideraba que tenían además de derechos como el de poder participar legislativamente, sangre noble y aristocrática. Los plebeyos en cambio, eran hombres libres o eran directamente extranjeros o procedían de las naciones conquistadas por Roma. Y fueron ciudadanos de segunda clase hasta el 302 a.C., cuando consiguen ser equiparados políticamente a los patricios. Mientras tanto los esclavos son, sencillamente, poco menos que criados o animales, según la cultura de la que provengan.

Con la equiparación entre las dos clases de hombres libres, la aristocracia comienza a perder relevancia disgregándose en la nobleza vinculada con los cargos públicos «ordo senatorius» y aquella otra adscrita al comercio, denominada nobleza del dinero u «ordo equester».

El papel del esclavo

Procedían de todos los rincones del imperio y podían ser utilizados como armas de guerra, animales de tracción, criados, objetos sexuales y, si tenían suerte, como jardineros, agricultores, cocineros, asistentes de cámara, bufones, etc. Por supuesto se ocupaban de todo aquello que los hombres libres consideran indigno hacer, lo que ocupaba un abanico amplísimo de actividades.

Los esclavos carecían de todo. Puesto que no eran humanos incluso su vida estaba en manos de su dueño, quien podía pegarle, torturarle o matarle a conveniencia sin tener que dar explicación alguna. Por supuesto, el esclavo no poseía nada, ni

Esclavos romanos.

bienes, ni casa, ni dinero, ni derecho al matrimonio legal, aunque se aceptaba una boda entre esclavos denominada *contubernium*.

Eso sí, con respecto a los tóxicos, los esclavos eran ideales. Se convertían en ratas de laboratorio con las que los médicos griegos, inicialmente también esclavos, perfeccionaban el uso de nuevos fármacos.

La libertad

Una buena acción, la solidaridad o la pena e incluso la compra de la libertad por parte de un ciudadano era lo único que liberaba al esclavo, que pasaba a denominarse liberto. Eso sí, tenía derechos limitados y le debía de por vida respeto y fidelidad a su antiguo dueño.

Los esclavos raramente eran liberados y cuando lo hacían, al convertirse en hombres libres, la mayoría se encontraban sin rumbo teniendo que acabar con la denominación de «clientes» bajo la protección de otro hombre libre adinerado, el «patronus», que les permitía por un sueldo casi siempre mísero –lo cual generaba muchos problemas y odios– trabajar para él en uno de sus muchos negocios. Eso sí, trabajasen o no para el patrono, los libertos debían presentarse ante él cada mañana para renovar sus votos de confianza.

Muchos fueron desgraciados en su vida, pero otros, aquellos que lograron una buena posición e incluso enriquecerse, se convirtieron en el punto de mira del odio de los hombres libres que no aceptaban a un esclavo liberado y encima dotado de poder.

Conocedores de secretos

Muchos historiadores creen que el éxito médico, científico y cultural del imperio romano residió en un aspecto esencial: los esclavos, que además de ser servidores de los hombres libres, poseían una cultura propia que resultaba de gran utilidad al imperio.

En el siglo I antes de nuestra era los romanos se habían anexionado Grecia y ocupaban Egipto, eso sin contar con todos aquellos territorios que habían estado bajo la influencia de la cultura helenística. Esa era su haber y desde luego supieron aprovecharlo.

El conocimiento de geometría, geografía, mitología y astronomía de algunos esclavos los convirtió en magisters, educadores de los hijos de los ricos e incluso, más tarde, al ser liberados, crearon algo parecido a pequeñas escuelas.

Otros como los botánicos y médicos también hicieron carrera. En dicha materia, la medicina romana era precaria y la griega notablemente avanzada, por eso los principales médicos fueron esclavizados y puestos a trabajar al servicio de Roma, ya fuera en el ejército o sirviendo a las clases más acomodadas y por supuesto a los altos cargos militares y a los césares y sus familias.

Y hablamos de materia médica e incluso botánica porque estos elementos son clave para que la ponzoña sea arma corriente para eliminar de una forma discreta a los enemigos de los altos cargos del ejército; a los opositores de la política, a los competidores o ricos de las sociedades comerciales donde las malas relaciones entre clientes y patronos es algo muy habitual.

En definitiva, el conocimiento botánico, médico y toxicológico será ideal para que se haga uso del veneno como nunca antes en la historia. Y es que los grandes médicos, los encargados de cuidar los huertos, donde no siempre crecen productos alimenticios, los cocineros que a veces elaboran exóticas viandas de otras culturas, los que sirven los ágapes y también quienes los catan, fueron esclavos.

Amores que matan

Celos, deshonra, adulterio, interés económico. Hubo cientos de motivos para que las mujeres romanas hicieran uso del veneno, aunque quizá el más singular era conseguir la viudedad. Si bien algunas utilizaban el siempre efectivo remedio de suministrar a sus maridos un refrescante vaso de leche con polvillo de arsénico, lo normal era recurrir a la discreción que ofrecían las sustancias utilizadas durante el encuentro sexual.

Los romanos consideraban que a los 12 años una niña, puesto que menstruaba, ya podía casarse y tener hijos. Acordaban el matrimonio los padres de las familias. ¿Había amor? En las clases acomodadas más bien poco, porque todo era un pacto a ciegas entre los consortes y, como apunta Lucio Séneca: «Cualquier animal, cualquier esclavo, ropa o útil de cocina, lo probamos antes de comprarlo; sólo a la esposa no se la puede examinar para que no disguste al novio antes de llevarla a casa. Si tiene mal gusto, si es tonta, deforme, o le huele el aliento o tiene cualquier otro defecto, sólo después de la boda llegamos a conocerlo».

Cuando la mujer se casaba, tuviera o no dote, pasaba a formar parte de los bienes del marido quien tenía derecho sobre ella. Podía castigarla, hacerla azotar e incluso repudiarla o divorciarse de ella que, en dicho caso, no tenía derecho a nada.

Ciertamente, la mujer romana acomodada disponía de algo de libertad, aunque para ir a cualquier lugar tuviera que hacerse acompañar de su séquito de esclavas que por otra parte eran quienes la aseaban, vestían y se ocupaban de que nada le faltase. Pero pese a dichas comodidades la esposa romana, salvo que fuera rica de cuna gracias a una herencia, dependía total y absolutamente de su marido.

La esposa romana de clase bien tenía la misión de engendrar hijos, participar de la vida social de su marido, ser amable con sus amigos y aceptar que su esposo pasara largas horas fuera de casa en compañía de otras mujeres o que retozara alegremente con algunas de sus esclavas del hogar. Por supuesto, ellas no podían hacer lo mismo.

La esposa sólo tenía una ventaja: ser viuda. Y para ello no había que perder ocasión. En Roma existía el divorcio, pero si lo pedía él se quedaba con todo e incluso con la mayor parte de la dote de la mujer, en caso que la tuviese. Ella no sólo no recibía nada, sino que además recobraba su antigua condición social que con frecuencia era la de esclava o plebeya. Por eso muy pocas solicitaron el divorcio, prefiriendo ser dolientes viudas.

Al obtener la viudedad, además de disponer de toda la libertad que no tenía de casada, la mujer se convertía en la gobernanta de la casa y pasaba a disfrutar de todos los bienes y negocios del marido. Tal vez por ello en cierta época de Roma se dispara tanto la viudedad que los legisladores se ven obligados a tomar cartas en el asunto.

Matémoslo pues

Acabar con el consorte requería de tiento y disimulo. Era menester procurarle una buena y aparente inocente muerte, siempre discreta para evitar sospechas de asesinato. Por eso aunque muchas recurrieron al famoso refrigerio eterno de leche, lo que más se llevaba era utilizar el estramonio.

La esposa disponía de amigas entre sus esclavas que a veces eran las perfectas amantes que suplían, además de una relación sexual, el cariño ausente del marido. Y si la esclava estaba de buen ver, se la convencía para que fuera ella quien se ocupase del envenenamiento. En estos casos uno de los remedios más populares era el uso de un lubricante a base de inocente aceite untado con estramonio.

La cosa era sencilla, se preparaba un encuentro afectivo en el que se procuraba que el hombre bebiera no lo suficiente como para no estar borracho pero sí como para sentirse un tanto achispado y relajado. Después, con la excusa de lubricar el miembro antes de una penetración o para una masturbación más placentera, la esclava ungía lentamente el pene aplicando el mortal aceite. En apariencia era un juego erótico más. La realidad es que el estramonio se absorbía con notable facilidad provocando desorientación y alucinaciones de las que no siempre se sospechaba dada la previa ingesta del vino. Pero era necesario rematar la faena.

Si la mujer no era ducha en la materia o no se había preparado lo suficiente ingiriendo previamente antídotos, se podía encontrar con el peligro de que su amante la penetrase, en cuyo caso ella absorbería también el veneno. Por ello debía prolongar el juego hasta que la sustancia hiciera efecto del todo. En dicho caso y aprovechando la pasividad que producía el tóxico en el hombre, ellas, ayudándose con un dedo, insertaban en el ano de él una buena porción más de estramonio que sí lograría el efecto deseado.

La práctica de esta «ejecución sexual» era frecuente en los prostíbulos donde las sacerdotisas sagradas podían cobrar notables cantidades de una futura viuda para hacerle el favor de quitarle el marido de en medio. Pero el método al que finamente se le conocía como *Digito interficiebat uxores*, también lo usaban los hombres, tanto aquellos que gustaban de ser sodomizados por dulces efebos como quienes deseaban quitarse de encima a amantes pesadas a las que les insertaban en su vagina —utilizando para ello el dedo— una mezcla de aceite emponzoñado.

Las horas del veneno

Aunque nos pueda parecer una paradoja, el uso del veneno llegó a ser tan común en Roma que se llegaron a crear momentos propicios para suministrarlo, tanto es así que los maestros emponzoñadores llegaron a confeccionar manuales y venenos para determinados momentos del día: monedas para el comienzo del día, refrigerios para el media mañana, vinos y frutas para el mediodía, venenos sexuales para la hora de la siesta o para ser aplicados durante el baño y un poco de todo para la noche, durante la cena.

Y es que si muchas mujeres envenenaban a sus maridos con una cierta ligereza para quitarlos de en medio, ellos no se quedaban atrás, básicamente porque al estar mucho más relacionados y gozar de una vida social la ocasión era casi ilimitada.

Escoger el momento

Locusta, famosa envenenadora romana a quien oportunamente conoceremos, indicaba como modo de actuación y tiempo de envenenamiento, «ser prudente en la *salutatio* y algo menos luego de la *sportula*, tenaz en los negocios; osado en la *prandium*, persistente en la «siesta» o en el baño y heroico en la cena. Teniendo para todos los casos la amistad del *magister vivendi*».

No, Locusta no habla en clave, describe los mejores momentos para suministrar la ponzoña. Lo que ella denomina «magister vivendi» es el escanciador. Por lo general, el esclavo es el que tiene la misión de servir el vino, así que, antes de hacerlo debe determinar qué es más adecuado, que sea caliente, frío o templado, para lo cual lo mezclará con agua a distinta temperatura. Por supuesto es quien tiene el cometido de envenenarlo si ha recibido tal orden.

Al respecto de las ocasiones para envenenar destacaremos que la *salutatio* era una recepción llevada a cabo por el patrono a primera hora de la mañana. A veces bastaba con un saludo y un poco de diálogo o se efectuaba algún encargo, pero poco más. La mayoría de patronos despedían a sus clientes con unas monedas y unos pocos entregaban la *sportula*, que podía ser algo de comida y raramente bebida. Era un tiempo de agitación, de idas y venidas, ideal para soplar veneno a la cara, distribuir un poco en alguna ántora de vino o emponzoñar monedas con la esperanza que quien las tocase en algún momento se llevase los dedos a la boca.

Pasada la anterior fase del día era tiempo de mantener relaciones sociales haciendo negocios, saludando a conocidos, asistiendo a funerales o visitando a personajes ancianos prestos a morir. El objetivo siempre era el mismo: comerciar o fomentar pactos. Ese era un buen momento para ofrecer libaciones de ponzoña; una buena copa de vino recién escanciado facilitaba el diálogo en los negocios, ya que servía como agasajo por una parte y como medida de distensión por otra. Además, beber juntos servía para sellar una nueva alianza, un acuerdo, una venta, etc.

¡Brindemos en señal de salud!

Los orígenes del brindis no es están demasiado claros. Parece ser que lo inventaron los griegos unos cuatro siglos antes de nuestra era para demostrar que las copas no contenían veneno. Los romanos vieron en dicha costumbre un interesante método de prevención y es que los catadores no siempre estaban junto a su señor. Por ejemplo, era poco frecuente llevarlos a una reunión en la que no se preveía la ingesta de alimentos o bebida. En dicho caso, para demostrar que todo está correcto, se recurría al siempre protocolario brindis, una costumbre que hoy sirve para emitir deseos y que en realidad tiene su origen en el uso de tóxicos.

La norma exigía que quien proponía beber para sellar un pacto se sirviera primero, alzase su copa y bebiese ante su invitado tras pronunciar un «a tu salud». Aquella era una demostración de que no había veneno. Después se le servía vino al invitado y éste alzaba su copa en dirección al anfitrión repitiendo la misma frase y bebiendo con él. ¿Cómo lo hacían para envenenar pese a estas medidas de seguridad?

El vino era tóxico, pero el veneno lento. De manera que se terminaba la visita y al poco rato el cliente, ya lejos del lugar, se encontraría mal. El anfitrión, por su parte, quizá había tomado un antídoto antes de beber o ya habiéndolo hecho procedería a ingerir un antídoto que le haría vomitar.

Otra forma menos complicada era envenenar la bebida tras la primera copa o, incluso, intoxicar la del invitado aprovechando su distracción para llenarla con alguna sustancia venenosa que habitualmente se guardaba en un pequeño compartimiento de un anillo, una joya habitual entre los romanos adinerados.

El *prundium*, la hora de la comida, un ágape frugal en el que no podía faltar el vino.

Nuevas ocasiones

Volvamos a los consejos de Locusta para envenenar. Si no se ha producido ya el envenenamiento en el negocio, hay más ocasiones. Una de ellas será durante la comida, el *prundium*. Se trataba de un ágape bastante frugal compuesto por unas frutas y un poco de vino, ya que el plato fuerte del día acontecía con la cena.

A partir del mediodía, el equivalente a las doce horas actuales, la jornada de trabajo había terminado, al menos para los hombres libres que en realidad hacían bien poco en todo el día, para eso estaban sus esclavos que sí trabajaban de sol a sol.

Los romanos destinaban la tarde a descansar. Se comenzaba con la siesta que acontecía entre la una y las dos. Un tiempo de relax para dormitar, acudir a las termas o incluso darse un baño privado o público, en este último donde era más fácil tramar un complot. Y es que los baños no eran lugares de higiene sin más, contaban con tiendas, lugares para comer, para jugar, efectuar una tertulia, etc. Según Locusta, en los baños había muchas posibilidades de acabar con un enemigo de forma discreta, ya que a más público mayor confusión.

Por último entre las dos y tres de la tarde acontecía lo que se denominaba cena, que en realidad era el ágape principal del día y que se efectuaba alrededor de las tres de la tarde. Se cenaba con calma, charlando amigablemente antes de proceder a acostarse. Pero si la familia era rica continuaba su tarde con la *comissatio*, algo parecido a una sobremesa agradable donde se bebía mucho, al son de los músicos, las narraciones de los poetas o presenciando juegos de malabarismo, mimos, baile, etc. La cena y la *comissatio* eran los momentos de máximo trabajo para quienes se ocupaban de detectar el veneno, los *praegustator*.

Los catadores

Hoy sería impensable acudir a cenar en la casa de unos amigos con un catador o *praegustator* que fuera probando antes que nosotros lo que nos ofrece el anfitrión, pero en Roma llegó a ser habitual, de tal manera que no resultaba ni tan siquiera ofensivo entre las clases más adineradas. Es más, llegó a ser un signo de ostentación que llegó a formar parte de las relaciones sociales. Según cuenta Plinio el Viejo, «es signo de confianza que tras acudir con el *praegustator* a la cena, cuando reina la armonía, se renuncie al uso de su servicio. Así, el agasajado muestra su amistad ante quien lo convida, sabiendo que nada debe temer».

Originariamente los catadores de venenos sólo tenían razón de ser en las jefaturas del gobierno, una costumbre que se cree que los romanos importaron de Persia o Egipto. Sólo los emperadores, sus más altos mandos del ejército o generales, así como cónsules, tenían un catador. Se trataba de hombres o mujeres esclavos que, sin formación ni conocimiento alguno en la materia de lo tóxico, probaban alimentos y bebidas jugándose la vida cada vez. Si enfermaban gravemente o morían, se reemplazaban por otros y la vida continuaba. Si el ágape no estaba intoxicado, el catador podía decir que había vivido una jornada más.

Pero los tiempos cambiaron y conforme se expandía la presencia del veneno los catadores eran más necesarios. Disponer de uno era relativamente barato, pero adquirirlo, salvo que se perteneciera al ejército, en cuyo caso cualquier prisionero era válido y gratuito, requería de un pago. Por eso, a medida que los venenos forman parte de lo cotidiano, se hace necesaria la presencia de un buen catador, alguien formado expresamente en la materia. Llegó un momento que disponer de un buen catador no tenía precio, es más, era un lujo e incluso un motivo de ostentación casi imprescindible entre las clases adineradas. Era normal que acudiesen con su amo a una cena quien, como signo de confianza, acostumbraba a declinar de sus servicios, pero mientras tanto ya lo había lucido.

Una cuidada selección

Las necesidades sociales hacen que los *praegustator* se «profesionalicen» y sean formados de la mano de médicos y botánicos casi siempre griegos. Lo malo es que enfrente tienen a envenenadores cada vez más hábiles... Por eso la elección de un buen catador no se hará al azar.

Inicialmente, cuando el señor de la casa precisaba un catador acudía a sus esclavos más enfermizos o menos agraciados en el caso de ser mujeres. Después se pasó a ir al mercado donde se compraba sin más. Pero con el tiempo eso no fue suficiente y fue preciso adquirir un buen ejemplar, para lo que se invertía en la compañía de un médico que verificase que el género a adquirir era bueno.

El médico o botánico era quien se encargaba de la formación del catador que, en las casas más nobles, era mimado y cuidado hasta el extremo. Primero se le «convencía» mediante ardides mágicos y religiosos. A veces se le entregaban piedras supuestamente encantadas que debía tragar como antídoto o amuletos en piel que colgaba de su cuello. Plinio cuenta que «algunos pintan en sus vientre extraños dibujos que les ayudan a conservar la salud por mucha ponzoña que ingieran». Sin duda el historiador romano alude a figuras talismánicas.

Pero como que la magia no siempre era suficiente se impregnaba en el catador una nueva filosofía que llegó a calar hondo entre algunos romanos, el denominado *estoicismo*. Dicha creencia se basaba en afirmar que el universo estaba gobernado por una serie de leyes fijas e inmutables en las que el hombre y los dioses poco tenían que hacer. Dicho de otro modo, «aquello que deba pasar, pasará», de manera que no había que preocuparse por el futuro. El catador era convencido de que si probaba un plato y estaba envenenado, podía morir si ese era su destino. En caso contrario, simplemente enfermaría, con lo que no debía preocuparse pues: en el peor de los casos tendría cerca al maestro botánico o médico que le ayudaría a salir del trance.

Claro que la formación del catador no se centraba sólo en la fe. Era necesario que conociera los alimentos, su textura, color, aroma y, por supuesto, su sabor final tras ser cocinados. El problema acontecía cuando –y en esto eran muy habitual en los romanos– se aportaban ingredientes exóticos o novedosos a la mesa, cuyos rastros olfativos y gustativos no había tenido tiempo de memorizar.

Por otro lado, para ser un buen catador era preciso conocer el veneno y para que ello no fuera un arma de doble filo, de manera que el *praegustator* acabase –como seguro que hizo más de uno– envenenando a su señor, se le ponía en contacto con los tóxicos a ciegas. Se cubrían los ojos y se le hacía oler las sustancias tóxicas para que pudiera detectarlas a tiempo en la comida. A veces también se le daban minúsculas porciones para que, como en su momento describió Crateuas, pudieran discernir entre los sabores que «amargan al pasar por los labios, inflaman la lengua o son terriblemente picantes en la garganta; dulzones pero ásperos al final, hediondos y sin embargo gustosos, y aquellos otros que secan la boca al instante o la llenan de flujo como por arte de magia».

La cata

Cuando el catador ya había recibido la formación adecuada, salvo que fuera necesario algún «reciclaje» al ser descubierta una sustancia nueva, pasaba el día holgazaneando. Su única obligación era dejarse caer por la cocina antes de la preparación de los alimentos para detectar anomalías antes de hora. Es evidente que no podía picotear todos los alimentos de manera que inicialmente se contentaba con probar las salsas y condimentos antes de que aplicasen sobre los platos principales, catar las sopas y purés así como los vinos que aguardaban en ánforas y tinajas de barro a la espera de ser mezclados con agua antes de servirse.

Después, cuando las viandas eran llevadas ante los invitados, era el señor de la casa quien ordenaba la cata pública de los platos comunes que se servirían a todos los comensales y de los individuales, el suyo en concreto y, si quería ser educado, el de alguno de sus invitados especiales.

Como que la desconfianza formaba parte de la normalidad, por muy buena relación que hubiera con el catador, el señor acostumbraba a mimar y cuidar al amo, entregándole presentes cada vez que detectaba algo extraño, y decidiendo qué ingrediente del plato debía ingerir su *praegustator*. No era una manía, sino precaución ya que, en el caso de las aves, no siempre se envenenaba toda, sino una parte. En las carnes sucedía algo parecido: al ser cortadas, el refinamiento era tal que podía emponzoñarse sólo una parte del útil cortante dejando intoxicado un lado de la carne y el otro no.

Locusta fue la gran maestra en el arte del veneno, un personaje a caballo entre
el mito y la realidad, entre el mundo de la magia y la botánica.

CAPÍTULO 13
EL VENENO
HACE POLÍTICA

Si el veneno estaba entre las relaciones sexuales, comerciales y sociales cómo no debía estar presente en la política. Aunque la cosa seguramente fue al revés, pasó de la política al resto de la sociedad.

El veneno corría tanto como el vino entre los césares y las altas esferas de poder romano. Aunque todos esos personajes disponían de sus catadores y botánicos siempre dispuestos a ayudarles a seguir vivos, la creatividad de los envenenadores podía más.

Comencemos este recorrido con el magnicidio con Julio César Germánico, nacido en el 14 aC. Tenía todos los números para llegar a ejercer como emperador, quiso el destino que su vida acabase de forma repentina.

Germánico había servido bajo las órdenes del emperador Tiberio César Augusto quien lo había adoptado como un hijo y era un héroe romano. Actuó como cónsul gobernando la Galia, coordinó los ejércitos del Rhin y se preveía que alcanzaría el grado de césar pero Calpurnio Piso, gobernador de Siria y famoso por su afición a quitarse de encima las amantes pesadas mediante la inserción de veneno en sus vaginas, no pensaba lo mismo. No sé sabe cómo lo hizo ni con qué sustancia pero ordenó el envenenamiento de Germánico quien murió, en lo que entonces fueron denominadas extrañas circunstancias, en el 19 de nuestra era.

Otra joya en el imperio

Tras la muerte de Germánico acontece la de Tiberio después de padecer un coma a causa de un exceso en la ingesta de veneno y vino en una bacanal. Otra versión

Calígula acudía a las ejecuciones y se divertía con los reos suministrándoles venenos.

asegura que si bien estaba en coma quien aceleró el desenlace fue Calígula que ansioso por acceder al trono le ayudó a morir asfixiándolo.

Tiberio había dejado redactado en testamento que deseaba que le sucediera Calígula, hijo de Germánico, quien a su vez era hijo adoptivo del emperador Tiberio. Pero el Senado argumentó que el emperador en ese momento no estaba en sus cabales y apoyó el nombramiento de Calígula como único emperador. Se sentaba en el trono de Roma un personaje siniestro donde los haya, amante del veneno y del desenfreno: Cayo Julio César Augusto Germánico (12-41), uno de los seis hijos de Germánico.

Dejando a un lado la relevancia política de este hombre, si es que la tuvo, merece la pena citarlo por sus desenfrenos, anomalías y comportamiento singular. Por ejemplo, siendo ya césar hizo abrir la tumba de Alejandro Magno para poder utilizar su coraza con cierta frecuencia. Todo parece indicar que le fabricaron una coraza especial haciéndole creer que realmente procedía de dicha inhumación. En cualquier caso él afirmaba percibir la esencia del macedonio.

Acostumbrado desde pequeño a la vida castrense –su nombre procede del término *Caliga* que era como se llamaban las sandalias de los soldados–, se aficionó a la bebida, la visita a los prostíbulos y a las torturas. Sus biógrafos nos recuerdan que uno de sus entretenimientos favoritos era acudir a las ejecuciones y divertirse con los reos suministrándoles venenos. Claro que también gustaba de comer mientras torturaban a presos alrededor de él y mantener relaciones sexuales presenciando desagradables escenas de tormento.

Al respecto de la sexualidad cometió incesto con sus hermanas y a una de ellas, Drusila, cuando estaba embarazada de ocho meses, le abrió el vientre con la excusa de querer conocer a su hijo – que murió– sin tener que esperar al parto.

En lo sexual era especial, tanto le daban hombres, mujeres que animales. Se deleitaba especialmente llegando al orgasmo mientras sus amantes morían ahogadas. A otras las sodomizaba tras haberles insertado estramonio por vía vaginal. Y a otras las hacía torturar primero y las tomaba poco antes de morir si no ya muertas. Pero, pese a tan frenética actividad, se supone que Calígula padecía ciertos problemas de erección y de autoestima; los primeros los solventaba con el uso de la cantárida, los insectos favorecedores de la erección, los segundos cortando aquellos penes a los que tenía acceso y que veían eran mayores que el suyo, como sucedió con los de varios de sus amigos y los de algunos gladiadores.

Este afán por la sexualidad le llevó a ser habitual organizador de orgías en las que incluso hizo participar a su caballo a quien amaba tanto que nombró senador. La presencia de Calígula en los rituales orgiásticos era algo más que la búsqueda del placer. Era una ocasión para seguir experimentando en el uso de narcóticos y drogas alucinógenas.

Calígula y las orgías venenosas

Como parece que no podría ser de otra manera el emperador divino era un habitual de las orgías en honor a Baco, el dios del vino que los griegos denominaron Dionisio y que habitualmente, según la mitología, se acompañaba de las ménades, ninfas con apariencia de mujer que le servían.

En las orgías de honor a Baco donde además de vino se ingería cerveza, era indispensable la presencia de las bacantes, mujeres que bailaban y cantaban desnudas e insinuantes y que eran las encargadas de abrir el trance iniciático de la celebración de aquellos encuentros que podían durar horas o días. Ellos se ocupaban de la actividad sexual y de distribuir las bebidas ceremoniales y drogas que luego estimulaban a los presentes en sus procesos orgiásticos. Calígula allí estaba en su salsa.

Como nos recuerda Plinio el Viejo, en las fiestas y orgías el vino era mezclado con agua, miel, especias y otras sustancias: «algunas causan visiones, otras sensación de ligereza y vuelo, otras más pueden producir la muerte repentina». Uno de los productos que se incluía en el vino era la adelfa, una maravilla de la naturaleza que mezclada o no con bebida genera en pocas horas, alteraciones gastrointestinales acompañadas de náuseas y vómitos, diarrea sangrienta, vértigo, excitación nerviosa y en casos de sobredosis, parada cardiaca. Un planta tan peligrosa que produce vómitos con solo chupar su hoja y que fue utilizada en España, durante la ocupación napoleónica, para asar con ellas las carnes que se suministraban a los soldados a modo de agasajo. Muchos morían.

Por su parte el botánico Dioscórides nos indica que al vino también se le añadía ciclamen, una planta que presenta unas bonitas flores magenta y rosadas, pero que

En las fiestas y orgías el vino era mezclado con agua, miel, especias y otras sustancias.

es muy tóxica, al menos el tubérculo del que nace y que en dosis moderadas actúa como purgante, tanto es así que se empleó en Roma como un ingrediente más a modo de antídoto, pero que en dosis elevadas puede provocar la muerte tras producir una terrible diarrea que acaba por deshidratar a la víctima.

Un enfermo extravagante

Calígula creía ser un dios viviente, un hombre que había sido tocado por la fuerza del más allá. Pese a dicha convicción, que le llevó a ordenar la construcción de cientos de estatuas con su rostro y a prohibir el tallado de las que no lo tuvieran, temía ser envenenado. A su alrededor revoloteaban médicos, brujos, curanderos y botánicos, cada cual suministrándole sus pócimas particulares aunque él tenía un antídoto muy singular: ingería perlas que previamente habían sido maceradas en vinagre. A veces modificaba el sistema y hacía moler las perlas, macerarlas en vinagre o en vino y las inhalaba como si fuesen rapé. Creía que gracias a dicho antídoto ninguna sustancia podría matarle.

Además de la locura, Calígula estaba enfermo. Tenía alteraciones del sueño que intentaba mitigar con pequeñas dosis de acónito, padecía temblores y sus médicos procuraban calmárselos con infusiones de cáñamo. Pero además, según escribiría tras la muerte de Calígula el senador, historiador y cónsul romano Cornelio Tácito (55-120), «padecía, en especial las noches de tormenta, de temblores repentinos que le hacían convulsionar, caer al suelo, perder la mirada y lanzar espuma por la boca como si lo hubieran envenenado, después como si volviese de un sueño mostraba su aturdimiento y no siempre recordaba lo ocurrido». Posiblemente Calígula padecía epilepsia.

Si en algo acertó Calígula fue en que no le mató el veneno. El emperador murió asesinado a manos de los tribunos Casio Querea y Cornelio Sabino, uno le cortó el cuello, el otro le clavó su espada en el pecho y la espalda. El dios viviente murió en el año 41.

Con nombre de mujer

Tras la muerte de Calígula los envenenamientos se ponen a la orden del día. Es el tiempo protagonizado no por los césares sino por las mujeres de la ponzoña Mesalina y Agripina, maestras en eliminar enemigos siguiendo los sabios consejos de la famosa intoxicadora Locusta.

Vayamos al origen, muerto Calígula le sucede Claudio, cuyo nombre real era Tiberio Claudio César Augusto Germánico, (14 aC.- 54) césar del 41 al 54. Fue según el historiador Edward Gibson el único césar de los quince primeros emperadores que mantuvo una vida normal, no sólo a nivel social sino también en el terreno afectivo y sexual. Sin embargo no pudo evitar ser envenenado.

Claudio era cojo, feo, maltrecho y tartamudo. Su abuela Livia, madre de su tío el césar Tiberio, decía de él que era un ser monstruoso surgido del interior de la tierra, un despreciable y retrasado que para nada servía. Pero la realidad era otra, poseía una gran inteligencia, era un gran estudiante, amaba la historia, la poesía y las ciencias en general. Le encantaba la estrategia y supo demostrarlo: se hizo el tonto. Vio pasar ante él cientos de cadáveres, decenas de intentos de asesinado así como la vida, muerte y mandato de los emperadores Tiberio y Calígula. De hecho si accedió al poder, es porque tras el asesinato de su predecesor, el único de su familia que no lo tuvo aislado y que le dio un cargo político, la guardia pretoriana lo nombró césar pensando que sería fácil de manejar.

Tonto, maltrecho y monstruoso o no, el historiador Suetonio, aunque discrepando de su fealdad dejó escrito que «cuando hablaba, tanto en broma como en serio, le afeaban sus taras: una risa desagradable, una cólera más repulsiva aún, que le hacía echar espumarajos por la boca, nariz goteante, un insoportable balbuceo y un continuo temblor de cabeza que crecía al ocuparse en cualquier negocio por insignificantes que fuese». La realidad es que Claudio devolvió a Roma el esplendor de otros tiempos y logró tener una movidita vida afectiva.

Primero se casó con Plautia Urgulanilla de quien se divorció nueve años más tarde al descubrir que le había sido infiel y había intentado envenenarlo. Por cierto, que supuestamente fue dicha Plautia quien para acceder al matrimonio con Claudio eliminó a su antigua novia Livia Medulina que murió en extrañas circunstancias, padeciendo un grave dolor de estómago el día de la boda.

Su segunda mujer fue Aella Paetina. Se casó obligado por imposición de su tío Tiberio. Al año se divorció de ella quien también intentó envenenarlo, al menos en dos ocasiones. Su tercera mujer fue Mesalina con quien tendría un hijo, Británico que también sería envenenado...

Inicialmente la vida con Mesalina una niña de poco más de 15 años en el momento del matrimonio fue dulce y tranquila. Claudio, que contaba con unos 50 años, la amaba de verdad y ella se dejaba querer básicamente por estar cerca de alguien que, aunque todavía no era césar, tenía mucho más poder económico que su familia.

Sin embargo la discreta Mesalina cambió cuando tres años después su marido accedió al poder, ella deseaba más y ser la emperatriz no resultaba suficiente.

Apartó de su vida, ordenando la ejecución o envenenando, a quienes se permitieron el lujo de cuestionarla o a quienes podían ser un obstáculo en su camino como la hermana de Calígula, Julia Livia, demasiado bella y amable con su tío Claudio. Mesalina se lo organizó para que fuera ejecutada mediante la ingesta de veneno acusándola de ser la amante de Marco Anneo Séneca, padre del famoso filósofo Lucio Séneca (4 aC.-65 dC.).

Pero además de desear el poder, la adolescente tenía un problema, era ninfómana. Sus intrigas afectivas eran continuas, algunas mortales como la que le costó la vida al cónsul Valerio Asiático quien habiéndose negado a ser amante de la joven fue acusado ante Claudio de insinuarse ante la emperatriz y acabó condenado a muerte. Pero el colmo de Mesalina llegó cuando un día, aprovechando una ausencia de Claudio decidió competir con la prostituta más renombrada de Roma que en una noche atendió sexualmente a 25 hombres quedando exhausta mientras que ella, según dejó narrado el poeta Juvenal, «tras los primeros 70 solicitó otros tantos para poder quedar satisfecha, llegando a copular con unos 200».

Claudio se enteró de aquel hecho y reprendió a su mujer. Dijeron sus cronistas que no podía castigarla pues la amaba demasiado. Pero lo que realmente le hizo enfadarse fue que su esposa se casase en secreto con el cónsul Cayo Silicio y que ambos planeasen eliminarle del poder con la ayuda de sustancias tóxicas, como marcaba la tradición y que en el caso de Claudio, dadas sus múltiples dolencias resultaba bastante fácil colarle veneno entre sus fármacos. Como resultado de la bigamia de su mujer, Claudio condenó a su esposa a muerte mediante suicidio. Le fue suministrada una copa de cicuta, pero ante la negativa de la joven para ingerir el tóxico se optó por decapitarla.

La última esposa de Claudio no iba a ser mejor, era su sobrina la joven y también bella Agripina, una joya que sólo tenía una cosa en su mente: que su hijo fuera emperador. Era hermana de Calígula, con quien había tenido relaciones incestuosas y para quien se prostituía junto a sus otras dos hermanas Drusila y Livia. Una perla que había enviudado luego de envenenar a su primer marido Cneo Domicio Enobarbo y de quién tenía un hijo, Nerón.

Agripina, como amorosa sobrina de Claudio, era quien le había informado del lascivo comportamiento de Mesalina compitiendo con la prostituta mayor de Roma; quien le había dicho lo de su bigamia y quien le convenció de que debía repudiarla y condenarla al suicidio mediante veneno que, según algunas fuentes, ella misma se ofreció a preparar.

Julia Vipsania Agripina era mala, pero sobre todo ambiciosa. En su haber tenía la planificación de varios complots para asesinar a su hermano Calígula, uno de ellos le costó el destierro de Roma, ciudad a la que vuelve cuando Claudio es nombrado emperador. Se casa con Cayo Pasieno Cris-

Agripina, la Mayor.

po de quien enviuda al poco tiempo. Al parecer su marido tenía una salud frágil, tanto que una noche tras hacer el amor con ella no pudo despertar...

Llega un momento en que la cercanía de Agripina con Claudio, que había prometido no volverse a casar nunca más es tal que, por decirlo de alguna forma, surge el amor. Se produce el matrimonio en el año 49 y Agripina se convierte en emperatriz. Para que todo quede en familia, una de las primeras cosas que hace es ordenarle a su hijo Nerón que se case con la hija de Claudio, Octavia, esa era la mejor manera de que Agripina lo tuviese todo controlado cuando Claudio, ya mayor, falleciera.

Veneno para Claudio

Claudio necesitaba de una variada ingestión de fármacos que calmasen sus tics, su más que posible síndrome de la Tourette y sus puntuales ataques de epilepsia. Era amante del buen comer y si bien fue más moderado que otros emperadores no le hizo ascos a nada. Eso sí, tenía problemas digestivos, básicamente muchos gases, tanto que proclamó una orden imperial que permitía y aconsejaba eructar y ventosear durante los ágapes.

Claudio, gracias a sus tratamientos, sabía bastante de venenos y sabía también que lo normal era que intentasen asesinarlo. Por eso tomaba precauciones como variar continuamente de catadores, de médicos y de cocineros. Sin embargo, como dejó escrito el historiador Cayo Suetonio, quien por cierto no conoció personalmente a Claudio: «Es opinión unánime que murió envenenado, pero existen versiones distintas sobre el lugar y la persona que le suministró el veneno. Para unos fue el eunuco Haloto, catador de sus alimentos quien le suministró la ponzoña durante un banquete en el Capitolio, otros hablan de su médico», como vemos Claudio hacía bien en no confiar en exceso en sus catadores.

La pregunta es: ¿actuó Haloto por mutuo propio? Seguramente no, más bien cabe pensar que fue asesorado por Agripina, de quien la historia cuenta que durante una cena en palacio le entregó una seta envenenada a Claudio, gran amante de comer hongos. Esta versión fue aportada no sólo por Suetonio sino también por Plinio el viejo, aunque éste parecía incluir también en el listado de presuntos culpables a Jenofonte, médico de Claudio.

Según el cónsul e historiador Cornelio Tácito detrás del asesinato estaba, sin ningún género de dudas, la mujer de Claudio, a quien el emperador había cuestionado en los últimos meses antes de su muerte, diciendo de ella que era como sus predecesoras, que no le amaba y sólo buscaba su poder.

Con referencia a Agripina, Tácito nos cuenta que «ella quería algo rebuscado, que perturbara la mente y aplazara la muerte. Deseaba el sufrimiento de su esposo y halló la sustancia en los consejos de una experta en tales lides, Locusta, quien con su saber se preparó el veneno. Lo sirvió Haloto, uno de los eunucos, que era quien solía llevarle las comidas a la mesa y probarlas».

Y desde luego sufrir, sufrió. Los cronistas dijeron que Claudio perdió primero el habla y luego la conciencia, que se recuperó al poco tiempo con un terrible dolor en el estómago, que fue envenenado varias veces, que convulsionó y tras monstruosos dolores murió. Tácito dice que al probar las setas envenenadas «emitió una larga ventosidad y padeció una terrible descomposición ante los presentes. De pronto, surgió el vómito y lanzó todo lo comido sobre la mesa, pareciendo sentirse mejor».

Dadas las circunstancias era necesario rematarlo. Con el vómito el emperador acababa de sacar los hongos tóxicos y la salsa que, según Suetonio, «aunque envenenada disimulaba el mortal contenido y tenía por objeto enmascarar su posible mal sabor».

Es de suponer que los minutos fueron tensos. Agripina veía como su plan fallaba, de manera que según apunta Tácito reclamó la presencia del médico de Claudio para que le ayude a vomitar todo el contenido y así poder seguir comiendo después (una costumbre habitual en los ágapes romanos): «Jenofonte, el médico, aparentando ayudarle en sus intentos de devolver, hundió hasta su garganta una pluma untada en un rápido veneno, no ignorando que los mayores crímenes empiezan con peligro y terminan en recompensa».

El procedimiento descrito por Tácito es normal, pero sospechoso. Era un esclavo o incluso el mismo catador y no un médico quien cuando su amo deseaba seguir comiendo le ayudaba con el uso de una pluma insertándola hasta la campanilla para que vomitase y pudiera seguir degustando otros platos. Pero Claudio estaba, según Suetonio «demasiado borrado y distraído para cuestionar aquellas acciones que le conducían al fin de sus días». Quizá por eso, cuando tras la pluma y con la excusa de no haber ingerido alimento alguno, se le obliga a tomar unas cucharadas de puré de higos, también envenenado, no sospecha. Tácito nos ilustra: «Le fue suministrada, con la excusa de la falta de alimento, una segunda dosis del tóxico mezclado a una pasta de higo que le sedó sumergiéndolo en un apacible sueño del que más tarde despertaría convulso y que le llevaría tras horas de sufrimiento a la muerte».

La gran Locusta

A la muerte por envenenamiento de Claudio las cosas ni mucho menos se calman. Aunque Agripina se había ocupado de que Claudio desheredase a Claudio Tiberio Germánico, nacido en el 41, hijo del emperador y Mesalina, era un obstáculo en el camino para su amado hijo Nerón, de manera que se ocupó de encargar su envenenamiento. Por fin Nerón alcanzaría el trono de Roma y su madre estaría allí para verlo.

Uno de los grandes maestros o mejor dicho maestra en el arte del veneno fue Locusta, un personaje a caballo entre el mito y la realidad, entre el mundo de la magia y la botánica. Por eso de la verdadera Locusta se sabe más bien poco. Hay quien afirma que era una bruja de ascendencia persa, que pasó parte de su vida como esclava al servicio de un médico griego de quien aprendió sus conocimientos hasta que ambos pasaron a ser esclavizados por Roma. Otros sitúan su origen en las Galias, tal vez perteneciente a alguna tribu celta donde pudo ejercer de druidesa, nombre que recibían las sacerdotisas y magas de los celtas.

Locusta ciertamente poseía cultura, sabiduría herbaria y hasta médica, pero no era una envenenadora más, era la envenenadora oficial de Roma. Comerciantes, hombres de negocios, nobles y hasta senadores pasaban por sus dependencias buscando desde un remedio o fetiche para el amor hasta una sustancia con la que avivar la pasión o con la que eliminar un enemigo. El hecho de que se la relacione con Agripina e incluso antes con Mesalina indica que tuvo excelentes relaciones con las clases nobles, pero ¿cómo las logró? Seguramente a través de las casas de prostitución, verdadero hervidero de intrigas y contactos entre las altas esferas sociales.

La historia no oficial cuenta que Locusta había sido detenida y esperaba ser condenada a muerte por uno de sus asesinatos cuando Agripina la salvó y le hizo el encargo que cambiaría su vida: matar a Claudio.

Hasta la muerte de Claudio, en cuyo envenenamiento por hongos o higos se supone que participó activamente, Locusta era una mujer respetada, temida y valorada pero no trabajaba para el poder. Cuando muere el emperador, es contratada en exclusiva por Agripina, la madre de Nerón, el nuevo césar.

Tras Claudio, el segundo trabajito serio al que debe hacer frente Locusta, es la muerte de Británico. Según los cronistas, en el primer intento falló y fue torturada por orden expresa de Nerón. Para su fortuna, la segunda vez emponzoñó unos dulces y además creó un bebedizo aromático y especial.

Según Tácito le sirvieron al niño un «brebaje aromático todavía inocente, pero muy caliente, le fue servido a Británico después de catado. Entonces, al rechazarlo él, por estar demasiado caliente, le añadieron agua fresca y con ella el veneno que le causó un efecto tan rápido que se vio privado a la vez de la palabra y de la vida». Dado que se trató de un veneno que no debería destacar con el agua seguramente se pudo utilizar el modernamente denominado ácido prúsico y cuyo nombre para los romanos resulta desconocido. Se trata de un veneno incoloro y altamente tóxico. Una sustancia que puede destilarse aunque en pequeñas cantidades del hueso de albaricoque, melocotón y mango, de las almendras amargas y del mil pie, un insecto similar al cien pies pero con más patas.

Según Tácito los comensales se quedaron horrorizados, en cambio Nerón miraba paciente al niño, como si no revistiera gravedad. Ante la alarma el emperador indicó «el hecho nada tiene de extraordinario pues es consecuencia de la grave dolencia que aflige al joven que, seguro pronto recuperará la vista, la voz y la compostura que ahora genera esos ingratos movimientos». Es cierto que el niño padecía epilepsia, pero aquellos movimientos esa vez eran por culpa del veneno.

Tras aquella desgraciada muerte, como así la definió Nerón, él fue nombrado césar, gobernando Roma entre el 54 y el 68, aunque no había nacido para gobernar, estaba más por las artes, la poesía y la música de manera que no tuvo ningún problema en que las riendas del estado las llevase su madre, la peligrosa Agripina, con el asesoramiento de Lucio Séneca.

Locusta y la Triaca

Muy posiblemente la envenenadora, por deseo expreso de la madre de Nerón trabajó codo con codo con Andrómaco de Creta, el médico personal del césar, que entre otras misiones debía darle opio a diario para calmar sus terribles inquietudes y favorecer su necesidad de inspiración. Leyendo las observaciones que hace Plinio el Viejo es de suponer que lo ingería disuelto en una pócima de hierbas preparada por el galeno.

A Andrómaco, no sabemos si con la ayuda o no de Locusta –¿quién mejor que ella conocía los venenos y sus efectos?– se le atribuye la creación de la *Triaca Magna*, aunque como ya se ha dicho lo que hizo fue mejorar la inventada por el rey Mitridates con las variantes que en lugar de lagartijas Andrómaco recurría a la carne de víbora. Según recogen autores como Plinio el Viejo o Dioscórides, la Triaca de Andrómaco contenía entre otras maravillas: acacia, artemisa, opio, anís, azafrán, comino de Marsella, hinojo, miel, incienso y carne de víbora.

De todos estos ingredientes destacaremos la acacia tanto en la modalidad de abisinia o arábiga como en la espinosa usando posiblemente la primera como fijadora de otros productos y recurriéndose de la segunda a un cocimiento de su corteza que favorece la purgación ya que sus hojas secas hervidas se utilizaban para

Nerón, como otros hombres de negocios, nobles y senadores acudían a Locusta en busca de venenos.

todo lo contrario. Por ejemplo Locusta las recomendaba como veneno menor para «matar por dentro» dada la creencia de que debido al estreñimiento que producían los alimentos ya digeridos acababan por fermentar en el interior y favorecían la putrefacción al no poder ser eliminados.

Otro ingrediente interesante de esta particular Triaca es la artemisa, planta muy conocida en la medicina griega para regular la menstruación y favorecer el aborto. Una planta que es desinfectante del tracto digestivo y antiparasitaria pero que en dosis elevadas si bien no mata puede generar convulsiones y estados de confusión.

El fin de la envenenadora

Nerón muere suicidándose después de fracasar a la hora de enfrentarse a varias revueltas y luego que el Senado le haya retirado su confianza y lo haya nombrado enemigo público de Roma. No tiene valor para ingerir un veneno, ha visto demasiado cómo actúan y decide acabar con su vida degollándose. Le sucede Serbius Sulpicius Galba quien sólo gobernará ocho meses pero toma como una de sus primeras medidas la de eliminar a Locusta.

Caído Nerón y lejana ya la influencia de su madre Agripina, cuando se buscan personas que testifiquen contra Locusta aparecen suficientes como para culpabilizarla de 400 muertes. Se la condena a muerte y según narró años después el escritor latino Lucio Apuleyo (125-180) el emperador Galba, luego de ordenar que Locusta fuera torturada durante días, mandó que fuera ajusticiada en una plaza pública, primero violada por una jirafa amaestrada y después descuartizada y entregada a las fieras del circo. Sin duda la creatividad de Apuleyo distorsiona un poco la realidad y seguramente Locusta sí murió luego de una tortura y despedazada. Lo de la jirafa dejémoslo en interrogante...

Papaveraceae

265 Papaver somniferum L. Schlaf oder Saatmohn.

CAPÍTULO 14
NACE LA BOTÁNICA

Teofrasto inició un camino: el de la divulgación. Pero no podemos concluir este viaje por las sustancias tóxicas del denominado mundo clásico, cuyos testigos moran en el virtual gabinete de las maravillas sin repasar, aunque sea someramente la vida y obra de dos de los hombres cuyas obras fueron base y cultura de conocimiento durante siglos. De una parte Plinio y de otra Discórides.

Cayo Plinio Cecilio Segundo, Plinio el Viejo (23-79) escritor, naturalista y militar romano, coetáneo de Dioscórides fue ante todo un curioso. Un hombre que como Dioscórides, aprovechó su cargo en el ejército para recabar información de los lugares que frecuentaba. Por lo que a la botánica, la medicina y los venenos se refiere, su «Historia Naturalis» fue un referente durante siglos y es que en buena parte a través de ella complementó parte de los datos o información que había recogido en el manual de botánica Dioscórides.

Plinio no era un investigador sino un recopilador. Alguien deseoso de obtener el máximo de conocimiento y que allí donde iba acudía a las bibliotecas, de la de Pérgamo obtuvo abundante información; recogía historias populares e incluso leyendas, lo que le llevó a hablar de monstruos y criaturas un tanto dudosas; se entrevistó con botánicos y médicos para, en síntesis, obtener la información que estos le suministraban y plasmarla en sus cientos de documentos. Por eso en ocasiones, erróneamente se le atribuyen obras que en realidad no son suyas. Si bien la mayoría de las veces entendemos que cita la fuente, otras se contenta con un «me dicen» o «me cuentan» y a veces ni siquiera eso.

Por eso aunque acabe su obra con un pretencioso: «Adiós naturaleza, madre de todo lo creado. Bendíceme en tu omnipotencia. A mí, el único entre los romanos que ha cantado en tu alabanza». Debemos entender que, sin restarle valor, en la obra de Plinio hay un poco de todo y no todo lo que hay es útil ni suyo, eso sí, los datos que legó a la humanidad a través de sus escritos basados en el conocimiento de sus antecesores, fueron considerados como la guía y el tratado médico, botánico y tóxico por excelencia, hasta el siglo XVI cuando comenzó a ser cuestionado por sus errores botánicos, aunque se le tuvo en cuenta hasta bien entrado el siglo XVIII.

Pedanio Dioscórides Anazarbeo, más conocido como Dioscórides, es el primer médico hipocrático –la historia, evidentemente, no considera como tal a Crateuas– en profanar, si es que se puede decir así, el código deontológico de Hipócrates hablando de venenos.

Hemos visto que el arte de envenenar ya se practicaba antes de la llegada al mundo este famoso médico, farmacólogo y botánico griego, pero los expertos en toxicología consideran que gracias a Dioscórides el uso de tóxicos para propiciar la muerte y obtener la salud coge forma.

Dioscórides nace en Cilicia, la fecha de su nacimiento es incierta pero sabemos que vivió en el siglo I de nuestra era, naciendo entre el 40 y el 46, falleciendo en torno al 90. Es autor de cinco volúmenes de farmacopea que se agrupan en la obra *De Materia Médica* que está considerada como la precursora de la moderna farmacopea.

Dioscórides era soldado, actuaba como cirujano militar del ejército romano y ello le permitió recorrer, además de Grecia, Italia y Asia Menor. En cada uno de estos lugares recolectaba plantas, las estudiaba e incluso efectuaba dibujos de las mismas.

En su tratado sobre las bondades medicinales de los vegetales hay todo un libro dedicado a los venenos, ya sean procedentes del reino animal como el mineral o el vegetal. Sus textos aluden a unas 600 plantas, 90 minerales y más de 30 sustancias animales. Cabe efectuar una aclaración. Los denominados «Tratados de Alexifármacos o Antídotos» que aparecen en el conjunto de los cinco volúmenes *De Materia Médica* no surgieron totalmente de su pluma. Se desconoce con quién compartió autoría y todo parece indicar que buena parte de dichos textos fueron incorporados en ediciones posteriores.

Cayo Plinio Cecilio Segundo, Plinio el Viejo (23-79).

Un pionero de la ciencias

Este médico griego es el primero en elimina lo supersticioso de lo botánico y farmacológico. Se decía de él que era un latros, es decir, un razonador sobre la medicina. Uno de los aspectos que más le interesó fue el del tratado de los venenos. No se ha podido comprobar pero parece ser que compartió mucha información de tóxicos con su contemporáneo Plinio el Viejo, quien tenía una curiosa filosofía al respecto de los venenos : «da Naturaleza creó los venenos por lástima y compasión hacia el ser humano, a fin de que nunca el hombre debiera morir poco a poco, corroído por el hambre o ahorcado ignominiosamente, o hecho pedazos a fuerza de hierros; sino que con un trago de ellos lo hicieran sin pena y después de muertos no los tocasen las fieras».

Dioscórides deja entrever la pista de que el uso del veneno con fines criminales es común en su época, algo que ya sabía todo el mundo. Quizá por ello escribe: «Prevenir los envenenamientos es muy difícil, porque aquellos que los preparan y los suministran los confeccionan de modo tal que hasta los más expertos resultan engañados; corrigen el sabor amargo con sustancias dulces y extraen con perfumes el mal olor. Mezclan los venenos a los medicamentos y con ellos las bebidas, el agua y el vino».

Las relevancia de los vomitivos

Sabiendo de la existencia de los envenenadores, lo primero que se le ocurre a Dioscórides es la prescripción del vómito como arma perfecta ante la sospecha de emponzoñamiento.

El médico recomendaba que el afectado tomase infusiones en las que mezclaba aceite tibio o manteca. Sugería también la realización de enemas y, por supuesto, procuraba que el vómito se indujera a toda costa efectuando recomendaciones como éstas: «Pero si los atosigados hubiesen perdido el habla o estuviesen borrachos o por no querer ser librados nos encubriesen la cualidad del veneno, en tal caso, usaremos de aquellas cosas que comúnmente son a cualquier tosigo útiles de modo que, sin tardar más, conviene darles a beber aceite caliente y constreñirlos a vomitar. Más no hallándose a mano el aceite, en su lugar les daremos manteca y cocimiento de malvas, más lianza con enjundia de ganso o algún caldo de carnes grasas con lejía de ceniza» Desde luego si con esto no conseguía provocar el vómito, poco debía faltar para estar muerto.

Sin embargo, no debemos ver en estos tratamientos, cuyos compuestos a veces no se sabe ni lo que son, una simple provocación del vómito sin más. Dioscórides, además de querer expulsar lo ponzoñoso del cuerpo, consideraba que sus ingredientes purgantes además de limpiar podían purificar aquellos órganos que habían sido atacados, por eso asegura: «Esas cosas no sólo evacuarán con facilidad por vómito, sino que purgarán por abajo el veneno haciendo que no exulcere los miembros por donde haya de pasar». Dicho de otro modo: Dioscórides sabía que el veneno al ser expulsado solía provocar tales destrozos que era casi peor el remedio que la enfermedad, de ahí que insistiera en recurrir a agentes protectores capaces de atrapar la sustancia y crear películas aislantes como sin duda son los aceites y mantecas que prescribía.

Los anestésicos

Se considera que Dioscórides es el autor del origen primario de la palabra anestesia. Es indudable que antes de él muchos otros sanadores recurrieron a distintas sustancias para provocar efectos sedantes, pero Dioscórides fue el primero en documentar de forma minuciosa los efectos del opio, indicado claramente que calmaba el dolor, que se podía utilizar antes de un tratamiento para inducir a la somnolencia ya que en dosis altas producía un sueño profundo ideal para la cirugía.

Por cierto que, en torno al opio existen dudas sobre si los textos de Plinio, que menciona hasta tres clases de opio cultivado, corresponden a investigaciones propias de dicho historiador y naturalista romano o si obtuvo la información del magistral Dioscórides, quien antes que Plinio había redactado abundantes notas sobre dicha planta.

En cualquier caso el opio fue uno de los sedantes más populares entre los césares. Fueron habituales de él desde Tiberio a Calígula pasando por Claudio y Nerón. Sin embargo, entre los botánicos había ciertas discrepancias al respecto de su uso. Plinio dice que «el opio es un soporífero de tal potencia que puede llegar a causar la muerte, siendo una sustancia cuyo uso es debativo». En efecto Andrómaco de Creta, quien lo prescribía para Nerón, mantenía que era un veneno mortal pero que «a dosis de precaución he detectado que alivia el cansancio de los ojos e incluso parece fortalecer la vista». Por su parte, con anterioridad, en el siglo III antes de nuestra era, Diágoras de Chipre ya había comentado que «hace perder la inteligencia incluso a dosis moderadas y dudo que se recupere el discernimiento tras un largo tratamiento». También en dicho tiempo el médico griego Erasistrato (304 – 250 a.C.) considerado como uno de los pioneros en el estudio neurológico indicó que «de alguna forma la sustancia entorpece el aire que entra en el cuerpo, así como la sangre que contiene el cuerpo vital y que se transporta del corazón al cerebro». Por cierto que Erasistrato no descubrió los secretos de la circulación sanguínea pero poco le faltó.

La adormidera según Plinio

El historiador recoge lo que él llama distintas variedades de la planta originaria de los opiáceos. Nos dice que «machacada y puesta en vino sirve para inducir el sueño» y nos ilustra de forma notable al respecto de cómo lograr la sustancia. Recordemos que en aquel tiempo todavía faltaban unos cuantos siglos para que la química pudiera sintetizar los principios activos de las plantas. Plinio, cuenta: «cuando los capullos se están formando, se están formando, como Diágoras advierte, o cuando las flores están cayendo (como Iollas recomienda), a tercera hora de un día claro, esto es, cuando el rocío cae sobre la planta, se recomienda la incisión debajo de la cabeza y el cáliz, y en otra variedad también es una incisión hecha en la misma cabeza. Este jugo se recoge en lana, o si hubiera poco rascándolo como si fuera una lechuga con el dedo pulgar, haciendo lo mismo al día siguiente hasta que se haya secado».

Por lo que se refiere a la semilla de la planta opiácea Dioscórides dejó indicado que se machacaba hasta convertirla en un fino polvo que se añadía a la leche para lograr inducir el sueño, pero también «se mezcla con aceite de rosa para el dolor de cabeza; con aceite de rosas también se introduce en los oídos para calmar su dolor. Como un linimento para gota se aplica con leche de mujer, como en vinagre para erisipela y heridas».

De otros usos de esta planta, también para mitigar lo que hoy denominamos estrés, Plinio nos dice: «La adormidera se hierve y el líquido se bebe para el insomnio y calma el espíritu cuando no se duerme».

Buscando algo más suave

No podemos detenernos para conocer en toda su complejidad los cientos de plantas a las que aluden Dioscórides y Plinio, muchas ya las hemos mencionado y otras irán apareciendo con frecuencia a lo largo de la historia en otros manuales, en especial los medievales, donde como veremos boticarios, brujas e inquisidores se ilustrarán gracias a los textos de Dioscórides sobre estramonio, ruda, mandrágora, acónito, y tantas otras plantas consideradas como diabólicas. Sin embargo, como muestra del conocimiento de aquel tiempo nos detendremos en el uso de algunos que investigaron tanto Plinio como Dioscórides: la hierba mora o la lechuga silvestre.

La lechuga silvestre

El opio era demasiado fuerte y peligroso, por eso el médico Dioscórides indaga sobre sustancias similares y no tan tóxicas y la lechuga silvestre parece cumplir dicho cometido, al respecto dejó escrito: «bebida la simiente de la lechuga, es útil a los que sueñan continuamente sueños muy lujuriosos y refrena los apetitos venéreos» por tanto la recomienda como calmante y sedante.

En efecto, del tronco de la lechuga silvestre los griegos obtenían, luego de hervirla un caldo calmante que se llegó a denominar opio de lechuga pues tenía efectos similares dado que calmaba los nervios. Pero a diferencia de la planta de la adormidera, no generaba estreñimiento, inapetencia ni dependencia, que Plinio describe de esta forma tan gráfica, «evitando la necesidad de probarla primero casi todos los días, después todas las jornadas y finalmente a todas horas cuando las dosis son excesivas, ya que su ausencia provoca malestar y hasta temblor».

La hierba mora

Esta es otra de las plantas en las que Dioscórides ve un buen anestésico allí donde otros hallarán un notable veneno. El médico indica que «bebida con vino un dracma de la corteza de su raíz provoca el sueño, pero más delicadamente que el opio».

Por su parte Plinio, al respecto de esta planta, aunque inicialmente asegura que él prefiere hablar de «remedios y no de venenos», como indicando que la planta es peligrosa, al final no puede evitar el comentario de «son suficientes algunas gotas del zumo de esta planta para perturbar la razón, según dicen provoca imaginaciones lascivas, visiones fantásticas que parecen reales; en dosis dobles verdadera locura y a dosis mayores, la muerte». Suerte que Plinio no quería hablar.

La ruda siria

Que no debemos confundir con la ruda común y que además de tener un potente poder, resulta un tanto complejo de entender que Dioscórides la recomiende como «sedante ligero» a algo que modernamente ha sido considerado el equivalente occidental de la ayahuasca andina dado que como ella posee harmina, un potente alcaloide psicoactivo y uno de los supuestos responsables de los denominados vuelos chamánicos o desdoblamientos del alma. Dioscórides apunta que dicha hierba, «además de ser buena para la vista, provoca un estado inicial de efervescencia que luego viene seguido de un agradable sopor». Por cierto, que es una de las sustancias sobre la que volveremos a incidir tanto a la hora de conocer el veneno en el mundo islámico como entre las brujas.

Decíamos que hay dos tipos de ruda, la alucinógena, y por extensión en dosis elevadas tóxica, es la citada como ruda Siria e incluso ruda Abisinia. La otra ruda, la común y clásica del mediterráneo, algo más pequeña que su tocaya si bien puede ser tóxica en dosis muy elevadas no es psicoactiva y fue usada por médicos griegos y romanos como activador de la menstruación. Además es común su presencia gastronómica en la cultura bereber, etíope y egipcia.

Nuestra segunda cata centrada en el veneno clásico llega a su fin. Abandonamos una sección, sin duda relevante, del cuarto de maravillas. A priori puede dar la sensación que el paseo que arrancamos a orillas del Nilo y que nos ha llevado hasta Roma es poco fértil en sustancias ponzoñosas. Sin embargo, no debemos verlo así. A estas alturas hemos descubierto la historia de más de 40 sustancias tóxicas y como nosotros las culturas que acabamos de visitar sabían que había muchos venenos más, el problema estaba en lograrlo en cantidades notables y es que lo que para nosotros actualmente es muy fácil gracias a la sintetización química, lo que nos conduce a un abanico increíble a nivel farmacológico, las culturas citadas tuvieron que conformarse con emplear con asiduidad aquellos productos que eran fáciles y rápidos de obtener. Eso sí pudieron las bases para que quienes vinieron tras ellos pudieran indagar más en otros productos menos populares y hallar nuevas fórmulas de obtención e incluso ser mucho más creativos en las mezclas. Especialmente en el Renacimiento, ya que, como estamos a punto de descubrir, lamentablemente el medioevo fue un paso atrás.

CAPÍTULO 15
DIVINO VENENO

Un extraño cristal que alguien quiso vender como auténtico benzoar que en otro tiempo sirvió para neutralizar la ponzoña, es el testigo mudo del nuevo tiempo que vamos a conocer. El mineral procedente de la lejana Arabia, reposa, como no podría ser de otra manera, junto a un pequeño resto de piel de cabra, en el que alguien escribió, con sangre y de derecha a izquierda, un extraño texto, tal vez un pacto oscuro, nigromántico o diabólico. Jamás lo sabremos. Ambos objetos son fiel reflejo de uno de los periodos más turbios de la historia, donde pudo más lo desconocido que lo tangible: la Edad Media.

El medioevo es un tiempo de oscuridad en el que pudieron más la fe y las creencias que la ciencia, esa que los griegos romanizados intentaron inculcar a la hora de entender la botánica, la medicina y la filosofía, y que no sería recuperada hasta el Renacimiento.

Con la llegada de la Edad Media quedan atrás los fastos tiempos imperiales de los césares. Ha aparecido el cristianismo y cada vez tiene más fuerza, más poder y más presencia en la vieja Roma. Es el tiempo de las conjuras de la fe y precisamente serán la fe y la fe católica quienes marcarán profundamente la vida cotidiana.

Por ponerle una fecha, se parte de la base que la Edad Media arranca con la caída del Imperio romano, en el 476, cuando es destronado el emperador Rómulo Augusto. Nacerá así un tiempo funesto donde las artes, las ciencias y la evolución cultural que iniciaron los griegos quedará estancada hasta la llegada del Renacimiento, cuya fecha oficial de inicio se considera 1453, justo después de la toma de Constantinopla por los turcos.

Claro que, evidentemente, las cosas no cambian de un día para otro. Hay una evolución que la historia divide en Temprana Edad Media, del siglo V al IX, la Alta Edad Media, quizá la más cruenta y sanguinaria tanto por las Cruzadas que enfrentarán a Oriente contra Occidente con la excusa de la fe, y que se sitúa entre los siglos IX a XI, y la Baja Edad Media, un tiempo de cambio marcado por la caza de las brujas, y la tímida aparición de nuevas formas de pensamiento que darán como resultado el florecimiento renacentista. ¿Y el veneno, donde queda en todo ello? Son malos tiempos para la investigación botánica, pero perfectos para la ponzoña.

Venenos contra la fe

Esta no es la historia de la Iglesia cristiana y por tanto no podemos entrar en sus vicisitudes ecuménicas. Sin embargo, los venenos, aun sin pretenderlo, se convierten en elementos vehiculares capaces de darnos una idea de la otra cara de la fe, tal vez la más sombría y oscura y, por tanto, polémica. Pero no debemos mezclar las cosas. Una cosa es la fe y sus preceptos y otra la sociedad, y la de aquel tiempo era como era: salvaje, supersticiosa, cruenta y bélica. De manera que sus actuaciones fueron, pese a la fe, en esa línea.

Desde san Pedro, primer papa oficial de la iglesia fallecido en el 67, hasta san Juan II, el primero que cambia su nombre para no tener el de la divinidad pagana Mercurio y que gobierna la Iglesia hasta el 536, podría decirse que los mandatos son relativamente tranquilos y no hay pruebas de la presencia de la ponzoña en las altas esferas vaticanas... lo que no quiere decir que no se utilizase.

El precursor

El primer sumo pontífice que muere bajo los efectos del veneno es san Agapito I, quien sólo pudo gobernar durante un año. Se cree que la instigadora de su asesinato fue Teodora, emperatriz de Bizancio y esposa de Justiniano, gobernante del imperio Bizantino, también denominado Imperio Romano de Oriente.

Se decía que Teodora era la nueva Agripina y que como aquella maneja con mano férrea los asuntos del estado utilizando el veneno a conveniencia. Entre otros aspectos polémicos influye a su futuro marido para que dicte la ley que permite el matrimonio entre distintas clases sociales, lo que la facultó para casarse con Justiniano, establece normas para regular el aborto, la práctica de la prostitución de forma profesional y defiende las ideas monofisitas según las cuales la naturaleza de Jesús solo está presente en la naturaleza divina y no en la humana como defendía la Iglesia de Roma.

Al conflicto al que se enfrenta Agapito I, debemos añadir que Justiniano quería que el imperio bizantino y el romano, con todas sus extensiones, fueran uno solo. Pensaba que la forma de conseguirlo era unificando la fe para lo que luchará contra la herejía y los cultos paganos, entre ellos los practicados por los godos.

Agapito había pactado con Teodato, el rey de los ostrogodos, una visita a Constantinopla para detener las ansias expansionistas de Justiniano, pero es recibido con rencor: el sumo pontífice ha desprestigiado y calumniado a la mujer de Justiniano, discrepa públicamente de la Iglesia Cristiana ortodoxa, no está conforme en luchar contra todos los que no siguen su doctrina y encima ha excomulgado a la máxima autoridad religiosa, el patriarca de Constantinopla Antimo I. Aquel fue el último viaje del papa.

Los problemas crecen

La siguiente víctima en la lista de la ponzoña fue Teodoro I, quien teniendo más suerte que el anterior, gobernó la Iglesia por espacio de siete años, entre el 642 y el 649.

Teodoro I pasó a la historia por reorganizar la jurisdicción interna del clero. Y, como Agapito I, tuvo problemas con Oriente, en este caso con el emperador Constanzo de nuevo por despreciar las singularidades de la Iglesia Ortodoxa. Se negó a reconocer a Pablo como Patriarca de Constantinopla y lo excomulgó por seguir preceptos canónigos diferentes a los de Roma. Ello se tradujo en que los sacerdotes ortodoxos ordenasen el ataque de templos cristianos dependientes de Roma, así como la condena a destierro o cárcel de los nuncios papales. Por lo que se refiere al papa, con tanto disgusto parecía enfermo y alicaído. Le sirvieron una sopa que le sumió en un profundo sopor del que no despertó.

A estos dos papas envenenados les siguió Conono, papa entre el 686 y 687, quien padeció varios atentados ordenados desde Bizancio y que murió en extrañas circunstancias padeciendo unas fiebres que le produjeron terribles diarreas y deshidratación, dolencia ésta supuestamente provocada por los efectos del veneno.

Tras dicha muerte, la Iglesia de Roma parece hallar cierta calma, al menos en su cúpula. El veneno sigue su marcha pero sólo atacando a prelados menores que no desean seguir las órdenes de sus superiores o incluso de los gobernantes bizantinos y romanos. No será hasta el 884 que de nuevo se asesine a un papa envenenándolo. Fue el turno de Marino I, quien hacía dos años que gobernaba la Iglesia, teniendo graves problemas con la Ortodoxa.

La lista de muertes extrañas, dolorosas y muchas veces nocturnas, quedaban justificadas por los médicos como «ingestión de alimentos en mal estado»; «fiebres de origen desconocido»; «enfermedades del alma»; «hidropesía repentina» o «problemas intestinales», pero en el fondo fueron muertes por envenenamiento. Esta situación se dará por dos veces más durante el medioevo: en el 897 fallece Romano, hermano de Marino I, que sólo pudo ser papa cuatro meses. Concluye la lista Anastasio II, gobernante de la iglesia por dos años, entre el 911 y el 913, quien tiene el honor de ser el último papa oficialmente envenenado en la Edad Media.

Pero en el Renacimiento la lista crecía todavía más y se caracterizaría por papas que duraban lo que un suspiro, muriendo en circunstancias poco claras: Urbano VII, 1590, doce días en el poder; Inocente IX, 1590– 1591, apenas dos meses; León XI, 1605, no llegó al mes, sólo 26 días.

Dejamos a parte de esta lista aquellos prelados que merece la pena destacar al margen, pues los datos que se conocen sobre su muerte dan pistas bastante claras sobre cómo murieron:

Con hierba sardónica

Clemente XIII (1758-1769). Oficialmente, el pobre hombre murió de lo que entonces se denominaba apoplejía, perdiendo la conciencia y quedando paralizado de cuerpo y habla. Sus cronistas dijeron que acabó sus días con una expresión serena, luminosa y un tanto sonriente debida sin duda a la calidez de hallarse en los brazos de Dios. Si el famoso envenenador Crateuas hubiera estado allí, habría sabido indicarles que lo que indicaba su rostro era una sobredosis de la mortal hierba sardónica.

Con ruda

Inocencio VIII (1484-1492) padecía de trastornos gástricos posiblemente provocados por la ingesta de la ruda que le suministraron sus envenenadores en disimuladas infusiones que algunos describieron como hediondas. Su estómago llegó a ser tan delicado que sólo podía alimentarse con leche de mujer que obtenían de varias amas de cría. Algunos investigadores opinan que esa fue la excusa para tener la certeza de que nadie emponzoñaba sus alimentos.

Con cianuro

Gregorio XIV (1590-1591) se quejaba de padecer dolores de estómago y sus médicos intentaron purgarlo con tratamientos basados en jugos reconstituyentes que contenían leche de almendras, avellanas, nueces, oro y piedra mineral molida. Sus cronistas dijeron que el oro no lo mató, lo hizo el cianuro que había en las inocentes «piedras molidas» más el que le colaban con las almendras amargas que también contienen cianuro de hidrógeno.

Con beleño

Clemente XIV (1769-1774) fue víctima de una crisis maníaco-depresiva que le hacía ver asesinos hasta en sus propios cardenales. Optó por el suicidio, aunque la versión oficial fue la de un accidente. Lo que se omitió es que sus visiones confusas y sus crisis bien pudieron deberse a la ingesta de hierba loca, más conocida como beleño.

Claro que no todos los prelados de la Iglesia fueron pasivos receptores de la ponzoña, los hubo que, al contrario, se encargaron de suministrarla por doquier como tendremos ocasiones de ver cuando nos acerquemos, no sin cierta prudencia, a los Borgia y a su papa Alejandro VI. Cuando gobernaba la Iglesia, como dejó escrito en 1500 el embajador de Venecia Paolo Capello en 1500: «No pasa noche sin que aparezcan en Roma cuatro o cinco personas asesinadas, obispos, prelados y así sucesivamente».

Un tiempo oscuro

Iniciar este bloque del libro con el veneno vinculado al papado ha sido totalmente intencionado, en el afán de demostrar que de nuevo los tóxicos se cuelan en las más altas esferas de poder. Pero no perdamos de vista nuestro objetivo, que es la historia del veneno.

Vistos los resultados, se diría que los papas eran pobres ilusos que en lugar de aprender de los romanos en el trasiego de la ponzoña, se dejaban matar alegremente. Al contrario. Como aquellos, dispusieron de médicos, catadores, botánicos e investigadores. El problema no era ese. La adversidad que les costó la vida radicaba muchas veces en una fe exageradamente mediatizada y ultraconservadora e integrista que daría como resultado las Cruzadas.

El Cristianismo se formaliza gracias a la presencia de Constantino I el Grande (272–337), fundador de Constantinopla (antes Bizancio y actualmente Estambul) y emperador romano del 307 al 337. Legaliza la citada religión que será establecida como oficial del Imperio romano por Justiniano (483–565). Dicho de otro modo, los primeros 47 papas pertenecían casi a la clandestinidad, teniendo poco poder en comparación con el que llegarían a poseer.

A partir de Justiniano la Iglesia de Roma se encuentra con un problema que se prolongará históricamente hasta que se produzca el gran cisma de 1054, dando lugar a la ruptura entre el Cristianismo Ortodoxo de Oriente y el Catolicismo romano. Hasta esa fecha ambas doctrinas discreparán teológica y políticamente entre ellas. Pero en los siglos precedentes la herejía, y por extensión su persecución, en especial por parte de la Iglesia de Roma mucho más que por la bizantina, era el pan nuestro de cada día.

Pero la caza del hereje no es aún la Inquisición, ésta nacerá de forma oficial en el 1154 agrupando a todas las instituciones anteriores que se ocupaban de perseguir a los herejes. Ahora bien, perseguir la herejía no sólo era luchar contra otras creencias, también contra la sabiduría de las personas de otras religiones o cultos, contra sus conocimientos médicos, farmacológicos, botánicos, etc. Tanto es así, que durante siglos la primitiva medicina medieval será un marasmo de confusión donde el oscurantismo cubre antiguas filosofías y conceptos de sabiduría griega clásica. Un tiempo de lucha entre culturas, dioses y creencias. Aquellos fueron días aciagos para la ciencia y la historia médica medieval era poco menos que un caos.

Mucho y de todo

Los romanos eran prácticos. Dejaron a un lado los dioses y la magia y se centraron más en la ciencia. Pero con la expansión del Cristianismo se produce una caída, un freno en las artes médicas, en la investigación y un crecimiento en la fe y con ella, en paralelo, de las supersticiones. Religiosas, pero supersticiones al fin. De nuevo aquello que los médicos intentaron erradicar, la intervención divina, vuelve a escena. Se cree otra vez en mitos, leyendas, en procedimientos milagrosos y, al paso de los siglos, en el enemigo eterno, el demonio, aquel que demonizará los alimentos, las plantas, las personas y los estados. En Europa la medicina medieval pasará siglos en pañales.

En los países del norte y centro de Europa, el tratamiento de la salud era más mágico que medicinal. Se practicaba el ritual teúrgico, donde los sacerdotes celtas llamados druidas ejercían más de chamanes que de médicos. Utilizaban los tóxicos para obtener estados modificados de conciencia que les permitiesen hablar con sus dioses, espíritus-guía y árboles encantados. Recurrían a plantas en una primitiva botánica herborista que a veces era muy venenosa. Eso sí, todo aquello era herético, peligroso y pecaminoso.

Desde el sur llegaban conocimientos ritualísticos de los antiguos egipcios basados en ceremonias mágicas y religiosas donde astrología, alquimia y cultos a los dioses herméticos eran la mejor medicina. A todo ello, no podemos pasar por alto la denominada medicina talmúdica, cuya expansión acontece entre los siglos II y VI, y que se trataba de un sistema de curación basado en la alimentación y la higiene. Trataban a sus pacientes con dieta, compresas de agua caliente en las que habían aplicado esencias de plantas medicinales, efectuaban curas de reposo, aconsejaban cambio de aires o climas, etc. Un método brillante que el Cristianismo desoiría, no sólo por ser judío sino por estar basado en la influencia de culturas medicinales como la griega, babilónica y persa.

Y en el centro de todo aquel maremágnum, desde Bizancio primero y desde Roma después, se cristianizaba todo lo que se podía para darle un aire menos pecaminoso y más litúrgico. Buena parte del oscurantismo terapéutico medieval se lo debemos a los monjes cristianos. Los monjes eran los copistas de las obras y, por tanto, quienes las perpetuaron. Lo malo es que en lugar de efectuar investigaciones en el avance médico como hicieron los judíos o árabes, se limitaron a «adaptar» algunas recetas (a las que incluían oraciones donde antes había sortilegios) o a cristianizar ciertas plantas, desestimando otras por ser pecaminosas o heréticas.

Y a todo esto ¿qué pasaba con el veneno? Estaba por todas partes, descontrolado en la cultura cristiana con el uso de unas pocas sustancias y cada vez más conocido y utilizado, no sólo como métodos para matar, sino también para trascender, conectar con los dioses paganos e incluso curar, en el resto.

«El aojar también es un veneno, que se pega por el aire y entra por los ojos, aliento, o narices sin sentirlo, y llegando al cerebro hace el mismo daño, derribando y haciendo flujo, o decremento del jugo del cerebro, porque es cosa tan delicada que fácilmente se apega esta daño de hacerse caduco, y vicioso por tocamiento del aire, por ojos, o respiración...»

Olivia Sabuco

CAPÍTULO 16
EL VENENO DE LOS DIOSES EXTRAÑOS

Mientras el cristianismo intenta ampliar sus horizontes en la mayoría del continente europeo, sus habitantes practican la antigua religión. El erróneamente llamado paganismo no es sino un estrecho contacto con los ciclos naturales del planeta, una comunicación con los antiguos dioses que se manifiestan en el entorno y a través de los fenómenos meteorológicos, con los antepasados y sus espíritus. En contra de lo que pueda parecer, las denominadas artes mágicas primero y la brujería después, no aparecen de la noche a la mañana, llevan existiendo durante siglos.

El término *magia* procede del nombre que recibían los sumos sacerdotes de la antigua Persia, a quienes sus discípulos llamaban *magi*. A partir del siglo VI a.C., los *magi* adquirieron un gran poder. Dedicaban su vida al estudio en profundidad de la ciencia y de todo lo que les rodeaba. Daban consejos religiosos y filosóficos, interpretaban sueños, desvelaban señales en el entorno, estudiaban los cielos y emitían profecías. Además, tenían la capacidad, gracias a sus conocimientos de botánica y geología, de realizar preparados mágicos como amuletos, talismanes, encantamientos y pócimas, venenosas o no, que suministraban a quienes requerían de sus servicios.

Los *magi* se expanden a través de las culturas egipcia, griega, fenicia e íbera. Mucho antes de que aparezca el cristianismo, hombres y mujeres, en especial estas últimas, son los representantes de cultos más antiguos, algunos con notable influencia de los *magi*. Con el tiempo pasarán a formar parte de las tradiciones que actualmente se denominan cultos druídicos, *godar* o *wicanos* y que se originan en la mitología nórdica, teutónica, celta e íbera.

Es cierto que el cristianismo acaba por ir absorbiendo poco a poco el paganismo. A veces efectuando sucretizaciones que mezclan lo nuevo con lo viejo, pero la antigua sabiduría no sólo no desaparece, además empieza a resultar molesta.

En los primeros siglos de cristianismo se contempla la existencia de hombres y mujeres con capacidades curativas. Se tolera el trabajo que realizan las personas que conocen el secreto de las plantas y que actúan como curanderos siguiendo una rudimentaria medicina natural. El problema surge cuando el cristianismo observa que los seguidores de cultos antiguos contactan con dioses, tienen visones reveladoras, dicen poder volar, hablar con espíritus, con sus antepasados, etc. y ellos no, o al menos no de forma tan manifiesta. El motivo es simple, los paganos recurren al tóxico como pasaporte a lo sobrenatural, los cristianos sólo a la oración.

Existe otro problema: el género. En el paganismo la mujer es, a ojos de los cristianos, demasiado relevante: es la heredera de la antigua diosa, la que perpetúa las tradiciones, desvela el futuro y conoce los remedios que dan la vida o la muerte. Todo un contraste para una religión nueva que defiende la existencia de un dios masculino padre de todos y que luego creará la trinidad mediante las figuras de padre, hijo y espíritu santo, relegando a la madre y a la mujer a un segundo plano.

Eliminando la competencia

Los textos que aludían a las prácticas y filosofías del primitivo cristianismo eran abundantes, pero en el 180 san Ireneo de León es uno de los primeros en comenzar a cribar la información. Así, ya en el siglo III, la Iglesia católica determina que de los más de 30 textos evangélicos sólo sean válidos cuatro. De esta forma, la presencia de la mujer-sacerdotisa, la búsqueda de dios sin intermediarios, el uso de sustancias psicoactivas para alcanzar la trascendencia, las referencias al zoroastrismo, a los antiguos cultos griegos e incluso egipcios de carácter místico y su influencia quedan borrados de un plumazo. Sólo los evangelios redactados u ordenados por san Mateo, san Marcos, san Lucas y san Juan, eran claramente legítimos y fueron bautizados como canónigos u oficiales. El resto, entre ellos el evangelio de Judas, pasaron a formar parte de las listas negras de los libros malditos y gnósticos.

¿Qué fuerza tenían las brujas?

Aunque nos pueda resultar chocante, además de sus supuestos pactos demoníacos, las denominadas brujas dominaban el veneno de su menstruación. Tal como suena. Al menos, esa era una de las versiones oficiales. Es cierto que algunas hechiceras recurrieron al flujo menstrual y a la sangre de animales para realizar ciertos ritos o preparados venenosos, pero de ahí a que su menstruación fuera tan poderosa como la mejor de las ponzoñas, hay un abismo.

Sin embargo, la primitiva cultura medieval recogía y hacía suyos textos de Plinio el Viejo, quien nos deleita con afirmaciones como estas:

El Aquelarre, Francisco de Goya.

«Pero no encontraremos difícilmente nada más prodigioso que el flujo menstrual. La proximidad de una mujer en este estado hace agriar el mosto; a su contacto, los cereales se convierten en estériles, los injertos mueren, las plantas de los jardines se secan, los frutos de los árboles donde ella está sentada caen; el resplandor de los espejos se enturbian nada más que por su mirada; el filo del acero se debilita, el brillo del marfil desaparece, lo enjambres de las abejas mueren; incluso el bronce y el hierro se oxidan inmediatamente y el bronce toma un olor espantoso; en fin, la rabia le entra a los perros que prueban de dicho líquido y su mordedura inocula un veneno sin remedio».

No es de extrañar que teniendo a Plinio como lectura de referencia los medievales viesen hechizos, nigromancia y brujos por todas partes. Por cierto, el término *brujo* y por extensión el femenino *bruja* surge en el año 589. Los religiosos de la época lo definen como «una persona que está vinculada al paganismo y a la práctica de cultos y religiones no oficiales que suelen ser oscuras, contrarias a lo establecido y de baja estofa. Las personas que practican la brujería son ignorantes, con tendencia a lo diabólico y de marcada hostilidad a todo aquello que está establecido por ley, sea humana o divina».

La Iglesia medieval tenía un notable interés en erradicar toda competencia de credos y atacar a las mujeres que se suponía eran las perpetuadoras de cultos agrícolas y paganos. Pero al perseguirlas y cazarlas, les dieron más poder. Historiadores en tradiciones arcaicas como Manuel Seral creen que «la verdadera fuerza de la brujería, su trascendencia y relevancia social no fue gracias a las brujas, o sacerdotisas paganas sino a la misma Iglesia que con sus interpretaciones e invenciones de tratados mágicos como los grimorios, las convirtió en más poderosas de lo que eran».

Afirmaciones como las anteriores no son una exageración. Antes del periodo en que la caza de brujas se convirtió en una peligrosa actividad cotidiana, que una mujer dijera de sí misma que era bruja le proporcionaba el respeto que de otra manera no podía obtener, especialmente en las sociedades rurales. Ahora bien, ¿brujas sólo por menstruar? Faltaba algo, y vino de la mano del religioso Isidoro de Sevilla (560-636), que llegaría a ser santo y que desde un prisma casi científico dejó escrito: «Menstrua es la sangre superflua de las mujeres. Se le denomina menstrua por el ciclo lunar, tiempo que suele mediar en la repetición del flujo; pues en griego *luna* se dice *méne*». Estaba claro, como después apuntarían muchos inquisidores, que las brujas utilizaban el influjo de la Luna para su magia y gracias a ella obtenía su ponzoña en forma de sangre que, como apunta Isidoro de Sevilla: «Al contacto con esta sangre, los frutos no germinan; se agrian los mostos; se agostan las hierbas; los árboles pierden su fruta; el hierro se ve corroído por el orín; los bronces se vuelven negros. Si los perros comieran algo que ha estado en contacto con ello, se vuelven rabiosos».

Esas sustancias demoníacas

La auténtica fuerza de las sacerdotisas paganas medievales no estaba en su menstruación. Residía en el conocimiento que aquellas mujeres tenían de algunas plantas muy tóxicas. Saber cómo y dónde obtenerlas, de qué manera utilizarlas y aplicarlas les permitía ser especiales y, todavía más, convertirse en las nuevas envenenadoras de aquel tiempo. Podían estar apestadas, pero a ellas acudían monjes, boticarios, comerciantes y hasta nobles para preparar desde encuentros afectivos hasta otros que serían mortales.

No podemos entrar, ya que no es nuestro cometido, en los principios mágicos y esotéricos de ciertas plantas a las que muchas veces se les otorgaba un poder sobrenatural, como la ligeramente tóxica artemisa que usaban para protegerse del mal de ojo; la bardana que purificaba las estancias infectadas desde el más allá y lejos de ser tóxica es antiséptica y depurativa; o la no menos curiosa y calmante valeriana que utilizaban para tener sueños reveladores y descubrir ataques mágicos. Sin embargo, hubo otras plantas usadas desde mucho antes que, al conocerlas, veremos que nos ayudan a comprender lo que se dijo de las brujas y sus teóricas relaciones con lo oscuro y demoníaco.

La planta de la visión

Al igual que los egipcios, las brujas medievales conocían el beleño, y como aquéllos lo empleaban para mitigar el dolor de los partos. Cuando la Inquisición tuvo constancia de dicha planta alucinógena a la vez que mortal, la utilizo ocasionalmente para: «En un acto de caridad hacer menos dolorosa la irreversible muerte de la herética ya arrepentida», según narraría el notable cazador de brujas Edward Phillips.

Las brujas medievales recurrían al beleño hirviendo las hojas de la planta en agua que luego tomaban en infusión para hallar calma y serenidad o bien para dormir, pero también para viajar a otros mundos a través del sueño. Lo utilizaban como planta «voladora», ya que una infusión bien cargada les daba sensación de ingravidez. Al tiempo que liberaba sus sentidos las dotaba de seguridad y placer a diferencia de la belladona, que si bien tenía efectos similares a los descritos, generalmente crispaba a quien lo ingería y podía padecer incontenibles ataques de ira.

Las brujas también utilizaban las bayas de la planta para quemarlas en hogueras ceremoniales de las que aspiraban sus humos logrando un estado modificado de la consciencia. Eran precisamente las bayas molidas finamente y disueltas en vino las que podían matar por sobredosis.

El beleño que podía curar y sedar era terrible aplicado en dosis elevadas. Quienes morían envenenados por él, antes de la parada cardiaca, sentían una gran presión en la cabeza seguida de mareo, pesadez en los párpados y percepción distorsionada de la realidad. Como agente asesino era un tóxico discreto que se impregnaba en antorchas y en primitivos cirios en los que no había cata posible y que al arder emponzoñaban el aire creando confusión primero y terribles consecuencias después.

Uno de los antídotos más comunes preparados por los boticarios medievales para quien presuntamente había sido envenenado por beleño, era un vomitivo que contenía un potente veneno mineral: polvo de antimonio mezclado con potasio, al que se le añadía aceite de ricino. Se suministraba el bebedizo a dosis elevadas y pasada la primera hora se procuraba despejar al paciente haciendo que se moviera o sumergiéndolo en agua muy fría.

¿Escobas voladoras?

Con un nombre tan sugerente como higuera del infierno, los envenenadores y las brujas medievales recuperan y dan nuevos usos a la planta que ya vimos en Roma: el estramonio, también conocida como «berenjena del diablo», el auténtico combustible de las escobas voladoras.

Además de muy tóxica, el estramonio es una de las plantas alucinógenas por excelencia. Los estudios realizados revelan que tras una ingesta notable no sólo se tienen visiones y un profundo estado de modificación de la conciencia, el sujeto pierde además toda noción de contacto con lo que le rodea. Así, la planta que fue utilizada como sedante, se transforma en el pasaporte hacia el más allá entre las brujas.

El estramonio era el ingrediente especial que las brujas untaban en los mangos de sus escobas para volar. Sin embargo, para el investigador de ocultismo y simbología mágica Alfredo Laygas, no hubo tales escobas: «Las brujas no requerían de objeto alguno para volar, les bastaba la droga. Pero cuando la tenían preparada recurrían a un palo para insertarlo. Los efectos del estramonio se producían de forma muy rápida y las mujeres a los pocos minutos tenían la sensación de estar volando. Lo de la escoba fue una adaptación, una manipulación de otras tradiciones».

Al parecer los inquisidores fueron los que popularizaron lo de la escoba y quienes versionaron antiguas ceremonias agrarias europeas en las que era normal que las sacerdotisas participasen de rituales invocando a los dioses de la cosecha para obtener buenos frutos. Según Alfredo Laygas, «montadas a horcajadas sobre horcas y guadañas, las sacerdotisas invocaban al cielo. Tras una danza ritual se bajaban de su cabalgadura y, agachadas, hacían un hueco en la tierra en el que depositaban un puñado de semillas. Seguidamente, escupían y orinaban en el agujero. Finalmente lo tapaban e invocaban a la madre naturaleza pidiendo sus dones».

Todo aquel ritual fue sustituido por una explicación más sencilla y no menos creativa: las brujas montaban escobas para volar por el cielo, hacer el mal, esparcir venenos desde el aire y encontrarse con Satán en los aquelarres.

Pero no sólo el estramonio servía para volar o trascender. Las sacerdotisas o brujas, como se les quiera llamar, utilizaban otros productos. En uno de los libros dominicos inquisitoriales se cita el caso de una investigación por sospecha de brujería llevada a cabo en 1324, en la que se informó que «al revisar el desván de la dama, se encontró un tarro de ungüento. La dama confesó que con él se frotaba las axilas, el sexo y un bastón y que entonces a horcajadas sobre el mismo podía deambular y galopar a través de todos los obstáculos dónde y cómo ella quisiera» ¿Qué contenía el tarro? La pócima para volar mediante la alucinación: belladona, que contiene atropina y beleño junto con mandrágora y estramonio. Sin duda, un peligroso cóctel cuyo uso implica un exquisito conocimiento de los tóxicos, porque si no, la muerte hubiera estado asegurada. Más aún, si hacemos caso al texto que apunta: «Se sirven de esta pomada que la untan en la ingle y demás partes pudendas, preferentemente velludas, insertándola además en ambos orificios anal y vaginal con un palo».

Por lo que a su utilidad venenosa y criminal se refiere, el estramonio, con la excusa de que era bueno para las carnes de faisán, ave que al parecer es inmune a dosis bajas de la planta, poseía dos opciones de emponzoñar. Una era macerando el ave envuelta en la planta que era regada con vino. Otra, depositar la planta directamente en las brasas en la que se asaba dicha ave.

¿Mandrágoras afrodisíacas?

La tradición esotérica asegura que la mandrágora es la primera planta utilizada como afrodisíaco en la historia. Aunque sea a través de la mitología, se sabe que Penélope recurrió a ella para seducir a Ulises. Por su parte, la Biblia indica que la mandrágora fue usada por Raquel y Jacob para concebir a sus hijos José y Benjamín.

Pero si algo ha contribuido a la historia la mandrágora es su supuesto poder mágico. La tradición medieval brujeril aseguraba que dicha planta era especialmente poderosa cuando crecía en las encrucijadas de los caminos o bajo las zonas en que había sido ejecutada una persona. Eso sí, para que tuvieran efectos esotéricos debían ser recogidas en noches de luna llena. Pero, ¿cuál es el verdadero poder de la planta? Lo hemos visto en la medicina griega, también en la romana. En el tiempo de las brujas, la cosa cambia. Ellas recurren a la planta para formulaciones mágicas, para preparar amuletos de amor y talismanes que propicien la sexualidad. Ello da como resultado que cuando se instaure la caza de brujas, los inquisidores determinen que la planta es poco menos que un vegetal demoníaco e invente que cuando es arrancado de la tierra que la conecta con los infiernos, la planta emita un chillido capaz de dejar sordo a quien la recoja. Dicen, además, que el grito espeluznante de la mandrágora en realidad es el alarido de los diablillos que contiene.

La realidad es que la raíz de la mandrágora tiene un aspecto humanoide, que debió ser lo que sirvió como inspiración para conectarla con los influjos demoníacos y lo que alentó la leyenda urbana de que quien la recogía de la tierra era irremediablemente poseído por las fuerzas del mal. De ahí que en los grimorios o tratados de brujería medieval se dijera que lo ideal era atarla con cuerda a un perro y que fuera el animal quien tirando de ella la extrajera de la tierra. El can moría pero el brujo no.

La verdadera magia de la mandrágora está en su toxicidad. Sus principios activos pueden ser absorbidos por la piel, mucho más si hay una herida abierta. En dicho caso genera alucinaciones. Quizá por ello las brujas preparaban cremas que se aplicaban en pómulos y frente para tener visiones proféticas que muchas veces eran de carácter erótico.

De ahí viene uno de los problemas del uso de la planta. Seguramente, si causó muerte fue más por error que por intención. Cuando la planta pasa a formar parte de los herbarios medievales, esos textos casi sagrados que utilizarán los boticarios, dejará de ser considerada como maligna y demoníaca, aunque no por ello dejará de usarse con mucha discreción como si de una antigua Viagra se tratase.

Los boticarios, no sabemos si con la ayuda de un perro o a mano, recolectaban las raíces de mandrágora en bosques sombríos o en las orillas de los ríos. Siempre en lugares donde había poca luz. Luego secaban la planta al aire y después la trituraban o molían. Después ya podía recetarse para las mujeres como bebedizo, mezclado con vino o aguardiente para favorecer las intensidades amatorias. También se recetaba y preparaba como fórmula magistral para encender la pasión perdida en los hombres. Ellos, además de beberla, podían disponer de un curioso preservativo que era un pedazo de tripa de animal ungida en linimentos como grasa de cerdo o aceite de oliva. Eso sí, el rústico preservativo también contenía polvo de mandrágora que era absorbido por la piel.

La mandrágora causó muertes por su toxicidad pero más bien pocas, primero porque era escasa, por tanto cara de preparar. En segundo lugar porque generalmente las dosis eran reducidas. Si acontecía la muerte era por una mala dosificación y por la interactuación que generaba el tóxico en aquellos hombres o mujeres a veces un tanto achacosos que la ingerían, dado que si bien puede ser sedante, cuando la taxis es notable actúa como enervador, genera excitación, aumenta el pulso y el riego sanguíneo. Si al boticario se le iba la mano podía acabar provocando un paro cardíaco.

Boticarios: ¿herejes o sanadores?

Como vemos, además de brujas, en el medioevo había otros personajes que también coqueteaban con sustancias peligrosas. Los más populares eran los boticarios que, de alguna forma, al menos en sus orígenes, daban curso a una mezcla de recetas paganas y otras de herencia griega debidamente cristianizadas. Muchos de ellos se servían del conocimiento y superstición de las brujas para realizar sus preparados magistrales, tanto curativos como mortales. Eso sí, procuraban dotarlo todo de una cierta liturgia cristiana.

No todo el mundo podía acceder a la singular profesión de boticario. Se requería tener entre 22 y 24 años, saber latín, entre otras cosas porque era la *lingua pura* o la lengua de la ciencia. Tanto es así que todas las recetas debían redactarse en latín, como así estaban escritos los tratados y fórmulas magistrales.

Además de cumplir los condicionantes anteriores, durante siglos el boticario debía tener una posición de dignidad a nivel social. Si estaba casado, mucho mejor. Pero lo más notable era que además de tener una probada reputación religiosa, el boticario debía demostrar su «limpieza de sangre» para poder ejercer la profesión. Dicho de otro modo, además de ser cristiano, tenía que verificar que no poseía ascendencia árabe ni judía.

Precursores de la farmacia

Botica procede del término griego *apotema*, que significa bodega. Sin embargo, con el tiempo y la romanización de la palabra se estableció como definición universal que la botica era un lugar en el que se preparaban y despachaban medicamentos. Si la botica era el lugar donde se despachan los elixires, la rebotica se convertía en el auténtico corazón del establecimiento. Desde allí el boticario consultaba viejos documentos, buscaba inspiración y ensayaba los productos para sus preparados. Allí guardaba todo tipo de plantas tóxicas y otras que no lo eran, mezcladas con los más singulares ingredientes como sangre de dragón, polvo de cuerno de unicornio, escamas de sirena, etc.

De las sales del vitriolo podía obtenerse el ácido sulfúrico, que llamaban aceite de vitriolo.

Además de armarios especiales conocidos como «de los olores», donde es fácil imaginar que albergaban las plantas más aromáticas, la rebotica contenía botes de cerámica y vidrio en los que guardar los ingredientes, retortas y calabazas, pildoreros, morteros, balanzas, almireces, cajas de madera y todo tipo de útiles imprescindibles para preparar aguas, aceites esenciales, elixires y pócimas. Eso sí, el lugar más especial de todos era el llamado «ojo del boticario». Se trataba del estante más sagrado y, por tanto, el más singular de todos: una estantería generalmente de forma ovalada (de ahí el término «ojo»), que técnicamente recibía el nombre de *cordialera*. En él reposaban aquellas fórmulas magistrales especiales o los ingredientes y preparados más exclusivos… entre ellos, los venenos.

De todo, como en botica

La misión del boticario medieval no era la de curar, sino la de preparar tónicos, cremas, pastillas y pócimas, prescritas o no por un médico, que obrasen una cierta curación. Sin embargo, con el tiempo, se acudía en busca de la sabiduría del boticario para casi todo: atajar un mal de amor, curar los celos, eliminar pesadillas, mitigar el dolor de la gota, solventar indigestiones, dolores de garganta, etc. Pero, claro, en algunas boticas se despachaban otro tipo de elixires, digamos, menos médicos. Algunos garantizaban la felicidad, enervaban la libido, permitían ver seres invisibles, proteger del mal de ojo y hasta vislumbrar el futuro. Como es lógico, todos estos, además de estar prohibidos, eran secretos. Veamos algunos productos singulares.

Contra la infidelidad

Uno de los preparados de moda entre los boticarios era la «daga del infiel». Aunque se afirmaba que permitía alejar la influencia de los infieles (brujas, heréticos y más tarde islámicos) de «das personas de bien», en realidad se utilizaba para algo menos espiritual: castigar a quien había cometido adulterio o infidelidad.

Dicho preparado no contenía elemento cortante alguno, sino una planta muy venenosa como es el ranúnculo, más conocida como revienta buey o hierba sardónica, que además de paralizar el rostro con una sonrisa, provocaba desagradables y potentes espasmos y dolores internos que en el medioevo se comparaban al que produciría ser apuñalado por una daga. Seguramente esta pócima venenosa contenía algún otro elemento, pero la receta completa se ha perdido en las brumas del tiempo. De igual forma, se desconoce el método con el que se suministraba el tosigo.

El antídoto de la Ascensión

Hecha la ley… Envenenar, aunque fuera ligeramente, o sea, para no causar la muerte sino sólo infligir un castigo, era algo bastante común en la Edad Media. Como resultado de ello, los boticarios recurrieron a cientos de antídotos, alguno de ellos con intervención divina.

El preparado que nos ocupa contrarrestaba muchos efectos de la ponzoña y era más barato que la famosa teriaca. El «Antídoto de la Ascensión» era una mezcla de menta, romero y betónica que, según un herbario, debía recogerse el día de la Ascensión, en concreto en la denominada «hora de tercias», al tiempo que se recitaba un padrenuestro. Después se extraía el jugo de dicha planta, se mezclaba con grasa de cerdo y se suministraba como vomitivo o por vía anal como purga.

Merece la pena considerar que tanto la menta como el romero son inofensivas y que la fuerza del antídoto no residía en la religiosidad del día que era recolectada sino en que la betónica posee propiedades purgantes y vomitivas. De nuevo el contraveneno más fácil es aquel que faculta la expulsión de lo ingerido.

Venenos para la fiebre

Los boticarios recurrían a los tóxicos para favorecer la curación. Por ejemplo, creían que las calenturas del cuerpo indicaban que algo no funcionaba bien. Para algunos la fiebre era algo así como una lucha interna entre las fuerzas del bien y del mal, por lo que además de recurrir a la planta, utilizaban el poder de la fe.

Al respecto de los estados febriles, un herbario medieval refiere la necesidad de curarla escribiendo en un pergamino: «On– lona– onu oni– one– onu– onus– oni– one– onu». Dicho texto se debía colocar sobre un altar y debajo del cáliz que contenía vino consagrado. En él se introducía para su maceración unas hojas de dedalera que los boticarios medievales creían calmaba el corazón y por tanto las fiebres.

Lo singular de dicha planta, muy utilizada por las brujas, es que puede provocar un paro cardiaco ingerida en dosis altas. Luego de tres misas, el pergamino estaba listo para ser atado en el cuello del paciente y obrar su curación siempre y cuando bebiese un poco de vino antes de acostarse. Muchos morían durmiendo.

Otros remedios verdaderamente singulares eran las decocciones de hierbaluisa, una planta inocua, y dedalera mezclada con barro en el que previamente se había revolcado un cerdo. No era excesivamente tóxico, pero garantizaba que quien lo usara no era un fiel, ya que ni judíos ni musulmanes hubieran aceptado dicho tratamiento. Posiblemente el poder tóxico de la dedalera quedase mitigado con el barro.

Tratamiento contra el mal de ojo

Esta es otra perla de aquellos tiempos. El boticario perseguía con dicho tratamiento primero que el afectado viese a quien le había atacado, y que en segundo lugar pudiera sanar de dicha «dolencia» gracias a la intervención divina y su fe.

Se procedía punzando el dedo corazón o índice del supuesto afectado. Se mezclaban unas gotas de su sangre con aceite puro de oliva, agua bendita y un poco de belladona. Con la mezcla ya preparada, el boticario pronunciaba en voz alta una oración que sólo él conocía. Después la aplicaba sobre los párpados, en el entrecejo, bajo las fosas nasales, en los oídos y por último una gota en la punta de la lengua. Seguidamente se enviaba al maldecido a la iglesia para que se purificase.

De camino al templo, los efectos de la belladona no se hacían esperar: el paciente notaba una cierta calma o paz que le daba la sensación de que el remedio aplacaba el mal de ojo que padecía. Acto seguido, gracias a la inhalación de la droga colocada bajo sus orificios nasales, podía tener visiones, ya que la belladona dilata las pupilas haciendo que la visión cercana resulte borrosa y en determinados casos el paciente tiene la sensación de ver puntos de luz. Ese «efecto» era el perseguido por el boticario, quien había asegurado al paciente que la pócima le llevaría a ver a su enemigo, siempre y cuando su corazón fuera puro.

Todo estaba calculado, incluso la dosis de narcótico. Si el paciente no veía el rostro de su enemigo, entendía que su corazón no era puro y, dado que precisamente su órgano, tras la sedación inicial alteraba sus latidos, ataría cabos por sí solo.

Tabletas de sueño angélico

Durante siglos los boticarios oficiales utilizaron los mismos remedios que las brujas para volar, tener visiones y lograr hechos portentosos, la diferencia es que ellos estaban amparados por la legalidad, mucho más cuando los monjes pasaron a formarse como boticarios y acabaron por disponer de enormes centros botánicos en sus conventos.

A diferencia de sus homólogos laicos, los monjes boticarios quedaban exentos de todo recelo social. Sin lugar a dudas, la suya era una vida ordenada, correcta, casta y pura. Pero lo más importante, además de tener el poder, es que dominaban las artes y las ciencias. Recordemos que, en la Edad Media, aunque también después con el Renacimiento, la cultura, las letras y los libros eran única potestad de la Iglesia.

Como los boticarios, los monjes prepararon todo tipo de brebajes y remedios, pero merece la pena destacar un producto como las «tabletas del sueño angélico», que no eran sino un conjunto de drogas brujeriles. Las tabletas contenían raíz de mandrágora, beleño, adormidera, nuez moscada, opio y miel. Una auténtica bomba que permitía un placentero relax y un divino sueño. Eso sí, debían tomarse tras las oraciones de la noche y, tras ingerirlas, era menester rezar dos padrenuestros.

Tiempo después, entre los siglos XVII y XVIII, se harían muy famosas unas pastillas denominadas «tabletas de roscellus», herederas de aquella vieja receta y que contendrían similares ingredientes. La composición de estas tabletas es un tanto dudosa, por lo que es mejor omitirla, aunque curiosamente en la actualidad circula en algunos foros de internet dedicados a los alucinógenos.

Los venenos de la herejía

No podemos concluir este apartado sin citar lo que entonces era considerado una herejía: la presencia de los médicos y botánicos árabes.

Singularmente, la medicina árabe pertenecía a los denominados infieles, pero la mayoría de las veces curaba mejor que la cristiana. Cuando los árabes irrumpieron en Europa, ya habían fundando una primitiva escuela de farmacia basándose en las enseñanzas de Dioscórides y otra de medicina atendiendo a los

Jabir Ibn Haiyan.

preceptos de Galeno. Establecieron, como el citado médico, la necesidad de considerar elemento influyente en la salud la vida que llevaba el paciente, la forma en que se alimentaba, así como el tiempo que dormía y el trabajo que desempeñaba. Recetaban descansos, ayunos e higiene.

Además, construían laboratorios en los que trabajar con nuevas fórmulas. Hicieron resurgir el arte de la destilación que ya habían empleado los egipcios y, como era de esperar, se interesaron muchísimo por los productos tóxicos.

Los botánicos y médicos árabes aprendieron de Galeno que el uso de ciertos venenos como el arsénico mezclado con miel era útil contra el vómito de sangre y contra úlceras. Tras investigar a dicho personaje, descubrieron que «los tósigos actúan cuando pasan a la sangre», y que «sea el lugar por el que entren en el cuerpo, sea estómago o herida, primero pasan a la sangre y de esta al corazón». Todo ello les sirvió para creer, en este caso equivocadamente, que además de purgar o provocar el vómito, se hacía preciso efectuar pequeñas sangrías de carácter purificador para salvar a personas envenenadas.

La lista de estudiosos, investigadores y primitivos farmacólogos que aportó la cultura árabe a la oscura Europa medieval es notable. Pero de todos ellos no podemos pasar por alto mencionar a los más singulares, relacionados todos ellos con el mundo de las sustancias tóxicas. Un ejemplo es el químico Jabir Ibn Haiyan, cuya fecha de nacimiento es confusa aunque se sabe que vivió a finales del siglo VIII y que redactó una obra titulada *Libro de Venenos*, donde además de referirse a algunas sustancias tóxicas derivadas de animales y plantas, apunta, al respecto de los benzoares, que «ciertas piedras y minerales, por nobles que sean, además de resecar la nariz pueden dañar el cerebro». Este químico buscador de la piedra filosofal creía que existía un elixir maestro que podía transmutar todos los metales y purificar el cuerpo humano. Un elixir que investigadores posteriores creyeron que era el ácido sulfúrico.

Ib Zakariya al Razi y el ácido sulfúrico

Esta sustancia, más corrosiva que venenosa, ha protagonizado cientos de historias de terror y crímenes. Pero hallarla no fue nada fácil: se lo debemos al médico, alquimista y filósofo persa Al Razi (865-925), autor de más de 180 tratados sobre medicina.

Con respecto al famoso ácido, Razi, que como sus hermanos médicos era un amante de la destilación, trabajando en la búsqueda de un antídoto contra el azufre, obtuvo mediante rudimentarios procesos químicos dióxido de azufre. Luego lo sometió a oxidación obteniendo trióxido de azufre que combinó con agua, hallando finalmente el famoso ácido.

Razi no lo sabía, pero había descubierto lo que en su época se denominó «aceite de vitriolo», una sustancia transparente como el cristal que muchos buscadores de la piedra filosofal, aquella que transformaba el plomo en oro, consideraban uno de los elementos esenciales para hallar el ansiado elixir alquímico. Lo malo es que buscando el oro unos, y la inmortalidad los otros, cataron el veneno con consecuencias desastrosas.

En otro orden de cosas, Razi determinó que la sangre era portadora de enfermedades infecciosas y por tanto que el veneno se expandía a través de ella y que eran precisas las sangrías limpiadoras. Creía también que ciertas dolencias mentales podían mejorar utilizando tóxicos y haciendo que el paciente tuviera una vida más relajada. Se esforzó por comprender la naturaleza de los enajenados y dejó escrito: «Lo relevante es prestar atención a la mente, al pensamiento y al sentir del enfermo antes de pasar al tratamiento con flores, plantas o minerales que si bien pueden ser mortíferos, en dosis bajas le darán calma ayudando a los demás a comprender mejor en qué ocupa sus pensamientos el paciente».

¿Envenenaron a Avicena?

Abū 'Alī al-Husayn ibn 'Abd Allāh ibn Sīnā, más conocido en Occidente como Avicena (980 - 1037) fue un médico persa que, a través de su obra *El canon de la medici-*

na, realizó un extenso compendio de los conocimientos y doctrinas de Hipócrates, Aristóteles y Galeno. Investigó los venenos y transmitió sus estudios sobre sustancias tóxicas y drogas en el quinto volumen de su canon médico. Avicena creía en la muerte natural, en que todo tenía una fecha límite y, si bien era preciso intentar erradicar la enfermedad, no era óptimo alargar la vida cuando no había salud.

Al respecto de los tóxicos, investigó con beleño, belladona, hongos y opio. Precisamente con esta última sustancia lograba la trascendencia que le permitía efectuar valoraciones que mezclaban lo espiritual con lo médico. Avicena creía que un uso adecuado de ciertos venenos y drogas, el opio entre ellos, podía resultar útil para el despertar de la conciencia en el ser humano. En uno de sus textos podemos leer: «El hombre suspendido en el aire, volando, aislado sin ningún contacto con nada, ni siquiera su propio cuerpo, sin ver ni oír, afirmará sin duda alguna que existe e intuirá su propio ser».

La ingravidez y la privación sensorial a la que aludía Avicena es para muchos investigadores en psicotrópicos una constatación de la adicción del médico al opio, sustancia que se supone le mató, no se sabe si por sobredosis voluntaria o porque alguien quiso terminar con él. El genial médico había intentado adaptar la filosofía neoplatónica y aristotélica al Islam, algo que no había gustado entre los islamistas más conservadores.

El primer psicoterapeuta

Sin lugar a dudas, la palma en cuanto a investigación terapéutica mental, con el uso de tóxicos o no, se la lleva Maimónides (1135-1204). El médico cordobés –que era judío– centró sus investigaciones en la dieta, la higiene y el buen comportamiento. Creía que el ser humano era responsable de sus dolencias en función de cómo se cuidase. Defendía un uso mínimo de medicamentos y procuraba que sus pacientes se curasen por sí solos cambiando de hábitos, higienizándose y, de manera especial, haciendo dieta, puesto que creía que en los alimentos estaba la mejor medicina. Sin embargo, recomendaba «prudentes» dosis de acónito y eléboro para atemperar ánimos y reducir la tensión.

Al respecto de los antídotos, creía que muchos eran inútiles y dejó escrito: «Me indican que el polvo de esmeralda diluido en vino es un buen antídoto pero, eso sí, en origen la gema debe ser grande y de buena calidad. Aunque creo que en realidad lo que evitan algunos, que no todos los tóxicos, es la firmeza con que uno se enfrenta a ellos. Si crees que algo puede matarte, por inocente que sea, seguramente lo hará. Si piensas que algo puede sanarte, sucederá de igual manera».

Quizá por afirmaciones como esas se considera a Maimónides uno de los primeros terapeutas emocionales. Además de lo dicho, aseguraba que «las emociones del alma afectan al cuerpo y producen grandes y significantes cambios en el estado de salud». Por ello indicaba que el médico debía valorar las emociones del alma, examinarlas y tratarlas para mantener el equilibrio interno. Con respecto a la toma

Maimónides asumió su vocación de médico que le llevó a recorrer el mundo conocido.

de decisiones y a la vida, aseguraba que era preciso hallar el camino del medio en todas las cosas, puesto que los extremos siempre eran nefastos.

Pero hay que tener en cuenta también que, con referencia a los tóxicos, no todo era conceptual para Maimónides. Conocía su existencia y como medida preventiva sugería como sus contemporáneos un buen lavado de estómago: «Para quien comió veneno se aconseja primero vomitar la comida bebiendo agua caliente hervida con *anethum*, mezclada con mucho aceite. Esto purgará el estómago. Luego será seguido de mucha leche fresca y nuevamente vomitar. Le seguirá manteca y crema para seguir vomitando. Las sustancias aceitosas y el engorde neutralizan el efecto dañino del veneno y actúan como una barrera protectora entre el veneno y los tejidos». Con referencia al *anethum*, Maimónides se refiere a la planta que hoy conocemos como eneldo (*anethum graveolens*), que en infusión reduce las inflamaciones estomacales y actúa contra los gases.

Una concepción diferente

Los cristianos contemplaban la enfermedad como una «gracia divina» que había que aceptar con resignación y paciencia. Pensaban que ante la enfermedad Dios tenía la última palabra sobre la curación, por lo que la oración era la mejor medicina. A diferencia de los cristianos, los botánicos y médicos árabes pasaron por alto las observaciones un tanto supersticiosas de Plinio y, sin dejar de lado la fe, omitieron la presencia de brujas y demonios.

Creían que la salud y los tratamientos, por extraños que fuesen, ayudaban a que el ser humano estuviera más cerca de Dios. Decían que las enfermedades podían ser sanadas con el permiso de Alá, y que para ello era preciso hallar el medio adecuado. Sin lugar a dudas emplearon métodos como los siguientes, que hoy nos pueden parecer un tanto extraños:

Remedios de ajo

De igual forma que Teofrasto recomendaba el vino con ajo, los árabes recogen su testigo y lo usarán para casi todo. Aplicarán fricciones con dientes de ajo en las zonas doloridas de las personas envenenadas. Prepararán papillas con ajos picados y mezclados con limón, creyendo que al ingerirlas anularán los efectos del veneno. Para las picaduras ponzoñosas de animales como escorpiones o serpientes, preparaban infusiones de ajo que el envenenado bebía para así poder sudar y eliminar los tóxicos a través de los poros.

Café contra los tóxicos

Otro sistema no menos curioso era el de procurar la desintoxicación con la ayuda de café. Para ello se maceraban unos granos en un licor de alta graduación que se obtenía de la palmera. Después, había dos formas de tomar el contraveneno. Para tósigos leves bastaba con retener unos granos en la boca e irlos chupando. Se suponía que el antídoto llegaba al estómago a través de la saliva y luchaba contra las sustancias tóxicas. El otro método era moler el café y en lugar de tomarlo como infusión, se tragaba seguido de una copa del licor de palmera.

El uso de minerales y piedras

Si curiosos resultan los métodos anteriores, no lo son menos los derivados del uso de piedras y minerales. Y es que si en algo se especializaron los botánicos y médicos islámicos fue en la búsqueda de antídotos, por lo que es evidente la implicación del conocimiento y uso forzoso del veneno.

Uno de los elementos más potentes tanto para envenenar como para reducir el efecto de un tóxico lo encontraban en el diamante. Reducido a polvo muy fino era indicado como calmante para personas que padecían enfermedades mentales. Lo mezclaban con infusiones de hierbas como menta, hierbaluisa o incluso ruda, y lo prescribían bebido. Al parecer tenía efectos calmantes, que más que por el diamante vendrían del poder químico de la ruda. Eso sí, también empleaban los diamantes como potente veneno. Los molían y los mezclaban con resina de pino y miel, de manera que el tóxico acostumbraba a terminar en dulces pastelitos. Difícilmente la toxicidad pudo estar de nuevo en el mineral, sino más bien en la trementina que contenía la resina del árbol.

Volveremos a encontrarnos con el diamante usado como veneno en el Renacimiento, pero conozcamos el poder de otros minerales que pusieron las bases para los amuletos mágicos más relevantes de la historia, los denominados *bezoares*.

La turquesa

Uno de los más apreciados entre los árabes era la turquesa. Decían que garantizaba un buen viaje y ruta tranquila, por eso era normal que se usara como amuleto en los desplazamientos comerciales de las caravanas del desierto e incluso en la ruta de la seda. Consideraban que mantener esta gema en la boca al comer prevenía de todo veneno. Sin embargo, muy bien no les debía funcionar cuando también optaron por recetarla molida y mezclada con barro para aplicarla en cataplasma sobre el vientre cuando se había producido una intoxicación.

El topacio

Los griegos pensaban que llevar un topacio colgado del cuello favorecía una buena comunicación y además evitaba el dolor de garganta. Pero lo más relevante es que creían que se convertía en un amuleto perfecto contra el veneno. Los árabes recogieron el testigo y maceraban topacios en vino. Con dicha bebida mezclada con unas gotitas de cicuta y un poco de miel preparaban antídotos.

Otra singularidad de dicho mineral era la creencia de que podía detectar el veneno al entrar en contacto con él. Así, el topacio introducido en una bebida, cambiaba su tonalidad. Otro tanto sucedía cuando era situado sobre el vientre de una persona con molestias estomacales. Si el mineral permanecía inalterable, no había veneno sino indigestión. En cambio, si modificaba su color era necesario preparar un vomitivo de inmediato, pues el envenenamiento era muy probable.

Contravenenos de piedra

No hay duda que los botánicos y médicos árabes se especializaron en buscar antídotos. Los que se elaboraban con piedras o minerales como los citados recibían el nombre genérico de *benzoar* y causaron furor en la Europa medieval. Había algunos que funcionaban a modo de amuleto. Los más baratos eran simples piedras o polvo de ellas mezclado con resina y guardado en una bolsita que debía llevarse prendida del cuello. Los más caros eran engarzados en joyas o albergados en trabajadas cajitas de oro, metal noble que se suponía ya de por sí un antídoto.

Otra modalidad de benzoares eran los de ingestión. En dicho caso parece más fácil que pudieran funcionar, ya que a diferencia de los caros, se ingerían o incluso se espolvoreaban sobre los platos o bebidas cuya salubridad era dudosa. Estos antídotos eran piedras y gemas pulverizadas y a veces mezcladas con oro, también en polvo.

Puede parecernos que los benzoares no eran sino pura superstición. En parte así fue, sin embargo, en Europa fueron considerados como productos farmacológicos hasta el siglo XVIII.

¿Qué había en los benzoares? Como sucedía con las mejores fórmulas, la mayoría de ellos y no digamos ya los tricobenzoares, que eran mucho más caros, se fabricaban en secreto, aunque sabemos que contenían carbón, polvo de oro e incluso cristales de amatista, cuarzo, turquesa, diamante y ónice.

La supuesta eficacia de los benzoares fue tal que pasaron a formar parte de los más preciados bienes durante el Renacimiento. En los capítulos siguientes nos sumergiremos de lleno en el mundo de los envenenadores renacentistas y en los textos del médico Ambrosio Pare (1510-1590), quien al respecto de la fiabilidad de uso de los benzoares nos aporta una interesante historia.

El galeno indica que el rey Carlos IX de Francia (1550-1574), temeroso de ser envenenado, invirtió una notable suma en un benzoar, pero deseaba probarlo primero en un preso. Ambrosio Pare escribe: «El rey me dijo que preguntase al reo si consentía en tomarse cierto veneno a condición de que se le administrase inmediatamente el susodicho antídoto. El reo aceptó de buen grado. Un boticario le dio un determinado veneno en un bebedizo e inmediatamente después tomó la piedra bezoar».

Y como acostumbraba a suceder con los benzoares, la sustancia tóxica fue expulsada de inmediato. Pare nos dice: «Una vez alcanzaron el estómago ambas sustancias, el reo comenzó a vomitar y a presenciar diarrea, declarando sentirse arder interiormente y pidiendo a gritos agua, la cual no le fue denegada». Estos efectos descritos por Ambrosio Pare eran habituales en la mayoría de benzoares ingeridos, por eso se preferían los de contacto, pero sigamos con la historia.

«Una hora más tarde solicité del preboste que me dejase ver al condenado, haciéndome acompañar por tres de sus arqueros. Me lo encontré a cuatro patas, arrastrándose como un animal, con la lengua colgando fuera de la boca, los ojos y la cara congestionados, vomitando, cubierto de sudor frío y sangrando por la boca, la nariz y los oídos. Le hice que se bebiese un poco de aceite, en un intento de salvarle la vida, pero todo fue inútil. Vivió sólo unas siete horas».

Acabada aquella terrible prueba, que atestigua que pese al vómito el veneno siguió su curso, el médico le practicó una autopsia al prisionero llegando a la conclusión que había sido envenenado con mercurio. Como es lógico, el rey no quiso saber nada de benzoares. Casualidad o no, moría al poco tiempo presuntamente envenenado el 30 de marzo de 1574, luego de padecer terribles visiones, ahogo, hemorragias, diarreas, convulsiones y fiebres. Su médico, tras analizar el cadáver, se decantó por descartar el tósigo como causa de muerte, indicando que había sido una pleuresía, aunque los efectos parecían aludir a otra cosa.

«Así como una jornada bien empleada produce un dulce sueño, así una vida bien usada causa una dulce muerte.»

Leonardo Da Vinci

CAPÍTULO 17

EL RENACER DEL VENENO

La Edad moderna, ese periodo de la historia que arranca en 1453 con la toma de Constantinopla a manos de los turcos y finaliza en 1789 con un hecho tan trascendente como fue la Revolución francesa, es una época de Renacimiento en todos los sentidos, a nivel social, político, moral… y también para los venenos.

El Renacimiento será el movimiento inicial que lo impregne todo, favoreciendo un cambio de mentalidad en las sociedades de la época. Sí, es cierto que se inventó el reloj mecánico, la imprenta, las gafas o el termómetro. Es verdad que se «descubrió» América, que cambió la visión de nuestro planeta y del espacio, que se alcanzó a comprender las órbitas de los cuerpos celestes y la influencia de nuestro Sol en ellos, que aparecen grandes y maravillosos maestros, genios de la pintura y la escultura. En 1582 hasta surge un nuevo calendario, el gregoriano. Y el veneno también resurge y con mucha fuerza, con otros métodos y técnicas totalmente nuevas.

El término Renacimiento, como concepto de nuevo tiempo y nueva forma de ver y entender la vida, nace tardíamente en 1855. Se supone que fue el historiador francés Jules Michelet (1798– 1874) quien, buscando una palabra que pudiera resumir de forma clara aquella época de esplendor en que el ser humano se redescubrió a sí mismo y alejó de su existencia el oscurantismo de la Edad Media, halló en esa palabra lo que buscaba.

Pero hay algo que no podemos pasar por alto, pese a todo lo positivo que aportó a la humanidad: el Renacimiento nos lega una colección casi interminable de odios, rencores, estrategias políticas, culturales y religiosas en las que cuando no se tira mano de la espada o del soborno, se hace del contenido de un anillo

Clemente VII.

envenenado, de un maravilloso ágape ponzoñoso, de una cura tóxica y un largo y dañino etcétera.

Este tiempo de renacer nos ofrece el envenenamiento del papa Clemente VII (1478-1534), hijo bastardo del malogrado Julián de Médici, que murió luego de ser acuchillado 18 veces y rematado mediante la inserción en su garganta de un largo trago de belladona, la droga de moda entre las elegantes damas renacentistas. Fue un papa que amparó a artistas de la talla de Rafael o Miguel Ángel, y que quiso el destino fuera emponzoñado con polvo de diamantes cuya dosis excesiva le sirvió, «por error», su médico de confianza.

Pero Clemente VII no fue una excepción. Este tiempo de esplendor nos aporta personajes de la talla de Pablo III (1468-1549), apodado «el meteoro» porque llegó a ser cardenal cuando aun ni siquiera era sacerdote, cuya ordenación aconteció en 1591. Todo un personaje que nombró cardenales a dos nietos suyos de 14 y 16 años y de quien el escultor y grabador florentino Benvenuto Cellini (1500-1571) dijo sentirse inseguro en su presencia, puesto que había intentado envenenarle varias veces, una de ellas con polvo de diamante. Y es que el uso de los tósigos era algo bastante corriente en el día a día de este papa, que murió en extrañas circunstancias luego de padecer unas terribles fiebres nocturnas. ¿Veneno?

Eso sí, si hablamos de tósigos y liturgia, no podemos pasar por alto a los envenenadores renacentistas por excelencia, los Borgia, una saga que dio dos papas crueles, habituales usuarios del veneno para quitarse enemigos de encima: Alfonso de Borgia, que gobernó la Iglesia con el nombre de Calixto III entre 1455 y 1458 y Rodrigo Borgia, que al ser papa (entre 1492 y 1503) adoptó el nombre de Alejandro VI. Los dos hijos de este último, César y Lucrecia, en especial la fémina, podrían haberle dado clases a los maestros envenenadores de su tiempo.

Ahora bien, aunque es cierto que el Renacimiento dejó atrás algunos lastres culturales, supersticiosos, políticos y religiosos, no fue una época idílica. Según Elías Migues, filósofo: «El Renacimiento sirvió para poner las cosas en su lugar. Para que la humanidad se reencontrase, tras perder preciosamente el tiempo durante la Edad Media, con aquellos cultos, valores y paradigmas espirituales y filosóficos que se estaban olvidando y cuya evolución estaba detenida. Sin embargo, lo más esencial no fue el cambio tecnológico o social, que lo hubo, sino el cultural, científico y filosófico. Por primera vez, no todo estaba en manos de los dioses».

Se inicia el cambio

Dirijamos una mirada panorámica muy rápida para comprender en qué escenario nos moveremos a lo largo de esta cuarta cata de la ponzoña. Y es que el Renacimiento no es un tiempo que cambia de la noche a la mañana, pasando de la Edad Media a ese gran renacer de golpe. Es cierto que el gran personaje, arquetipo por excelencia del Renacimiento, parece ser Leonardo da Vinci (1452-1519). Pero como él hubo muchos más que decidieron dejar de lado lo convencional para aventurarse en una búsqueda que acabaría con un modelo de sociedad.

Se parte de la base que tras la toma de Constantinopla por parte de los turcos, se fragua un movimiento global que acabará por denominarse Renacimiento. Tal vez esa fue la espoleta inicial, pero hay que tener en cuenta que «la Iglesia de Roma llevaba demasiado tiempo presionando a los científicos, diciendo lo que debían pensar, creer y hacer. Ahí empezó la auténtica rebelión que favorecería el cambio, en la cultura, en dejar a un lado la concepción totalitaria de Dios», asegura la historiadora Marisa Benovart.

Las nuevas ciencias

Con el Renacimiento, la ciencia se vuelve más experimental y los investigadores comienzan a formularse preguntas antes prohibidas. Los científicos renacentistas afirmaban que era necesario ver lo viejo con ojos nuevos, con otras ideas, lo que da lugar a una nueva efervescencia filosófica. «Los investigadores, médicos, botánicos y científicos en general, necesitan liberarse de las cortapisas eclesiásticas. Se preguntan cosas que eran inamovibles hasta la fecha. De pronto lo de siempre no sirve», indica el filósofo Elías Migues, quien nos recuerda que gracias dicho cambio de perspectiva filosófica se produjeron grandes avances en matemáticas, óptica, astronomía y medicina.

Efectivamente, será en el Renacimiento cuando se llevará a cabo una renovación completa de la forma de estudio del álgebra tradicional, que se remontaba a Egipto y Babilonia. Pero además, nacerá el álgebra moderna de la mano de Niccolo Fontana, más conocido como Tartalia (1500-1557). Por su parte, algo después Galileo (1564 1642) avanzará en investigaciones de mecánica celeste y óptica, llegando a inventar un telescopio con el que por primera vez se podrá observar el espacio: las montañas de la Luna, cuatro satélites mayores de Júpiter y también las fases de Venus.

Por supuesto, el hombre no sólo buscará en el espacio, también lo hará en la Tierra. Será el momento del descubrimiento de América en 1492, y con él nuevas formas de cultura, de religión, medicina y botánica. Y, cómo no, también de envenenar. El primer conquistador caído víctima de flechas envenenadas en Colombia fue Juan de la Cosa, seguramente por curare. Como veremos oportunamente, del nuevo continente llegará la ponzoña que todo lo puede, también plantas sagradas y mortales como la ayuahuasca y el peyote, así como elementos más inocentes como el tomate, que en sus inicios se creyó tóxico.

La medicina y la alquimia

Sigamos con la evolución renacentista. En disciplinas como por ejemplo la medicina, el cuerpo humano dejará, aunque sólo en parte, de ser un tabú, un receptáculo de Dios, y con una cierta moderación se harán los más grandes avances en medicina. Aparecerán los primeros tratados médicos sobre anatomía humana y Andrés Vesalio (1514-1564) publicará en 1543 su obra *Constitución del cuerpo Humano*, que pasará a considerarse como el primer estudio riguroso sobre anatomía. Por su parte el médico Miguel de Servet (1511-1553) descubrirá la circulación menor de la sangre. Y a nivel general se efectuarán notables conclusiones sobre el funcionamiento del corazón, el cerebro y otros órganos del cuerpo. La medicina, por otra parte, será de gran ayuda en el descubrimiento de nuevos venenos, antídotos y pondrá las bases para que siglos después nazca la toxicología.

Y con la medicina, la toxicología y la química, surgirán grandes investigadores que, recuperando el saber medieval de los alquimistas árabes, buscarán más que nunca sustancias especiales. Es el tiempo de Paracelso (1493-1541), un personaje en cuya vida merece la pena detenernos brevemente.

Paracelso.

Paracelso, cuyo nombre auténtico era Theophrastus Philippus Aureolus Bombastus von Hohenheim, fue alquimista para unos, boticario para otros. Fue médico, químico y gran amante del esoterismo y las artes mágicas y se le considera uno de los padres de la primitiva homeopatía. Este genio (un estafador para muchos) es uno de los pocos que se enfrenta directamente a los postulados de los clásicos de su tiempo: Galeno y Avicena. Quema sus libros en público y dice que es preciso recuperar el sentido hipocrático de la medicina y abandonar las sangrías y purgas como principal método terapéutico.

Defiende la necesidad de hallar en los minerales nuevas formas de curar, nuevas sustancias que permitan una vida mejor. Lucha con los médicos de su tiempo intentando que dejen de aceptar la cirugía como un tratamiento menor que sólo pueden llevar a cabo iletrados barberos. Se enfrenta con los herboristas y con los boticarios preparadores de hierbas, intentando convencerles de que usen más la química, de que las dolencias proceden del exterior y no del espíritu, la fe o la nigromancia, ni tampoco de esos cuatro humores y que todo ello puede curarse con procesos químicos. Y lo demostró tratando y curando sífilis y bocio con azufre y mercurio.

Eso sí, no desestimaba el empleo de sustancias vegetales. Precisamente a Paracelso le debemos el uso y la popularización durante mucho tiempo del láudano, una tintura alcohólica compuesta de vino blanco, azafrán, clavo, canela y opio, que recomendaba cual si de una aspirina se tratase casi para todo tipo de dolor, desde el de muelas o el de la salida de los dientes en los niños, hasta el tratamiento de la diarrea, la tos e incluso la ansiedad. Este tipo de preparado se hizo muy famoso no sólo en su tiempo, sino incluso después. Por ejemplo, en el siglo XVII, el doctor Thomas Sydenham (1624-1689), apodado el Hipócrates inglés, llegaría a reconocer haber recetado nada menos que unos ocho mil litros de dicho preparado. Lo malo fue que en manos ajenas y no tan doctas, los láudanos o tónicos curalotodo debidamente adulterados también sirvieron para fines digamos menos medicinales y curativos.

Cuestionando la magia

Una de las grandes luchas de Paracelso fue contra los benzoares o piedras milagro. Y es que pese a tantos adelantos, nuevas filosofías y movimientos culturales, la superstición y ciertos conceptos mágico-esotéricos todavía influyen a la gente. Si durante la Edad Media las piedras benzoar alcanzan fama, será en el Renacimiento cuando se haga un gran uso de ellas. Pero no con fines médicos como defiende Paracelso, sino tiñendo su poder con la magia y la presencia de espíritus. Por ejemplo, se seguía utilizando, como en la Edad Media, la amatista como protector contra los venenos. Lo normal era insertar una pequeña piedra de amatista en el ombligo, pues se pensaba que así protegía de las digestiones. Pero haciendo caso a Paracelso, había otra modalidad que consistía en triturarla e ingerirla con un poco de vino, leche o incluso agua antes de una comida.

Paracelso no estaba conforme con todo aquello. Él creía en otra magia más potente que la de los dioses y los espíritus de las montañas, esos que se decía eran los causantes de las enfermedades de los mineros. Paracelso pensaba que si un minero moría, no era por culpa de sus pecados como se afirmaba, sino debido a inhalar repetidamente una química que era nociva para el organismo: el polvo y los gases de ciertos minerales y metales. Quizá por ello entraba en cólera al ver cómo en las cortes e incluso entre los miembros de la Iglesia se pagaban fortunas por recetas mágicas que aparecían en grimorios de dudosa pluma. En uno de estos textos se recoge el testimonio de una bruja que confiesa ante la Inquisición haber preparado amuletos de amatista contra el veneno. La mujer indica que para que tuviese auténticos poderes mágicos antitóxicos era necesario dibujar marcar la imagen de un oso en la piedra, envolverla en beleño y enterrarla bajo un árbol centenario por espacio de una luna. Después ya se podía utilizar llevándolo colgado antes de una comida o de beber sustancias sospechosas.

Aunque fue tildado de mago, Paracelso no estaba por labores mágicas. Era más esotérico, y como sus antecesores botánicos, creía que, de igual forma que ciertas plantas y animales tóxicos podían matar, también podían curar. Por eso no cuestionaba los efectos que producía el polvo de diamante usado como tósigo ni las prescripciones de maceraciones de vino emponzoñado con arsénico mezclado con polvo de turmalina. Eso sí, las invocaciones, los amuletos de pergamino y las oraciones como contraveneno, no iban con él.

El alquimista dejó escritos todos sus conocimientos en una obra, publicada en 1564, en cuyo capítulo denominado «Las siete defensas» apunta la que podría ser una máxima de la toxicología: «¿Hay algo que no sea veneno? Todas las cosas son veneno, y no hay nada que no lo sea. Solamente la dosis determina que una cosa sea o no veneno: *dosis sola facit venenum*».

Un universo distinto

Frente a un mundo visto como un valle de lágrimas y como tránsito hacia Dios, los renacentistas lo miran como objeto digno de contemplación, como un lugar para que el hombre construya en él su morada. Las teorías de Aristóteles (384 a. C.- 322 aC.), quien siglos antes había logrado resumir todo el conocimiento del mundo, ya no serán válidas. Se le acepta como filósofo pero no como poseedor de una verdad absoluta. Atrás quedarán sus teoremas sobre que nuestro planeta era el centro del Universo. Nicolás Copérnico (1473-1543) acabó de arreglar las cosas con su teoría heliocéntrica, desestimando la teoría ptolemaica, estableciendo que el Sol y no la Tierra, estaba en el centro del Universo y que precisamente nuestro planeta, además de girar en torno al astro rey, lo hacía sobre sí misma.

El gran Aristóteles caía en desgracia y con él sus conceptos filosóficos con respecto a que Dios era una entidad o ser perfecto y por tanto debía ser patrón al que debían aspirar parecerse todos los seres del mundo, también los científicos, para ser perfectos. Rematando el tema aparecía el humanista y pensador italiano Giovanni Pico della Mirandola (1463-1494), afirmando que «el destino del hombre no viene de lo Alto, no está determinado por nada material ni espiritual, sino que surge del hombre inocuo». Para este pensador el ser humano era el gran milagro: «El animal admirable cuya grandeza estaba en su libertad». Una libertad que debía utilizar, apoyándose en el conocimiento, para hacerse a sí mismo.

Pico della Mirandola aseguraba que «cuando Dios terminó la creación del mundo, buscó alguien que apreciara el plan de tan grande obra, amara su hermosura y admirara su grandeza; fue entonces cuando creó al hombre y le dio libertad para escoger el camino que quisiera».

Los cambios políticos

Durante este «renacer de la humanidad», lograr acabar con un rival sin dejar huella fue el principal objetivo de los envenenamientos políticos. Los tóxicos corrían de mano en mano no sólo entre papas –que en aquel tiempo eran más políticos que religiosos–, también entre los verdaderos gobernantes, reyes y altos funcionarios de una Europa cada vez más convulsa, plagada de intereses económicos y geopolíticos.

El Renacimiento también genera un cambio de valores políticos. Aparece la imprenta y con ella se expande el saber. Ya no se depende exclusivamente del buen hacer, tantas veces censor, de los monjes copistas de textos. Los humanistas desean que la cultura sea patrimonio de la humanidad. Pretenden dejar atrás las complejas sociedades feudales y defienden un proceso que, sin ser democrático, sea más aperturista.

Maquiavelo.

Maquiavelo (1469– 1527) abogará por la necesidad de crear una gran república universal compuesta por hombres iguales y libres. En su obra *El Príncipe*, dirá que la naturaleza humana es egoísta, vengativa, mezquina, ambiciosa e inconstante. Por eso cree que a través del estado de su soberano se puede garantizar la convivencia entre los hombres. El filósofo y dominico que acabará procesado y condenado por la Inquisición, Tomás Campanella (1568-1639), anunciará que los hombres deben ser todos iguales en el trabajo, sin admitir ningún tipo de esclavitud o servidumbre. Proclama además, el derecho de cada cual a regir su propia vida, pensando y viviendo libremente.

La sociedad cambia. El feudalismo se tambalea. Dios no sirve para todo. Los dogmas, por mucho que vigile la Inquisición, se pasan por alto. La cultura se democratiza con la imprenta y el poder de la Iglesia, sustentado por una parte en sus Estados Pontificios –aquellos que ocupaban media Italia– y por la influencia y presencia cada vez más frágil que ejercía en otras naciones ávidas de conformar sus propios estados, estaba en peligro. Atrás quedaban las Cruzadas, la caza del turco, los negocios en Oriente. Era el momento de pasar a la acción, de tomar el carro de una nueva sociedad imparable. Un mundo que poco a poco desmontaba el «bienestar» feudal totalitario. En dicho contexto histórico, el asesinato, mediante veneno o no, era moneda común y cada vez estaba más democratizado gracias a la aparición de tratados y manuales.

La imprenta no sólo sirve para la filosofía o la religión. Los investigadores en tóxicos verán en ella una forma de plasmar sus investigaciones y hallazgos. Aparecerán textos sobre tóxicos como el del religioso Ferdinando Ponzzeti, quien en 1524 redacta su libro *De venenis*; Santes de Ardoinis redacta en 1592 *Opus Venenis*, obra en la que recoge la historia de los venenos más conocidos, tanto artificiales o preparados con la mezcla de sustancias tóxicas como a los naturales, refiriéndose a animales y plantas. Dicho autor alude también a la *Theriaca* original del citado Mitridates y no pasa por alto un interesante capítulo sobre los denominados «alexifármacos» o antídotos.

¿Qué pensaba la Iglesia de todo aquello? Ciertamente estaba inquieta. La luz, que parecía ser patrimonio sólo del clero, estaba iluminando otras mentes que, si bien eran religiosas o controladas por las instituciones clericales (Copérnico llegó a donde llegó gracias a que su tío el Obispo Ukasz Watzenrode, le pagó los estudios en la Universidad de Cracovia), no siempre eran tan dogmáticas.

Tal vez por ello muchos investigadores tuvieron que tirar de prudencia antes de efectuar según qué aseveraciones. A muchos, como Galileo, les costó un juicio, y a otros, como Servet, queriendo conocer otras visiones de la divinidad, fue condenado por hereje a morir en la hoguera.

Era posible investigar, pero siempre con discreción. Las mejores universidades como Padua, Pisa, Bolonia o Pavía, estaban controladas por la Iglesia que, temerosa y preocupada, no siempre veía con buenos ojos las renovaciones de algunos dogmas firmemente asentados. Además, los mecenas o patrocinadores de la creatividad, el estudio y la investigación, también tenían una estrecha relación con la iglesia y enfrentarse a ella podía ser muy peligroso.

Como vemos, el Renacimiento fue un gran terremoto en todos los campos. Una agitación que podía ser especialmente peligrosa en las esferas de poder.

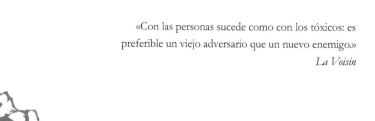

«Con las personas sucede como con los tóxicos: es
preferible un viejo adversario que un nuevo enemigo.»
La Voisin

CAPÍTULO 18
LOS VENENOS DEL NUEVO MUNDO

Con el descubrimiento de América en 1492, un nuevo mundo de creencias, mitos, leyendas y venenos se abre a Occidente. Rodeados del mito y la leyenda llegarán a la ya vieja Europa nuevos productos y sustancias. A priori, muchas de ellas serán tildadas de demoníacas cuando no de venenosas. El tiempo pondrá las cosas en su sitio, pero en parte era cierto: también el nuevo mundo tenía sus tósigos.

Los precolombinos conocían algunas plantas que consideraban sagradas porque a través de ellas se manifestaban sus dioses o antepasados. Eran plantas que también podían ser mortales pero que no son las que llegaron de la mano de los conquistadores. El carácter sagrado y el ritual de uso al que estaban sujetas dichas sustancias provocaron que fueran vetadas a los extranjeros. En cambio, dadas las luchas que produjo la conquista, los venenos que sí conocieron procedían de las armas de los indígenas.

Tósigos de origen animal

Las culturas precolombinas extraían venenos de algunos animales que denominaban *kokoi* en alusión al poder mortal que provocaban. Un ejemplo de ello lo hallamos en el *Phyllobates terribilis*. Su veneno es tan fuerte que para envenenar un dardo sólo hace falta que su punta toque al animal. Para obtener la ponzoña, las culturas americanas no tenían más remedio que estresar o agredir a los animales, ya fuera dándoles ligeros golpecitos en el lomo o rodeándolos de fuego. Al sentirse atacados, los batracios generaban veneno a través de la piel. Dichos tóxicos eran

El chamán invoca a los espíritus para alejar el mal.

recogidos por los mismos guerreros o chamanes (hechiceros) con sumo cuidado ya que el mínimo contacto podría haberles acarreado la muerte.

Veneno ceremonial

Los aborígenes no sólo utilizaban el veneno como complemento de sus armas de guerra. Como sucedía en otras culturas, lo empleaban como anestésico, medicina y herramienta para el tránsito hacia el más allá.

Cuando los españoles llegaron a América se encontraron con un buen número de rituales sangrientos, a cual más desgarrador, pero al entrar en contacto con los mayas de México se les erizó el vello: los muros de los grandes templos, algunas plazas públicas y muchos recintos sagrados estaban llenos de mandíbulas, colmillos, manos, garras, huesos y cráneos, humanos claro. Al preguntar por aquella muestra tan macabra la respuesta siempre era la misma: «trofeos del sacrificio, ya tendréis ocasión de probarlos». Sin embargo, si bien es cierto que muchos de los sacrificados padecían el tormento sin más, muchos otros recibían drogas que atemperaban su dolor y acudían a su ritual de sacrificio en un estadio de inconsciencia tal que parecía que acudían gustosos.

Uno de los rituales caníbales de los aztecas consistía en situar a uno o varios prisioneros al pie de la escalera de los templos. Desde allí, y conforme ascendía la víctima, era fustigada o apaleada, posiblemente con herramientas que contenían sustancias narcóticas que al mezclarse con la sangre hacían que al llegar al último peldaño la víctima ofreciera poca resistencia. Cuando los cuatro sacerdotes la cogían en volandas para situarla sobre el altar de sacrificios, antes de abrirle el pecho y arrancarle el corazón, el sacrificado, todavía vivo, hacía rato que estaba viajando por mundos psicodélicos.

Otra variante del uso del veneno en su aspecto más ceremonial lo hallamos entre los indios cuna de Panamá, donde antiguamente los indígenas, cuando un miembro de la tribu no podía valerse por sí mismo, recibía de manos del chamán un bebedizo denominado *ina nuso* cuyo compuesto principal es la hierba lombricera. Tras administrar el bebedizo, el chamán efectúa una ceremonia convocando a los espíritus nefastos que habitan en el poblado para que posesionen el cuerpo de quien al poco rato morirá.

Podemos entender que dicho ritual tiene una doble finalidad: por una parte realizar una singular eutanasia y por otra un ceremonial que aleja el mal o la adversidad del poblado, ya que al morir el enfermo, también lo harán los espíritus que lo han poseído.

Venenos para pescar

Los botánicos calculan que sólo en la amazonía hay más de 1500 plantas con poderes tóxicos letales y que de estas era común que los pueblos precolombinos utilizaran al menos entre 60 y 80 con fines mágicos, religiosos e incluso para la vida cotidiana, como por ejemplo para pescar intoxicando las aguas. Dicha técnica, que se sigue practicando en la actualidad, recibe el nombre de embarbascar, o lo que es lo mismo, pescar utilizando tóxicos sedantes para los peces. Para ello los pescadores obtenían venenos de distintas plantas de la familia de las *Lonchocarpus*, en especial de la denominada *utilis* y cuyo nombre en aborigen se desconoce, sumamente venenosa, en especial sus raíces. Aprovechaban una zona estrecha de algún río o lago para acotar sus aguas mediante un rústico sistema de embalse. A continuación, lanzaban el veneno y los peces quedaban adormecidos y eran mucho más fáciles de capturar.

Entre los indios piaroas todavía se mantiene la costumbre de recolectar las hojas de la *lonchocarpus nicou*. Dichas hojas se machacaban a fin de obtener un jugo tóxico que se mezclaba con ceniza, después se deja secar al sol y se lanzan al agua. Al cabo de cinco o diez minutos los peces, aturdidos, aparecen flotando.

El poderoso curare

Quizá uno de los elementos que más temor y fama causó entre los europeos fue el curare. Ahora bien, en sus orígenes el curare no era una sustancia concreta sino un grupo de ellas. Los conquistadores llamaban así a todo lo que fuera tóxico y sirviese para envenenar las armas de los nativos.

Una de las primeras menciones al respecto del curare se remonta a 1516. Aparece en el libro *De orbo novo*, redactado por Pedro Mártir de Anglería. En aquel momento, la información tenía más de misterio y subjetividad que de realidad. Es cierto que se hablaba de un veneno pero un tanto mistificado por su desconocimiento.

Los conquistadores del Nuevo Mundo eran atacados por flechas y dardos que habían sido tratados con venenos ante los que poco había que hacer sino aguardar la muerte. Unos paralizaban dejando inutilizada la zona del cuerpo en la que habían impactado. Otros provocaban una muerte rápida y muy dolorosa que venía precedida por manifestaciones urticantes y ahogo. Uno de los pocos datos descriptivos sobre los efectos del curare es el que alude a la muerte del navegante y cartógrafo Juan de la Cosa, quien falleció a causa de flechas envenenadas. Cuando su cuerpo fue hallado presentaba una desmesurada deformación y gran inflamación.

La del curare es una historia de misterio que no se aclarará del todo hasta el siglo XIX. Antes de ello, todo serán especulaciones. El marino y político inglés Walter Raleigh (1554-1618) descubrió una planta a la que llamó *strychnos toxifera*, de cuya raíz debidamente machacada los indígenas obtenían un producto que ellos denominaban *urari*, que era el famoso curare. Lo empleaban, decía el marino, para cazar y envenenar sus armas de guerra.

Años después, el sacerdote y misionero español José Gumilla (1686-1750) dejaría escrito al respecto de dicha sustancia que «La nación caverre, la más inhumana, bruta y carnicera de cuantas mantiene el Orinoco, es la maestra; y ella tiene el estanque del más violento veneno, que a mi ver, hay en la redondez de la Tierra. Solo esta nación retiene el secreto y la fabrica y logra la renta pingüe del resto de todas aquellas naciones, que por sí, o por terceras personas, concurren a la compra del curare, que así se llama: véndese en unas ollitas nuevas, o botecillos de barro».

Con respecto a la composición que maravilló a los conquistadores porque paralizaba sin matar a las piezas abatidas por los cazadores precolombinos, el sacerdote nos indica: «No tiene sabor ni acrimonia especial: se pone en la boca y se traga sin riesgo ni peligro alguno; con tal que ni en las encías, ni en otra parte de la boca haya herida con sangre». Efectivamente, el curare no tiene sabor y no produce efectos si no entra en contacto con la sangre. Ingerido no afecta al organismo, por ello cuando algunos exploradores decían que los indígenas humedecían sus dedos con él y los chupaban para acostumbrarse y hacerse inmunes al tósigo, no mentían. El problema es que no estaban desarrollando antídoto alguno.

La carencia de efectos gastrointestinales debió ser uno de los motivos que hizo que los envenenadores europeos, tan dados a suministrar tósigos bebidos o mezclados con la comida, desestimasen el uso de dicha sustancia.

Pero sigamos con las interesantes aclaraciones del sacerdote que nos cuenta lo letal que llega a ser dicha sustancia: «Toda su actividad y fuerza es contra ella, contra la sangre, en tanto grado, que tocar una gota de sangre, y cuajarse toda la del cuerpo, con la velocidad de un rayo, todo es uno. Es maravilla el ver, que herido el hombre levemente con una punta de flecha de curare, aunque no haga más rasguño, que el que hiciera un alfiler, se le cuaja toda la sangre, y muere tan instantáneamente, que apenas puede decir tres veces Jesús».

Pero ¿qué era realmente el famoso curare? El sacerdote español nos cuenta, siempre con esa mentalidad tan singular de la época, el modo de obtención

Los indios precolombinos aprendieron el uso del veneno con el fin de paralizar y envenenar en sus armas de guerra.

del veneno: «Entre el cieno corrupto, sobre el que descansan aquellas aguas pestíferas, nace y crece la raíz del curare, parto legítimo de todo aquel conjunto de inmundicias: sacan los indios caverres estas raíces, cuyo color es pardo, y después de lavadas, y hechas pedazos, las machacan, y ponen en ollas grandes, a fuego lento».

Dicho proceso de cocción era lento. El cronista indica que pasan horas siempre a fuego tibio hasta que se consigue una pasta ponzoñosa. Se supone que tras una larga cocción la pasta era probada en algún animal para verificar su toxicidad, pero José Gumilla prefiere contarlo de una manera más metafórica, casi mágica, tanto, que merece la pena conocerla para hacernos una idea del pensamiento de la época y de por qué el simple hecho de mentar la palabra curare significaba una expresión de pavor en quien la oía: «Merma la tercera parte del caldo, y condensado ya, grita la desventurada cocinera, y acude al punto el cacique con los capitanes, y el resto de la gente del pueblo, al examen del *curare*, y a ver si está, o no, en su debido punto: y aquí entra la mayor admiración de toda esta rara maniobra. Moja el cacique la punta de una vara en el curare, y al mismo tiempo uno de los mocetones concurrentes, con la punta de un hueso se hace una herida en la pierna, muslo o brazo, donde le da gana, y al asomarse la sangre por la boca de la herida, acerca el cacique la punta de la vara con el curare, sin tocar la sangre, porque si la tocara, y retrocediera, inficionara toda la de las venas, y muriera luego el paciente: si la sangre que iba a salir retrocede, ya está el veneno en su punto; si se queda asomada, y no retrocede, le falta ya poco; pero si la sangre corre por afuera, como naturalmente debe correr, le falta mucho fuego».

No sería hasta más tarde que el naturalista Friedrich Heinrich Alexander (1769-1859), considerado el padre de la geografía moderna, aunque él se definía como botánico, naturalista y químico, efectuaría una descripción mucho más rigurosa y sería la que permitiría que el curare llegase a ser sintetizado e incluso utilizado como anestesia local en 1912. Si bien la expansión medicinal que significó aplicar curare como anestésico no sucedió hasta 1928, cuando fue utilizado por el doctor Francis Percival de Caux (1892–1965), en varios pacientes del Hospital Middlesex de Londres.

Pero volvamos al naturalista alemán Heindrich, que a diferencia del padre Gumilla no tenía tantos prejuicios y cuando entró en contacto con la sustancia quiso desvelar todos sus secretos. En su vasta obra *Viaje a las regiones equinocciales del Nuevo Continente*, originalmente compuesta por 30 volúmenes, indica: «Recogimos la liana, conocida en estas regiones como bejuco de mavacure, que suministra el famoso veneno curare. Este no es un *phyltanth* ni una coriácea… es probablemente un *strychnos*». Merece la pena indicar que de la familia citada por el naturalista es un género botánico compuesto por más de 500 plantas y que muchas de ellas contienen el alcaloide de la estricnina.

Con referencia a la preparación del tósigo, Heindrich indica: «Se empieza a hacer una infusión en frío vertiendo agua sobre la materia filamentosa que es la corteza machacada del mavacure. Filtra un agua amarillenta, gota a gota durante varias horas a través del embudo de hojas. Esta agua filtrada es el licor venenoso, pero no adquiere vigor hasta que se concentra por evaporación, a la manera de melazas en una gran vasija de barro. No existe peligro en probarlo, ya que no es venenoso hasta que entra en contacto con la sangre. Tampoco son peligrosos los vapores que desprenden de la caldera aunque otra cosa hayan dicho los misioneros del Orinoco». Esta última mención sin duda alude a sacerdotes como el ya mencionado que aseguraban que el curare o mejor dicho su preparación era tan peligrosa que se delegaba en personas ancianas que muchas veces morían por culpa del vapor.

Esos alimentos peligrosos

Cuando en 1492 el almirante Cristóbal Colón (1451-1506) entra en contacto con el denominado Nuevo Mundo, efectúa también un descubrimiento agrícola, alimenticio y botánico. El marino realizó cuatro viajes a América, dos en 1492, otro en 1498 y el último en 1502. Con cada ruta portaba el descubridor en sus naves algunos «souvenirs». Lo más notable fue el oro, poco, pero suficiente como para desatar los ánimos colonialistas más especuladores. Lo más singular, esmeraldas, mineral que según los conquistadores españoles servía para vislumbrar el futuro, quitar el mal de ojo y como antiveneno. Decían que al ser introducida en una copa cuyo líquido estuviera envenenado de inmediato aparecería una espumilla delatora en la superficie. Y por supuesto con Colón llegaron nuevos alimentos.

Colón trajo esmeraldas en sus viajes al Nuevo Mundo, ya que, según los conquistadores, servían para vislumbrar el futuro.

Sevilla, campo de investigación

Ante muchos de los productos americanos, la duda no sólo era sobre su uso culinario sino sobre su identidad religiosa. El clero de la época se planteaba: ¿puede un cristiano comer aquello que comen los infieles en el Nuevo Mundo? Una solución a ello fue adaptar ciertos productos en tierra consagrada. No sólo se bendecían las semillas, sino también los campos. De esta forma el vegetal, ya cristianizado, era visto con mejores ojos. Eso sí, antes había que investigar.

La mayoría de barcos que procedían de América atracaban en el puerto de Sevilla. Llegaban nuevas plantas y vegetales que era preciso cultivar, conocer y analizar para extraer el máximo de propiedades. De esta forma nacieron huertos botánicos y grandes zonas de experimentación en las que se estudiaba la forma de poder desarrollar aquellas plantas extranjeras. Ello supuso un notable avance, además de en agricultura, en disciplinas como la botánica y la medicina local, que buscaba en los nuevos productos propiedades terapéuticas a la vez que ponzoñosas.

Ciertas plantas eran tan coloridas o tan «raras» que por poco vistas eran una forma de lucir extravagancia. La pregunta siempre era la misma: ¿se podría comer aquel producto sin riesgo? Ante la duda, los españoles plantaban patatas, tomates y hasta boniatos, pero no para el consumo, sino para decorar. Los más pudientes situaban dichos alimentos extranjeros en bellos tiestos que servían para adornar las ventanas y patios sevillanos, pero no pasaban a sus despensas.

Uno de los productos más singulares fue el tomate. Se calcula que llegó a España en el siglo XVI. Inicialmente se partió de la base que era un veneno, ya que se parecía mucho al tomatillo del diablo o hierba mora. Después, vista la evidente diferencia, se valoró como planta medicinal estudiándose más sus propiedades en farmacopea que en gastronomía.

Los primeros tomates que llegaron a España fueron plantados en el en el huerto del médico y botánico Nicolás de Monardes Alfaro, un reputado galeno sevi-

Destilado de Ayahuasca, una bebida indígena usada en la medicina tradicional sudamericana por muchos pueblos amazónicos.

llano de la época y autor del libro *Historia medicinal de las cosas que se traen de nuestras Indias Occidentales*, publicado entre los años 1565 y 1574 y donde por primera vez se habla del tomate y sus virtudes farmacológicas, dejando de lado que sea venenoso.

Algo parecido al tomate le sucedió al ají criollo: si picaba tanto no podía ser bueno. Sólo el tiempo y las numerosas pruebas botánicas dieron como resultado la aceptación del producto. Un tercer producto que fue considerado como venenoso, más por la vinculación que tenía con dioses paganos y sangrientos que por su composición, fue el maíz. Según los mayas, los dioses Tepeu, Gucumatz y Hurakán crearon al hombre con mazorcas de maíz que luego moldearon para obtener forma humana. Evidentemente, creencias como esas eran insostenibles para la sociedad europea, de manera que tras descubrir que el alimento no era venenoso como se dijo inicialmente, se optó por plantarlo y alimentar con él a las gallinas.

Por último una fruta: la piña, que fue descubierta por Colón en la Isla Guadalupe. Los nativos se la ofrecieron como un alimento casi divino al que le atribuían poderes sobrenaturales. Cuando Colón –que la llamó piña porque le recordaba a la forma que tienen las piñas de pino– la probó, le gustó tanto que no dudó en llevarla a España. En nuestro país pudo más la superstición y la ignorancia que la osadía del paladar. Inicialmente se pensó que era un producto venenoso debido a su forma tan singular. Se llegó a decir que era capaz de transmitir el cólera y enfermedades desconocidas. Sin embargo, con el tiempo, llegó nueva información: los hombres americanos usaban la piña para facilitar la digestión y eliminar el dolor de estómago; las mujeres como agente limpiador y fruta para potenciar la belleza y los guerreros como cicatrizante. Así que, después de tantas buenas noticias, al final, la piña, se ganó su merecido puesto en la mesa.

Los hombres medicina

Al margen de cultos que fueron tildados de sangrientos, demoníacos y por supuesto paganos, varias zonas del continente americano, en especial en el Centro y Sudamérica, existían lo que en su momento fueron denominados «brujos» de la tribu, hombres y mujeres que hoy conocemos bajo el concepto de chamán u hombres medicina.

En Centroamérica destacan las tribus de los huícholes y los mazatecas. En el sur los cunas, waraos, desanas, sionas, achuaras, jíbaros, matsés y los wakuenai. ¿Qué tienen en común? Todos recurren a sustancias psicoactivas que, por extensión, pueden ser tóxicas. Con ellas logran comunicarse con sus dioses, obrar la curación o desarrollar el don de la profecía.

Los chamanes les hablaban a los conquistadores de espíritus que habitaban en las selvas, de árboles mágicos y de plantas sagradas. Los mazatecas del actual México utilizaban hongos alucinógenos cuya recolección era un acto mágico, ya que antes de tomarlos de la naturaleza los chamanes esperaban que fueran bendecidos por los espíritus protectores. Por su parte, los chamanes huícholes, como antaño, siguen recurriendo al peyote, un cacto notablemente alucinógeno. Aunque no es el único elemento tóxico-sagrado empleado en México, donde la datura, que contiene estramonio, se convierte en el vegetal por excelencia para realizar viajes más allá de la conciencia.

Otro de los elementos psicotrópicos especialmente destacado entre el chamanismo es la planta llamada ayahuasca. El nombre de este vegetal en la lengua quechua significa «espíritu (aya) - liana (huasca)». Para muchos es la «soga del muerto», aunque también se la ha llamado «enredadera de la muerte», ya que en realidad se trata de una enredadera que puede crecer hasta el punto de envolver un árbol de hasta 15 metros de altura. Conforme crece, la planta se enrosca sobre sí misma estrangulando al árbol.

La planta en sí presenta una corteza lisa, de una tonalidad que mezcla los verdes con los marrones. Posee flores que pueden abrirse en racimos con colores blancos, lilas o rosados. Pero lo más relevante es su alto poder en alcaloides. Más del 60 por ciento está constituido por la harmina y el resto por alcaloides de la misma familia como harmalina o harmol. Sus efectos suelen ser antidepresivos, por lo que cuando el chamán viaja guiado por la planta, lo hace bajo la alegría y la euforia.

No sabemos cuántos de aquellos productos llegaron a la Europa renacentista. Seguramente, en los inicios del descubrimiento, más bien pocos, ya que la mayoría se fueron conociendo tiempo después conforme proliferaron las exploraciones. Pero el veneno se preparaba para campar a sus anchas por la Europa moderna.

La leyenda negra de los Borgia asegura que Lucrecia era una
envenenadora profesional.

«El que no valora la vida no se la merece.»
Leonardo Da Vinci

CAPÍTULO 19
CON NOMBRES Y APELLIDOS

El pedazo de hoja amarillenta con visos de alarmante transparencia, presenta un laberinto de cuerdas, poleas y ruedas dentadas que encajan a la perfección. El Renacimiento es rico en simbolismo, arte y, como no, venenos y Leonardo su artista más preciado.

La hoja reposa en el interior de una carpeta hecha con piel de vaca, protegida entre sutiles cuartillas de seda azul oscuro. De la hoja, casi toda llena por el dibujo, destacan entre una maraña de trazos y curvilíneas evasivas, unos símbolos escritos en escritura especular que sólo nos ofrecen una información descifrable a través de su reflejo en un la luna de un espejo. Son los nombres y apellidos de quienes vincularon su persona y estirpe a los tósigos para hacer de ellos un sistema de vida o una herramienta de poder. Pero no son los únicos... La lista es casi interminable y se proyecta al futuro ¿un juego más de Leonardo?

La Edad moderna está plagada de personajes populares y mandatarios cuyo nombre acaba por vincularse con el veneno: Borgia, Médici, Tofana, Brinvillers, Orleans... son sólo nombres o apellidos, unos de las víctimas que mueren en extrañas circunstancias, otros de auténticos asesinos, muchos de ellos casi en serie, asociados a los tósigos.

Estirpes de terror y ponzoña

Si aceptamos que la Edad moderna nace con el Renacimiento, los Borgia pasan a ser mención obligatoria en lo que a veneno se refiere. Es evidente que no fueron los únicos en hacer del asesinato, el soborno y la traición una forma de vida, pero quizá sí son los más relevantes y los absolutos pioneros.

Irremediablemente debemos hablar de Alejandro VI y sus dos hijos: Lucrecia y César. Entre los tres conformaron un triunvirato de la ponzoña. Es cierto, sin embargo, que no podemos probar que todos los asesinatos que ordenaron o cometieron tengan la huella del veneno en ellos. Primero porque la investigación anatómica forense de aquel tiempo era poco menos que una quimera, y segundo porque tampoco hay datos suficientemente fidedignos para ello. Pese a dicha aclaración, los Borgia envenenaron a decenas de personas.

El cardenal orgiástico

El personaje principal de esta trama es el cardenal Rodrigo Borgia, nacido en 1431 en una familia noble y rica gracias a los dones y buen trato que había recibido por parte del rey Jaime I el Conquistador, quien les premió por su apoyo en la lucha para la recuperación del reino de Valencia de manos de los musulmanes.

Rodrigo estudió en Valencia, Roma y Bolonia. En esta última ciudad se doctoró en derecho eclesiástico y llegaría a ser poco tiempo después, notario apostólico. Ya desde muy joven recibe la influencia de su tío Alonso de Borja (1378-1458), que gobernaba como papa bajo el nombre de Calixto III, quien cuando Rodrigo contaba con 25 años le nombra cardenal. Antes otro Borgia, su hermano Pedro Luis, había logrado estar al mando de los ejércitos pontificios con el cargo de capitán general. Pero Rodrigo no es un hombre santo.

Como si quisiera emular a Calígula, Rodrigo Borgia ama la disipación romana. Antes de ser papa ya es participante habitual de rituales orgiásticos en los que toma vino mezclado con adelfas alucinógenas y donde según las crónicas de la época gusta de «ser cabalgado a cuatro patas y totalmente desnudo, dejándose llevar por un éxtasis digno de los sátiros griegos». Rodrigo conoce los efectos de la mandrágora y el beleño, también de las *amanitas muscarias*, hogos alucinógenos –amén de venenosos– a los que no hacían ascos en el Renacimiento y que muchos creativos emplearían como método para alcanzar la inspiración.

Al parecer es precisamente en uno de esos encuentros poco dignos para un cardenal a los ojos del siglo XXI pero bastante más tolerado en el XV, donde se enamora de Rosa Vanozza, lavandera para unos, criada para otros y una de las prostitutas más famosas y respetadas de la sociedad romana, habitual organizadora de los encuentros orgiásticos. Con Vanozza, Rodrigo tendría nada menos que cinco hijos, aunque no sería su única amante oficial, tras ella se calcula que vinieron al menos cuatro más, aunque Rosa Vanozza siempre fue su favorita.

Además de por la conducta de Rodrigo, los Borgia o su sombra se hallaban tras la mayoría de escándalos y tramas de corrupción o poder de aquella época. Quizá por eso tras la muerte de Calixto III en Roma se producen varias sublevaciones. Se intenta acabar con los miembros de la familia, se queman sus palacios y el capitán general de los ejércitos papales, Pedro Luis Borgia, debe huir para salvar su vida.

Pero Rodrigo es inteligente y se ocupará de permanecer en segundo plano, aguardando la muerte de quienes le precedieron, los papas Pío II (1458-1464), Pablo II (1464-1471), Sixto IV (1471-1484) e Inocencio VIII (1484-1492). Eso sí, no pensemos que ocupaba su tiempo leyendo pasajes de la Biblia sin más: urdía nuevas alianzas de futuro.

Roma era la capital de los denominados Estados Pontificios, un conglomerado de pequeñas naciones, ducados y reinos que ocupaban casi media Italia y que estaban bajo su jurisdicción, sometidos a la soberanía temporal del papa o jefe de la Iglesia. Aquellas eran

Rodrigo Borgia

unas tierras que daban interesantes beneficios al clero. Rodrigo, como su tío Calixto, sabía que cuantos más amigos y aliados tuviera en las tierras, posesiones, templos, palacios y cortes, más poder tendría al ser papa. Su nombre, no sólo vinculado a extrañas desapariciones, muertes injustificadas y enfermedades repentinas, sino también al papado, era popular. Por ello organizó, siguiendo la estela iniciada por su tío, delegaciones familiares en los puestos de máxima responsabilidad, creando todo un entramado de poder y riqueza.

Cantarella *made in* Borgia

Los Borgia sabían que había asuntos que no podían resolverse con dinero, ya fuera mediante el soborno o la extorsión. A veces era preciso recurrir a métodos más discretos y el veneno era ideal.

Corría la leyenda de la existencia de algo así como una hermandad secreta de envenenadores y asesinos. Se trataba de una de las instituciones de la ciudad-estado de Venecia más poderosas, a la vez que dotada de un halo de leyenda, que era denominado Consejo de los Diez. Algo así como un tribunal que desde su fecha de fundación, en 1310, tenía la misión de coordinar las operaciones de inteligencia del gobierno. Se reunían en sesiones secretas con el dogo, nombre con el que se conoció al principal magistrado de la Republica Veneciana desde el 697 hasta 1797.

En dichos encuentros, los Diez tenían potestad de dictar tanto en Venecia como fuera de ella sentencias de muerte sobre los que no habían sido fieles a la República. Tras ello, al poco tiempo un grupo armado se encargaba de locali-

El Consejo de los Diez.

zar al culpable, estrangularlo y arrojarlo, para escarnio público, al Canal de los Huérfanos.

Pero el Consejo de los Diez tenía en su haber a otros personajes, que según el periodista experto en sociedades secretas Allan von Diermissen, eran «mucho más siniestros. Algo así como una sociedad secreta dentro de la misma sociedad. Buscaban el poder de la iluminación y accedían a él mediante la ingestión de sustancias tóxicas, generalmente de carácter alucinógeno, usando habitualmente opio, cannabis, mandrágora y hongos. Pero también alcanzaban la trascendencia mediante el ayuno ceremonial, la tortura y la sexualidad sagrada».

Este corpúsculo secreto estaba conformado por artistas, botánicos e incluso médicos, alquimistas, esoteristas y miembros del clero. «No podemos probar que Rodrigo Borgia o más tarde su hijo César pertenecieran a dicha sociedad, pero tenía todos los ingredientes para ser un lugar en el que se encontrasen muy a gusto», indica Von Diermissen, y asegura que «a través de dichas personas el Consejo de los Diez llegó a vender servicios de envenenamiento, decantándose con preferencia por el empleo de mercurio, arsénico, polvo de diamante y otras sustancias más populares como acónito».

Los Borgia, que con el tiempo llegarían a contratar los servicios de Leonardo Da Vinci para que averiguase nuevas fórmulas de veneno, querían algo más personal. Si Mitridates había tenido su teriaca o gran antiveneno, ellos deseaban una mezcla que no pudiera fallar.

La hallaron en la cantarella o agua de Peruggia, que no es una sustancia en sí, sino una hábil mezcla de varias. Valga decir que la receta exacta se desconoce, pero que los investigadores apuntan que posiblemente contenía una combinación de «cardenillo», arsénico, vísceras de cerdo y orina.

Con respecto a dichos ingredientes diremos que el «cardenillo» es una sal que aparece en el cobre, uno de los metales que puede hallarse con más facilidad en la naturaleza y que cuando se oxida en ambientes húmedos forma una capa adherente e impermeable de carbonato, que es de color verde y que es altamente venenosa.

El maestro envenenador de los Borgia sólo debía esperar a dicha formación verdosa, luego extraerla del metal y mezclarla con arsénico, que recordemos puede hallarse con facilidad en la naturaleza y que tiene efectos irritantes, tóxicos, corrosivos y parasiticidas. Mezclado con todo ello se depositaba en una vasija, supuestamente de tierra sigillata, la arcilla contraveneno empleada como vajilla, copa o jarra para servir bebidas. Todo parece indicar que el uso de dicha arcilla pretendía que el veneno tomase parte de las propiedades de dicho contraveneno para que pudiera resultar igualmente letal en el futuro.

A la citada vasija se le añadía, además de orín, vísceras de cerdo trituradas. Puede parecernos extraño pero no lo es: además de que los líquidos de la putrefacción disolvían los ingredientes minerales, dichas carnes al pudrirse generaban dos sustancias muy tóxicas: la putrescina y la cadaverina. Tras treinta días de maceración, se procedía a evaporar el líquido restante y se obtenía una sal blanquecina que incluso a dosis muy pequeñas resultaba mortal. Esa era la principal arma Borgia.

El papado al fin

En 1492, tras la muerte de Inocencio VIII, llegó la oportunidad de Rodrigo. Había que elegir un papa y él era un candidato más, ya que el colegio cardenalicio se debatía entre italianos, franceses y españoles. No era cuestión de fe, sino de saber qué papa sería el más optimo para mantener el poder de la iglesia. Roma perdía influencia ante las naciones europeas que se unificaban y cuyos reyes se erigían como gobernantes absolutos, cada vez más lejos de la influencia romana.

Rodrigo Borgia era un hombre rico, de manera que invirtió una pequeña parte de su fortuna en pagar con miles de ducados sobornos, títulos, tierras, etc., a cambio de ser nombrado papa. Lo consiguió. A partir de ese momento la familia debe reorganizarse, pues hay mucho trabajo por hacer.

César Borgia.

Al ser nombrado papa, Rodrigo emplea todo su poder, el mismo que ha ido afianzando al paso de los años a golpe de cantarella, para planificar una ambiciosa política de expansión territorial. Pero claro, necesita dinero, de manera que una de sus primeras medidas es dictar una ley según la cual los bienes de un cardenal fallecido pasaban a engrosar el patrimonio de la Santa Sede.

Es cierto que muchos cardenales eran dados a los excesos y la vida ligera, pero las repentinas y numerosas bajas hicieron que se sospechase de la mano siniestra de los Borgia. Se decía en aquel tiempo que lo peor que podía pasarle a un noble o a un clérigo de cierta relevancia es que los Borgia le invitasen a cenar. La mayor de las veces no ocurría nada, pero otras se producían indigestiones, dolores de estómago, repentinas fiebres o aturdimientos que acababan con la muerte del agasajado.

Rodrigo, que había sido un gran instigador y formador de sus hijos en el uso de venenos, también muere en extrañas circunstancias. Se especula que había contraído la malaria y que las fiebres que causaron su fallecimiento se debían a tan terrible enfermedad. Sin embargo, hacía pocos días que había cenado con su hijo César, apodado por muchos «el traidor» y con el cardenal Adriano da Corneto, anfitrión del ágape.

Singularmente, todos los comensales padecieron una indigestión. Pero César, no sin esfuerzo, se salvó. Algunos investigadores todavía hoy especulan que el objetivo del ágape era acabar con el cardenal Corneto, pero que alguien erró en la distribución de los platos o tal vez cargó alguno más de la cuenta. Se especula incluso que tras ello estaba la orden de César Borgia.

La de Rodrigo no es más que una muerte entre los Borgia. Mucho antes, César Borgia (1475–1507) que había sido obligado a abrazar la fe y casi de inmediato nombrado por su padre cardenal de Valencia, ya había usado el veneno. César no estaba por labores ecuménicas. Lo que le gustaba era el poder, mandar ejércitos, organizar estrategias, pactos entre nobles, tramas… Y lo hizo en cientos de ocasiones aprovechándose de la condición de su padre.

Una de sus presuntas acciones más cruentas fue acabar con su hermano, quien había sido nombrado por su padre capitán de los ejércitos de la Santa Sede y a quien César catalogaba de cobarde. Misteriosamente, el 15 de junio de 1497 aparecía muerto Juan Borgia de Gandía. Su cuerpo inerte, extrañamente inflamado y presentando un rostro ennegrecido y con el cuello rebanado, surcaba las aguas del Tíber. Las sospechas no tardaron en recaer sobre César, de quien se aseguró que había utilizado arsénico para cometer el fratricidio rematando a su hermano con un limpio corte en el cuello, por si acaso. Pero no hubo consecuencias negativas. Aquella muerte le sirvió para que al año siguiente su padre le nombrase capitán general de las tropas de la Iglesia.

Lucrecia, la gran víctima

Tanto César como su padre estaban acostumbrados a salirse siempre con la suya. Tenían efectivos métodos de convicción, y uno de ellos era Lucrecia Borgia, una bella dama a la que casaron y descasaron a conveniencia. A la joven presuntamente la prostituyeron para conseguir favores de altos mandatarios y aún de miembros de la Iglesia y a la que ambos amaban y ambos compartían.

Con sólo 13 años, en 1493, Lucrecia es obligada a casarse con Giacomo Sforza, quien le dobla la edad. Con dicho matrimonio la familia Borgia establece una interesante alianza con los Sforza de Milán. Para no enemistarse con el reino de Nápoles, enemigos de Milán, el papa Borgia casa a su otro hijo Jofré con la hija del rey napolitano Alfonso II. Sólo hace dos años que Rodrigo es sumo pontífice y ya ha logrado una enorme coalición.

Pero el matrimonio de su hija no duró. Los intereses políticos cambiaron y fue anulado mediante la cláusula *impotentia coedundi*, esgrimiendo que el matrimonio no se había consumado. Fuera verdad o no, el papa tenía el supremo poder y era incuestionable. Además, si Giacomo Sforza no hubiera firmado la nulidad hubiera muerto envenenado, o al menos esas eran las instrucciones que tenía César y que su hermana Lucrecia indicó a su marido.

Tras separar a Lucrecia (no existía el divorcio), la vuelven a casar, esta vez con Alfonso de Biscaglie, hijo de Alfonso II. Pero al poco tiempo Lucrecia enviudaría. Su hermano César había ordenado que apuñalasen a su cuñado. Se salvó del ataque pero fue rematado no se sabe si con veneno o mediante un nuevo acuchillamiento mientras Lucrecia, que era quien lo cuidaba en el castillo, se ausentó temporalmente.

Nuevamente libre Lucrecia, fue obligada a casarse por tercera vez en 1501 con Alfonso de Este, el duque de Ferrara. Su familia no quería el enlace, pero los Borgia supieron ser muy persuasivos y se consumó el matrimonio. Pero sólo duraría 11 años, pues en 1512 el duque moriría, enviudando de nuevo Lucrecia.

La leyenda negra de los Borgia asegura que Lucrecia era una envenenadora profesional y que más allá de sus matrimonios que le daban un toque de normalidad a su vida, participaba activamente de la licenciosa vida que tenían su padre y hermano. La misión de ella era, además de convencer con las sutiles armas del amor y la pasión, aplicar venenos cuando por circunstancias no era posible hacerlo en público. Se cree que, además de a la cantarella, recurrió con cierta frecuencia a la adormidera como sedante letal, cuando no al estramonio que aplicaba al estilo romano, esto es ejecutando a sus amantes durante el acto sexual.

¿Qué hay de nuevo, maese Leonardo?

Ésta era una de las preguntas habituales de César Borgia a Leonardo da Vinci al respeto de sustancias tóxicas. Los Borgia entran en contacto con Leonardo (1452–1519) a través de Ludovico Sforza (1452-1508), para quien el maestro florentino trabajaba realizando inventos militares. Se calcula que fue en 1502 cuando Leonardo pasa al servicio de César Borgia, quien espera de Da Vinci su creatividad como arquitecto e ingeniero. Sin embargo, Leonardo era un hombre polifacético, curioso y casualmente amante de la gastronomía. Los Borgia vieron en él un perfecto creador de nuevas sustancias que matasen sin dejar rastro. Así que Leonardo no tuvo más remedio que compaginar sus estudios sobre máquinas de guerra, sus análisis de las fortalezas y castillos de César con trabajar en los fogones.

Los Borgia sabían que Da Vinci había experimentado con venenos, es más, al margen de poner a su servicio a un numeroso grupo de catadores para se sometieran «voluntariamente» a los preparados del genio, le suministraron las sustancias más extrañas que al florentino se le ocurría pedir. Hacía poco del descubrimiento de América y Da Vinci, seguramente más por curiosidad que por un descubrir nuevos tóxicos, reclamaba continuamente productos de aquellas tierras, sin duda con la esperanza de que siendo desconocido su sabor fuera pasado por alto por los catadores.

Leonardo era disperso y si ya tardaba lo suyo en acabar una obra pictórica o escultórica, para un veneno haría lo propio. Se cree que el genio florentino padecía hiperactividad y síndrome de déficit de atención, lo que justificaría sus continuos picoteos con todo tipo de artes y la dificultad para concluir sus obras en los tiempos requeridos.

Una de las primeras sustancias con la que trabajó Leonardo fue la famosa cantarella. El objetivo era que la mejorase haciéndola más mortal y discreta, pero a él no le convencía trabajar con preparados de otros. Se decantó por la cicuta, pero le resultaba «ofensiva al aroma, capaz de alterar el perfume de un buen guiso». Descartó el arsénico por parecerle demasiado burdo. Investigó los componentes más mortales que formaban parte de la teriaca, intentando la forma de elaborar con ellos una salsa que «sea mortal pero deje un regusto de alegría mientras pasa por el paladar». Recuperó un preparado tóxico que ya había descrito Dioscórides con el nombre de Oleomiel y que se supone era una mezcla de ruda siria con miel. Tenía un potente efecto analgésico, pero lo que pretendían los jefes de Leonardo no era un letargo temporal. Tampoco servía.

Con tantos miramientos y exquisiteces, los Borgia, mucho más acostumbrados a pasar a la acción, se ponían nerviosos. Más cuando llegó el momento de envenenar a uno de los miembros del colegio cardenalicio, el cardenal Mileto, uno de los pocos que acusaba públicamente al papa Borgia de «tener una vida escandalosa, participar en orgías y organizar actividades contrarias a la Iglesia como la celebración de las antiguas fiestas paganas del año nuevo o fiesta de la castaña; comiendo, bebiendo y tomando hierbas y brebajes que producen visiones como si se estuviera en un gran aquelarre».

Seguramente el anterior comentario molestó a los Borgia, pero ese no era el motivo para eliminarlo. El papa Alejandro VI se estaba haciendo mayor, padecía achaques y desde hacía tiempo las altas esferas vaticanas estaban creando nuevas estrategias para

Leonardo Da Vinci.

cuando fuera necesario sustituirle. Miletto pertenecía, por decirlo de alguna forma, al grupo de la oposición gobernado por el cardenal Giuliano della Rovere, quien en 1503 tras la muerte, ponzoñosa o no, de Alejandro VI sería papa y gobernaría la Iglesia con el nombre de Juliano II. Era un hombre que odiaba a los Borgia porque veía cómo a través de sus pactos y negocios estaban despojando el patrimonio de los Estados Pontificios y engrosando el suyo propio.

Los Borgia eran conscientes de la fama que tenían y sabían que cuando invitasen a Milleto a una cena para negociar, el cardenal se presentaría con sus catadores, de manera que apremiaron a Leonardo para hallar, sin más miramientos, un veneno perfecto.

El maestro florentino aseguró que podía preparar un delicioso plato de pescado a la crema de eneldo, pero a César Borgia, que tanto le daba carne que pescado, lo que le interesaba era el resultado final. Leonardo lo tenía todo previsto: había conseguido una planta perfecta, efectiva y mortalmente discreta que no actuaba de inmediato, con lo que daba tiempo a que el envenenado muriese plácidamente en su casa.

Si hacemos caso a la leyenda, pues la historia más bien parece una anécdota que algo con trasfondo real, Leonardo había probado a darle un poco de pescado con salsa de eneldo e ichigua al gato de Lucrecia y éste había muerto. Ello confirmaba que el veneno era efectivo.

Cuando llegó el momento de la cena todo era perfecto. La escena debió ser más o menos así: El ambiente era tenso. En el comedor, además de Milleto y sus catadores (se supone que dos) estaban César, Lucrecia y Rodrigo Borgia junto a sus catadores. Les acompañaba como invitado especial Leonardo da Vinci, que estaba allí en calidad de artista.

La cena discurría con normalidad. Los catadores de Mileto aceptaban los platos y el cardenal comía tranquilamente hasta que llegó el plato fuerte preparado siguiendo las indicaciones de Leonardo. Todos estaban expectantes. El catador dio el visto bueno y Milleto tomó un pedazo de pescado bien untado en salsa. Tragó y de inmediato cayó fulminado y se puso morado. Al ver aquello, seguramente César le dijo a Leonardo que no se pretendía rapidez sino efectividad. Sin embargo, Leonardo no tenía culpa alguna, en ese momento de confusión aparecía el gato de Lucrecia, que más que muerto había sido narcotizado por el ichigua. El felino comió con avidez los restos de alimentos esparcidos por el suelo y luego abandonó la sala. Nadie se lo podía explicar, pero era bien sencillo: Milleto no había muerto a causa del veneno, que no era tal, sino ahogado por una espina atravesada en su garganta.

«Un poco de veneno, endulza tus sueños.
Demasiado... te mata.»
Cagliostro

CAPÍTULO 20

DE LOS MÉDICI A LAS MADAMES VENENOSAS

Lejos de atemperarse los ánimos del asesinato por tóxicos tras la caída en desgracia de los Borgia y el final de su poder, se acentúan con los Médici, una de las familias más poderosas e influyentes del Renacimiento florentino. Amaban el arte y la arquitectura, patrocinaron a decenas de artistas, Donatello y Miguel Ángel entre otros. Coleccionaron obras de arte que hoy podemos contemplar en la Galería Ufizzi y alentaron investigaciones en medicina y cirugía.

Por supuesto, los Médici también tuvieron vinculaciones con el más alto poder: tres miembros de su familia llegaron a ser papas: León X, que gobernó la Iglesia de 1513 a 1521; Clemente VII, papa de 1523 a 1534 muerto por sobredosis de polvo de diamante; y León XI, conocido con el sobrenombre de «el papa relámpago», pues sólo estuvo sentado un par de semanas en el trono de San Pedro, muriendo de forma repentina tras sentirse mal…

Además de sumos pontífices, los Médici situaron a varios miembros de su familia en las altas esferas de poder de Florencia, así como en las casas reales de Francia e Inglaterra.

Los tósigos Médici

Tal vez el personaje que más destaca dentro del uso del veneno es Catalina de Médici (1519 –1589), hija de Lorenzo II de Médici (1492-1519). La primera sospecha sobre dicha mujer acontece al morir en 1536 de forma repentina y en circunstan-

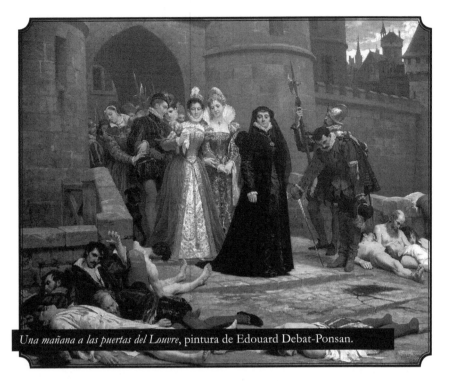

Una mañana a las puertas del Louvre, pintura de Edouard Debat-Ponsan.

cias dudosas, Francisco, duque de Bretaña y delfín del rey de Francia Francisco I. Tras el fallecimiento de su cuñado, Catalina, que estaba casada con el segundo hijo del rey, Enrique de Orleans, se convertía automáticamente en delfina de Francia y además, dada la vacante, en duquesa de Bretaña.

En 1547 muere el rey Francisco I, por lo que el marido de Catalina se convierte en rey y ella en reina. En la corte se decía que quien gobernaba realmente era ella y que fue la que ordenó la ejecución de su marido, a quien sin embargo amaba profundamente y con el que tuvo diez hijos.

La realidad es que el rey había muerto por accidente, participando en un torneo en el que se enfrentaba a su buen amigo y capitán de la guardia Gabriel de Montgomeri. Éste último tuvo la mala fortuna de clavar su lanza en el ojo del rey. Aunque el monarca, que estuvo agonizando varios días le perdonó y ordenó que no se tomasen medidas contra él, tras la muerte del rey Catalina de Médici se ocupó de ordenar su destierro.

Al morir Enrique II, es sucedido en el trono por su hijo Francisco II. Catalina se ocupa de labores menores y, siempre según los cortesanos, trabaja en silencio, en segundo plano, ordenando envenenamientos de quienes la molestan. Ella pretende seguir gobernando, porque al fin y al cabo su hijo es un crío que alcanza el trono con 16 años y que quiere el destino muera a los pocos meses de convertirse en rey.

La versión oficial es que padece una grave otitis infecciosa. Catalina le ordena al médico de la corte, Ambrosio Pare, que le practique una trepanación a su hijo, no sin antes darle algún calmante, que en este caso debe ser un tósigo en dosis moderadas que mitigue el dolor de la operación. Lamentablemente Francisco no supera la cirugía y muere.

El siguiente en el trono de sucesión es su hermano Carlos, quien al tener sólo diez años no podrá gobernar. Así que Catalina de Médici se ve otra vez en la obligación de tomar las riendas del reino hasta que su hijo pueda sustituirla.

Son diez años de notable actividad política en los que Catalina, de fe católica, tiene que lidiar con las guerras religiosas que padecerá Francia, una contienda entre protestantes y católicos. Se le acusa, aunque no se ha podido demostrar, de que ella fue la que ordenó la denominada matanza de la Noche de San Bartolomé.

Luego de tres guerras de religión, Catalina, en un intento de buscar una paz más duradera, concierta el matrimonio de su hija Margarita con el príncipe protestante Enrique de Navarra, un evento al que acudirían cientos de hugonotes. La noche del 24 de agosto de 1572, las autoridades de París son convocadas a palacio por orden de la reina para lo que se ordena se cierren todas las puertas de la ciudad. Los invitados de la boda, los protestantes, están reunidos en el Palacio de Versalles. A una hora prudente suenan las campanas de San Germán-Auxerrois, la iglesia de los reyes. En ese mismo momento los nobles protestantes son expulsados del palacio. En las calles, la población, que ha sido armada convenientemente, acaba con ellos. Se calcula que fueron asesinadas unas 3000 personas aquella noche.

Claro que, ese mismo año, Catalina había ordenado el asesinato de su consuegra, la reina de Navarra, también protestante, Juana III de Albret (1528–1572), a quien como gentileza envió unos guantes envenenados. Se supone que el tóxico, por fuerte que fuera, no podría pasar al interior del organismo a través de la piel de las manos. El objetivo, mucho más sutil, es que hiciera efecto cuando la reina se los quitase para llevar sus dedos a la boca. El enviado de la reina Catalina sabía qué hacer. Primero entregó los guantes y la reina se los puso. Después se le ofreció un segundo regalo, una exquisita e inocente crema de queso fresco francés. El catador dio su aprobación y la inocente Juana insertó su dedo en ella. La suerte estaba echada.

Con la muerte de Juana III, ascendió al trono de Navarra Enrique III (1553-1610), quien gracias a haberse casado con Margarita de Valois, la hija de Catalina de Médici, llegaría a ser rey de Francia entre 1589 y 1610 con el nombre de Enrique IV. Él también estuvo a punto de morir tras pasar varios días deleitándose con la lectura de un libro regalado por su suegra Catalina de Médici, una obra debidamente emponzoñada en las páginas más vistosas que, para ser pasadas, requerían del debido humedecimiento de un dedo. Pero tuvo suerte y salvó su vida. En cambio, quien sí leyó el libro con fruición fue Carlos IX. A su muerte, y para acallar los rumores de envenenamiento, el médico real Ambroise Pare se apresuró a hacer la autopsia certificando que el rey había fallecido de pleuresía.

También en Italia

No podemos concluir el repaso por la muerte y la presencia de tóxicos en la vida de los Médici sin volver a su tierra de origen para conocer otro episodio de envenenamiento.

Era el 8 de octubre de 1587. Francesco I de Médici (1541-1587), gran duque de Toscana, tenía 46 años y gozaba de buena salud. Había estado disfrutando de un día de caza. Al volver a palacio tenía fuertes dolores abdominales. Al cabo de pocas horas su esposa Blanca, de 39 años, presentaba la misma sintomatología. Tras once días de agonía el heredero de la familia Médici moría en extrañas circunstancias. Horas después lo hizo su mujer.

Se acusó de urdir la muerte de los duques al hermano de Francesco, el entonces cardenal Fernando I, quien con la muerte de ellos heredaba la corona ducal en 1587. A fin de limpiar toda acusación, Fernando I ordenó una autopsia «imparcial». Se determinó que los fallecidos habían muerto a causa de una malaria perniciosa. Asunto cerrado.

Pero en mayo de 2005 se descubrió en la iglesia de Santa María de Bonistallo, en Florencia, un relicario que contenía restos de vísceras humanas. Los estudios de ADN determinaron que habían pertenecido al hígado de Francesco I, en el que se encontraron restos más que suficientes para provocar una larga y agónica muerte.

Por todas partes y a todas horas

Los Borgia y los Médici consiguen revitalizar un antiguo oficio, el de catador. Con la llegada de la Edad Media, el esplendor de los catadores romanos se apagó de forma generalizada. Sólo algunos reyes y unos pocos nobles disponían de catadores. En cambio, con el Renacimiento se vuelve a poner de moda en los Estados Pontificios primero y en las clases más altas de las sociedades europeas después.

En la era moderna se heredan los antídotos medievales, como el uso de platos o copas mágicas, unos elaborados con tierras y barros especiales que evitan el poder del tóxico y otros, como las copas de cristal de Venecia, que supuestamente explotan al introducir tósigo en ellas. Además, se siguen usando las piedras mágicas, los amuletos y talismanes de tiempos pasados, cobrando especial fuerza el uso del unicornio.

A sabiendas del uso criminal que se hace del veneno y dado que, pese a los tímidos avances en materia de autopsia, se desconoce la forma efectiva de detectar un tóxico, además de a catadores se recurre al uso de perros. Los animales cumplen el papel de catador. Bastaba con lanzarles un pedazo de comida para entender que su rechazo significaba alta peligrosidad. Claro que a veces el perro comía el producto, en cuyo caso era preciso esperar resultados.

Por su parte los médicos intentaban descubrir nuevas fórmulas para despojar del poder a los tóxicos. Creaban antídotos que, como ya hiciera Crateuas, daban a

probar a los presos aunque con algo más de humanismo. Se recurría a los condena-
dos a muerte y se les ofrecía salvar su vida, es decir obtener la libertad, si superaban
la prueba del tóxico. Los que aceptaban ser conejillos de indias primero tomaban
el veneno y después recibían el antídoto. La mayoría morían padeciendo tal agonía
que los médicos, apiadándose de ellos, se veían en la obligación de ordenar a los
carceleros acelerar el proceso de muerte. Sin embargo, algunos lograban sobrevivir.

De nuevo los unicornios

Al igual que sucedió en la Edad Media, los renacentistas, pese a ser menos supersticiosos, al menos en teoría, se refugian en los antiguos mitos y en las tradiciones
caballerescas para encontrar el mágico animal que todo lo puede. El cuerno de este
caballo mitológico, al que denominaban alicornio, era el tesoro más ansiado y, por
extensión, más falsificado.

Reyes, nobles y hasta papas cayeron en la superstición que aseguraba que una
copa de cuerno de unicornio o incluso un poco de limadura de su pezuña en una
bebida garantizaba la salubricidad de la misma. Además consideraban que los productos derivados del unicornio proporcionaban salud, bienestar y una relevante
fuerza viril. Pero el alicornio era muy caro y como la demanda era notable, la pica-
resca hizo que se pusieran de moda falsos alicornios que procedían de toro, buey
e incluso cabra.

Una forma de asegurar que el producto era bueno y por tanto que evitara el poder de los tósigos era poner un cuerno en un recipiente lleno de escorpiones. Si los
arácnidos se inquietaban o incluso morían, el cuerno era bueno. Otra modalidad
era alimentar perros con cualquier veneno y luego darles un poco de miel o queso
mezclado con polvo de alicornio. Si no morían en pocas horas, el producto era
bueno. Pero quizá una de las pruebas más divertidas, al menos a nuestros ojos, era
aquella en la que con la ayuda del cuerno se trazaba un círculo en el suelo y después
se ponía una araña a su lado. Si el cuerno era bueno, la araña huiría de inmediato.

Es de suponer que todos los cuernos de unicornio eran falsos, básicamente
porque a día de hoy, pese a que Plinio el viejo describiese a criaturas similares en
sus tratados, sabemos que no existen. De manera que es fácil evaluar las pruebas a
las que se sometían dichas cornamentas o polvos de pezuña. Sin embargo, siempre
hubo incautos como por ejemplo Elisabeth I de Inglaterra (1533-1603), que llegó
a pagar unas 3.000 onzas de oro por un «auténtico» cuerno del fabuloso animal.
Para que nos hagamos una idea de la suma, equivalía a comprar un gran terreno
con un pequeño castillo.

Claro que Elizabeth no fue la única en «picar». Otro tanto le sucedió a Enrique II
de Francia (1519-1559), que en 1553 conoció a un reputado alquimista –cuyo nombre se desconoce– que le convenció de la necesidad de adquirir un cuerno de unicornio valorado en un precio similar al comprado por la reina inglesa. Algo más cara aún
–15.000 piezas– le salió una singular taza antiveneno elaborada en oro, en cuya fundi-

ción se había mezclado sangre de unicornio. Una taza que además de incrustaciones de una delicada filigrana de orfebrería, poseía un trozo del mítico cuerno y, claro, era capaz no ya de neutralizar los tóxicos, sino de dar vitalidad a quien bebiese en ella.

Por último, y como muestra de que también en la Iglesia se creía en temas mágicos, hablaremos del sumo pontífice Pablo III (1468-1549), que pagó nada menos que unas 12.000 piezas de oro (otras fuentes citan «sólo» 10.000) por un cuerno genuino. O no lo supo usar o no le sacó el partido esperado cuando encontró la muerte repentina, y un tanto sospechosa, falleciendo tras padecer convulsiones y terribles fiebres.

Un temor justificado

Si había catadores, buscadores de remedios, cazadores de unicornios y preparadores de amuletos mágicos no era por casualidad. La estela iniciada por los Borgia continúa con las actividades de Catalina de Médici y parece imparable.

En Nápoles, en el siglo XVII, las altas esferas se acostumbran a un nombre: Toffana, supuesta envenenadora que al más puro estilo de la Locusta romana ha inventado un producto indispensable para quitar de en medio, de forma discreta, a los enemigos. Su obra magna es el *acqua di Toffana*, también conocida como *acqueta* o *acqua di Napoli*. Se calcula que unas seiscientas personas murieron por culpa de dicho producto.

Lo poco que se sabe al respecto de dicho brebaje es que Teofanía d'Adamo supuestamente oriunda de Sicilia, fue juzgada en 1633 por decenas de cargos de envenenamiento. Su producto era insípido, transparente y fácil de confundir con el agua.

Acqua di Toffana.

Se desconoce cuál era la composición exacta del «agua». Se supone que se trataba de polvo de arsénico aunque la envenenadora aseguraba que en realidad era un preparado medicinal elaborado a base de inocentes plantas que, si bien en algunas personas producía rechazo (era alergénico), la mayoría lo tomaba sin más problema. Defendía la envenenadora que una de las plantas que empleaba en su preparado era la cimbalaria, que efectivamente no es tóxica sino tónica y diurética y que ya se recetaba en la Edad Media como remedio contra una misteriosa enfermedad que padecían los marineros y navegantes medievales denominada «la peste de las naos», que hoy conocemos como escorbuto.

Realmente el problema con que se encontraron los juristas es que el agua de Toffana no siempre funcionaba igual. Dependía de la dosis o de la interacción con otros productos, muchos de ellos medicamentos. Así, entre los cargos contra Teofanía D'Adamo se presentaron desde testimonios sobre personas que habían muerto de inmediato a otras que habían padecido largas agonías luego de recuperaciones y recaídas inexplicables.

Toffana fue juzgada y con su ejecución se llevó uno de los más preciados secretos a la tumba: la realidad su producto, el mismo que tiempo después volvería a surgir entre los corrillos de la rumorología al respecto de un genio, Mozart, y su muerte por presunta ponzoña. Acqua de di Napoli dijeron unos, aunque todo parece indicar que lo que le mató fue la triquinosis.

Las madames del veneno

Toffana y Catalina de Médici no son una excepción. Al contrario, serán quienes inicien, quienes inspiren, a todo un grupo de mujeres que causarán furor tóxico en la nobleza y cortes francesas. Sin embargo, antes de penetrar de lleno en ellas, viajaremos un momento a Inglaterra, donde sus miembros de sangre azul tampoco se libraría de la ponzoña.

El asesinato de la princesa

El 29 de junio de 1670, Enriqueta Ana Estuardo de Inglaterra (1644-1670) tiene sed. Uno de sus criados le facilita un refrigerio. Se trata de un vaso de helada agua de achicoria, un refresco que, en teoría, dadas las propiedades de la planta, pretendía ser depurativo tónico y estomacal. Pero a la princesa hija del rey Carlos I de Inglaterra no le sentó bien la bebida. Al poco rato se quejó de un terrible dolor en el estómago. Decía sentir que algo la aguijoneaba por dentro.

La joven Enriqueta padeció terribles dolores durante varias horas y finalmente murió. ¿Quién podía desear su muerte? Durante mucho tiempo se especuló que había sido uno de los amantes de su marido Felipe I de Orleans (1640-1701), el segundo hijo de Luis III de Borbón, rey de Francia y Navarra. Felipe I era abiertamente homosexual, gustaba de pasearse por la corte muy empolvado, con tacones y rodeado de un ejército de jóvenes mancebos. Fue obligado a casarse con su prima hermana Enriqueta para estrechar los lazos entre Francia e Inglaterra. Con ella tuvo cuatro hijos, aunque su vida marital era mínima. Sus amantes eran muchos y las malas lenguas de la corte indicaban que la presencia de ella resultaba molesta. Seguramente, más que por un amante despechado, el asesinato pudo ser encargado por el mismo marido. Su mujer estaba manteniendo relaciones demasiado íntimas con el conde de Guiche, cuyo padre, el mariscal-duque de Gramont, que era amante de Felipe, desaprobaba manifiestamente, hasta el punto de romper varias veces la relación con él.

Las madames venenosas

Luis XIV, sabedor del uso que parecía hacerse del veneno en toda Europa, decidió tomar medidas serias contra su uso. A él se le debe la creación de la *Chambre Ardiente*, un tribunal secreto compuesto por investigadores especializados en envenenamiento que llegó a detener y juzgar a más de cuatrocientas personas acusadas de practicar crímenes usando los tósigos. Tan efectivo era el tribunal que incluso investigó en secreto al monarca, a quien se le culpaba de haber instigado el asesinato, también con veneno, del duque de Baviera, un niño de 7 años que al salir de escena favorecía al nieto del rey, el futuro Felipe V.

Nada pudo probarse, pero gracias a dicho tribunal, dejaron de ser impunes personajes como los que veremos seguidamente. Gracias a los sabios, que se reunieron por primera vez de forma oficial el 10 de abril de 1679 –aunque hacía ya algunos años que sus investigadores estaban recopilando información–, podemos tener acceso a la biografía delictiva de personajes que por derecho propio pertenecen al macabro «top ten» de los envenenadores más prolíficos de todas las épocas.

La amable marquesa

Comenzaremos el que será un pavoroso recorrido por el uso de tóxicos con fines malévolos con Marie Madeleine, la Marquesa de Brinvillers (1630-1676), popular en su tiempo por ser una de las mujeres más dulces, cariñosas, románticas y amables de la alta sociedad. Sin embargo, llevaba una vida oculta. La historia más siniestra de la dama relata que esta noble francesa fue amante de varios esoteristas y que entre ellos la amó con pasión un extraño alquimista obsesionado por encontrar la fórmula de la inmortalidad. Para ello, probaba absolutamente de todo: raíces, plantas, sustancias alucinógenas y... cadáveres humanos. Se dijo de ella que era una bruja, que había pactado con el demonio e incluso que pertenecía a una sociedad secreta. La realidad era otra, aunque no por ello más halagüeña: la marquesa era una activa envenenadora.

Su carrera se inicia cuando su padre, el secretario de estado, desaprueba la relación de la entonces adolescente Marie con el alquimista. Tras descubrir que se ven en secreto, el padre ordena prisión para el amante. Marie Madeleine jura venganza, pero quiere que sea dolorosa, de manera que durante ocho meses logra que su padre enferme una y otra vez gracias a suministrarle pequeñas dosis de arsénico. Su padre murió, pero aquí no acaba la historia de la marquesa, porque también asesinó a sus dos hermanos pequeños. La versión oficial fue que los había matado en un ceremonial de índole satánica.

Otro tanto sucedió con la hija de la marquesa. Padecía convulsiones, seguramente de carácter epiléptico. Su madre estaba convencida de que en realidad padecía una posesión infernal. Ni corta ni perezosa decidió exorcizarla utilizando arsénico. La niña murió.

Experimentando con venenos

La mente enferma de la Marquesa de Brinvillers tenía dos obsesiones: los venenos y el esoterismo. A través de ellos, creía perpetuar su energía vital y hallar una fórmula que la llevase a la inmortalidad. Y por otra parte veía en los tóxicos una herramienta esencial para dar muerte a quienes según ella «molestaban», personas involucionadas, de energía pobre, de espíritu mundano. Seres que, en definitiva, era mejor que estuvieran lejos de este mundo, que se reunieran con sus antepasados en el más allá.

Ahora bien, todas esas creencias extrañas, cultos un tanto turbios y ceremonias sangrientas, quedaban disimuladas por la notable obra social de la marquesa, visitando a enfermos y ayudando a los desvalidos. La mujer, con la ayuda de sus criados, con los que en ocasiones experimentaba la toxicidad de sus productos, preparaba pasteles, galletas, magdalenas y bizcochos. Eso sí, todos debidamente aderezados con diversas sustancias, una repostería letal que junto a licorcitos aromáticos y digestivos que también estaban envenenados, la marquesa distribuía por los hospitales o casas más pobres.

Marie Madeleine no era una asesina por pulsión. A su manera, tenía una filosofía y un objetivo que para ella daba sentido a sus crímenes. Creía que debía limpiar la raza humana, purificarla, y para ello casi a diario visitaba los hospitales, los conventos que albergaban a enfermos o las casas y barrios pobres donde la enfermedad era el pan nuestro de cada día. Allí buscaba a sus víctimas. Al parecer, se sentaba junto al lecho de muerte, visualizaba el espíritu interior de su futura víctima y si lo que veía no le parecía adecuado, le servía un poco de vino templado o unas galletitas. Por supuesto, al poco tiempo aquellas personas morían.

La detención

Por suerte para la marquesa, durante todo el tiempo que operó no levantó sospechas. Era una señora elegante, delicada y cariñosa que ayudaba a los enfermos. Que estos muriesen, dadas sus condiciones, casi siempre era normal, por lo que ¿quién podía pensar que la marquesa había acelerado el proceso de lo inevitable?

Pero fue en 1676 cuando Marie Madeleine fue detenida después de que su marido hallase un laboratorio secreto lleno de botellitas con varios venenos, entre ellos agua de toffana, belladona y cicuta, dos de las plantas esenciales de las brujas, así como arsénico. Encontró anotaciones sobre algunos de sus crímenes y cartas personales. Además, contó con el apoyo de un antiguo criado que, pese a haber sido envenenado, no murió como la marquesa creía. Con todos esos datos, logró que su esposa fuera investigada y que incluso Luis XIV ordenase su arresto.

La marquesa fue encarcelada y torturada durante largos días, pero en lugar de confesar negó todo lo que se le imputaba echándole el muerto –nunca mejor dicho– a su amante alquimista. Sin embargo, ya desesperada y sabiendo que posiblemente moriría igualmente, encontró consuelo en un sacerdote que, escuchándola en confesión, obtuvo toda la información que la llevó a la muerte.

La marquesa de Brinvillers tuvo distinción y rango de poder hasta justo antes de morir. Fue vestida con un camisón blanco y expuesta públicamente para que confesase lo que había hecho. Caminó por entre las gentes que la increpaban llevando una cruz en una mano y un cirio blanco en la otra. Finalmente, llegó al lugar donde tenía que ser ejecutada. Al ser noble, se autorizó una decapitación y luego quemaron su cuerpo en la hoguera. Así acabó su historia, pero su mito no había hecho más que comenzar.

Los asesinatos de La Voisin

Su verdadero nombre era Catherine Deshayes (1632-1680), pero en círculos de carácter conspirador y esotérico recibía el nombre de Madame La Voisin. Esta mujer apareció en escena como por casualidad, ya que si algo la caracterizaba era la prudencia y discreción con que acometía todas sus acciones. Sucedió, sin embargo, que las pesquisas de los investigadores que por orden del rey analizaban la estela del veneno criminal efectuaron varias detenciones de mujeres, supuestamente envenenadoras, y todas acabaron por dar como nombre común el de la mujer que las había formado y a la que no sólo consideraban una suma sacerdotisa, sino también su maestra.

Contemporánea de la marquesa de Brinvillers —se supone que incluso pudo participar en alguno de sus rituales de índole satánica—, era una de las mujeres que, desde la sombra, suministraba venenos, recetas y pócimas, tanto de amor como de muerte. Se afirmaba que, además de astróloga y lectora habitual de los posos de té y café, practicaba la nigromancia y tenía conocimientos de botánica.

Cuando fue detenida, La Voisin tenía preparado un curioso documento que pensaba hacer llegar a manos del rey a través de sus contactos con las damas de la alta sociedad francesa. El contenido seguramente era lo de menos. Se trataba de una carta donde se efectuaban solicitudes sin importancia. La relevancia del documento estribaba en que todo el papel estaba impregnado de veneno. En algún momento el rey llevaría sus dedos a la boca ingiriendo el tósigo.

Al iniciarse las investigaciones sobre La Voisin, resultó que casi todo el mundo, incluso de las más altas esferas políticas, la conocía. «La abortista», «la bruja», «madame arsénico», eran algunos de sus múltiples alias. Era común recurrir a ella para interrumpir embarazos, curar extrañas dolencias, algunas mágicas como el mal de ojo, eliminar el poder seductor de ciertos amantes a los que primero «apartaba» con artes mágicas y para los que después preparaba pócimas tóxicas. Sus servicios habían sido requerido incluso por algunos miembros del clero. Curiosamente, tras su detención, se determinó que cuanta menos publicidad se diera a su caso mucho mejor. El motivo parecía sencillo: había demasiados implicados notables, nobles terratenientes y hasta magistrados.

¿Quién había destapado el rastro de esta cruenta envenenadora? La respuesta está en madame Bosse, una de las mujeres que había delatado a La Voisin. Sobre ella recaían varias sospechas de asesinato por envenenamiento y de prácticas satánicas. Además de ser detenida, su casa fue sometida a varios registros en los que se encontró además de abundante material que presuntamente tenía que ver con cultos satánicos y de adoración al diablo –cabellos, uñas, dientes de animal y objetos de culto–, que quizá habría sido lo menos peligroso. Pero en sus alacenas se hallaron escorpiones, cantáridas y venenos de serpiente. También piedras benzoar, así como preparados elaborados a base de mandrágora, ar-

Catherine Deshayes.

sénico y belladona. La detenida arguyó en su defensa que todo aquello era material que ella utilizaba para entrar en catarsis. Pero tras varios días de interrogatorio acabó por denunciar a su maestra La Voisin, diciendo que todo lo que hacía era ordenado por aquella. Declaró que dicha mujer había envenenado por lo menos a cuatro esposos de damas respetables, entre ellas madame Dreux, prima de uno de los jueces instructores de París y madame Leféron, viuda tras la intervención de La Voisin del presidente del Parlamento.

Claro que aquellas bellas y distinguidas damas no habían sido las únicas en cometer asesinato mediante los tóxicos que proporcionaba madame La Voisin. Conforme se incrementaba la presión policial y aumentaban las mujeres detenidas, aparecieron otros nombres igualmente ilustrativos, como la vizcondesa de Polignac, la duquesa de Angulema –que además era prima del rey–, el conde de Cessac, el conde de Clermont-Tonnerre, la camarera de la Marquesa de Montespan, la duquesa de Vivonne, cuñada de la anterior, Olimpia Mancini, condesa viuda de Soissons y sobrina del difunto cardenal-duque de Mazarino.

Los investigadores de la época calcularon que La Voisin practicó unos 2000 abortos, de los cuales, casi un 30 por ciento habían acabado en dramáticas circunstancias para las madres. La Voisin las adormecía con opio, beleño o estramonio, pero no siempre con la dosis adecuada. Además, dadas sus creencias satanistas, la asesina sacrificaba, en honor al diablo, a decenas de niños que eran raptados de sus casas mientras alguien sedaba con tóxicos a sus madres. Tanta afición tenía la criminal por los recién nacidos que incluso cuando su hija dio a luz ocultó a su hijo por miedo a que fuera sacrificado. Todo ello sin contar que La Voisin había creado

Ejecución de La Voisin el 22 de agosto de 1680.

escuela, organizando varias hermandades de su sociedad secreta satánica donde los venenos corrían como el vino. Había preparado tónicos revitalizantes que en realidad eran mortalmente tóxicos para unas 4.000 personas que de una u otra forma habían contratado sus servicios o los de sus secuaces.

La Voisin fue torturada y posteriormente quemada viva en 1680. Su delatora, madame Dreux, salvó la vida siendo condenada a cumplir cadena perpetua en un convento, donde con el tiempo realizaría espectaculares manifestaciones de posesión demoníaca, pero esa es otra historia. Con estos acontecimientos parecía quedar claro que Francia tomaba el relevo de los Estados Pontificios y se convertía en el reino de la ponzoña.

Es fácil imaginar hasta qué punto los asesinatos con venenos y los complots estaban a la orden del día cuando el jefe de la policía, Gabriel Nicolas de la Reynie, que accedió al cargo porque su antecesor fue envenenado por su esposa, declarase al respecto de todo lo visto: «Las vidas humanas están a la venta y se negocia con ellas a diario como con cualquier artículo; se tiene al asesinato como único remedio cuando una familia atraviesa dificultades; se practican hechos abominables en todas partes: en París, en los suburbios y en provincias».

«El futuro tiene muchos nombres. Para los débiles es
lo inalcanzable. Para los temerosos, lo desconocido. Para
los valientes, es la oportunidad.»

Víctor Hugo

CAPÍTULO 21
EL VENENO
SALTA AL FUTURO

En 1789 se produce la Revolución francesa, episodio histórico que sirve como punto simbólico de partida para la denominada Edad Contemporánea que, en teoría, se prolonga hasta nuestros días, aunque ya hace unas décadas que tenemos la sensación de vivir en otra edad, que quizá algún día venga en denominarse Global y Tecnológica.

Efectivamente, el fin del siglo XVIII, pero todavía más el XIX, implicará un gran cambio no sólo a nivel social sino por lo que a la toxicología se refiere. Las nuevas investigaciones, métodos e inquietudes de los herederos de la Ilustración y del denominado Siglo de las Luces, ese periodo de tiempo donde nuevas corrientes intelectuales inundan el continente europeo, en especial Francia e Inglaterra, hacen que los tóxicos vivan un renacer más científico y químico que criminal, si bien éste seguirá perviviendo.

En el siglo XIX la agricultura y la ganadería, la ciencia y la técnica, así como la medicina y la farmacología requieren nuevas soluciones que se hallarán gracias a los avance químicos. Aparecerán nuevas sustancias, se sintetizarán otras conocidas y en definitiva muchas de ellas serán de gran ayuda para los progresos que exigen los nuevos tiempos.

Los venenos abandonan pues los viejos y oscuros sótanos o buhardillas poblados por el misterio y gobernados por lo esotérico. Salen a la luz, forman parte de la ciencia. Su uso, como afirmarán algunos toxicólogos del momento, entre ellos el pionero y padre de la toxicología moderna Buenaventura Orfila Rotger, que dirá: «Se generalizará estando al alcance de una mayoría en lugar de pertenecer a una oscura y dudosa minoría».

Mateo José Buenaventura Orfila.

El pionero

Todos los expertos en toxicología coinciden en afirmar que el primer estudio moderno, serio, veraz y despojado de creencias extrañas, un estudio que sería válido en nuestros días, vendrá de la mano del menorquín nacido en Mahón en 1787.

Mateo José Buenaventura Orfila (1787-1853), quien en 1811 vive en París –donde permanecería el resto de sus días siendo doctor en medicina–, años antes se había interesado por la química, la física experimental y la historia natural. En 1819 obtiene una cátedra de medicina en la Facultad de Medicina de París, cuatro años más tarde otra cátedra de química y finalmente en 1831 es nombrado decano. Alcanzaría el cargo de presidente de la Academia de Medicina en 1851.

Pero lo que apasionaba sobremanera al Dr. Orfila era la investigación en toxicología y en especial cómo en ciertas conductas criminales el veneno era el arma ejecutora. Pensemos que hasta la entrada en escena de este investigador la forma de clarificar si un asesinato había sido o no por veneno era compleja. Nadie hasta el momento había vinculado como él la química, los tóxicos la ciencia médica y la todavía joven ciencia forense. De hecho, fue su actividad metódica y siempre apartada de la superchería la que le permitió conducir a la toxicología, de la mano de la medicina legal, a un lugar respetable. Su libro *Tratado de los venenos y la toxicología en general* mostraba todos sus trabajos e investigaciones. Dicho libro se convirtió en manual de cabecera para médicos ingleses, franceses alemanes e italianos.

El Dr. Orfila desarrolló métodos de experimentación que permitían no sólo saber si alguien había muerto envenenado sino si lo estaba en vida. De manera que sus investigaciones se centraron también en los efectos que producían los tósigos en el día a día de un enfermo y en cómo hallar un antídoto. Todavía fue más lejos, en lo que a personas ya difuntas se refiere, y revolucionó el sistema de analítica forense pues estableció las bases para que los médicos pudieran determinar de forma bastante rápida si una persona había sido o no intoxicada.

La herencia de Orfila

Es evidente que los conceptos se han modificado un poco, ampliándose al paso de los años, pero el Dr. Orfila quien definió inicialmente la toxicología como la «Ciencia de los Venenos» fue quien puso las bases para quienes vinieron tras él y para que hoy podamos comprender mucho mejor los efectos de los tóxicos.

La toxicología actual entiende que un tóxico es aquella sustancia que puede generar un efecto nocivo sobre un ser humano y recoge la idea del ya citado Paracelso que afirmaba que la negatividad sobre el individuo de un tóxico depende de la dosis. En dicho caso, el Dr. Orfila distinguía entre intoxicación y envenenamiento. En el primer caso no hay voluntad de hacer daño y el tóxico se podría ingerir por accidente. En el segundo sí hay intención criminal.

Otro de los aspectos interesantes que aportó a la historia de la toxicología el Dr. Orfila fue su análisis al respecto de las distintas clases de intoxicación que con anterioridad a él eran catalogadas todas de venenosas. El doctor distingue entre la intoxicación aguda que sería aquella que presenta un cuadro clínico muy dramático y en la que los efectos se producen en menos de 24 horas tras la administración del producto. La siguiente clasificación sería la intoxicación subaguda, es decir una intoxicación de corta duración que además no presenta extrema gravedad. En la actualidad dicha denominación ha sido modificada por la de «intoxicación subcrónica».

La última clasificación es la denominada intoxicación crónica y que por definición es la que se produce por la repetida absorción de un producto tóxico. Este sería el ejemplo de aquellos personajes que, temiendo ser envenenados, como el rey del Ponto Mitridates, tomaban a diario pequeñas porciones de venenos creyendo que así generaban antídoto al «acostumbrar al organismo a la ponzoña». Un claro ejemplo de intoxicación crónica en nuestros días sería fumar, ya que en la época del Dr. Orfila era hasta elegante hacerlo. La intoxicación de esta categoría pretende explicar la acción que producen los tóxicos a bajas dosis, pero que una vez acumuladas en el organismo pueden generar lesiones irreparables.

Un tiempo de cambio

El Dr. Orfila inició un camino seguido por muchos otros investigadores y que además de ayudar en esclarecer ciertos crímenes favoreció notablemente la reducción de algunos. Envenenar dejaba de ser algo discreto. Por ejemplo, a partir de 1836 el uso del famoso polvo de sucesión que era el arsénico comienza a decrecer. Era lógico, el tóxico que hasta el momento pasaba desapercibido podía ser detectado con bastante claridad gracias al método creado por el químico James Marsh (1794-1846) que todavía es usado actualmente.

Para realizar la prueba se establece un circuito cerrado compuesto por un matraz en el que se añade polvo de zinc y ácido sulfúrico cuya mezcla produce hidrógeno. El matraz se conecta a un tubo que será donde se situará la muestra a analizar. Cuando el hidrógeno entra en contacto con un compuesto que tenga arsénico, provoca una reacción que genera un gas denominado *arsina*. Se trata de un gas incoloro de olor a ajo que además arde emitiendo una llama azul muy pálida. Sin duda un método mucho más fiable que realizar, como se hacía hasta la fecha del descubrimiento por Marsh, una autopsia, abrir el cadáver y esperar hallar fragancias de ajos en su interior.

El alma de las esencias

Sin duda las notables investigaciones realizadas en química y medicina hicieron que los tóxicos en la Edad Contemporánea conocieran una auténtica revolución que ya habrían querido para sí personajes como Dioscórides, Crateuas o incluso la misma Locusta romana.

Los árabes medievales lo intentaron. Buscaron el método para sintetizar los tóxicos, para no tener que recurrir a cantidades ingentes de plantas, animales o minerales. A través de la primigenia alquimia lograron algunos avances, algunos destilados, pero nada comparable con lo acontecido en los siglos XVIII al XX.

El siglo XIX es la clave en lo que a farmacología se refiere. El primer gran hallazgo acontece en 1806 al aislarse los principios activos de la morfina, la auténtica esencia del opio, dado que es su mayor alcaloide que, en un alarde de creatividad, alguien bautizó como morfina en honor a Morfeo, el dios del sueño para los griegos.

De la morfina a la atropina

El farmacéutico alemán Frederick Sertürner (1783-1841) dejó secar plantas de opio en bruto, después extrajo sus cápsulas, las machacó hasta convertirlas a polvo y diluyó éste en alcohol. Acto seguido mezcló el producto obtenido con amoníaco obteniendo así la morfina liberada en forma de polvo cristalino.

La morfina se utilizó con profusión como inhibidor del dolor, pero no era sino uno más de los muchos productos cuyos principios activos fueron aislados. A ella le siguió en 1832 la codeína, que también procede del opio y aunque es un potente calmante no tiene tanta fuerza sedante como la morfina. Después llegó la atropina, es decir el alma de la planta brujeril de la mandrágora, sintetizada en 1833.

La popular cafeína

En torno a 1884 se descubrió la en teoría inocente cafeína que todos más o menos ingerimos a lo largo del día ya sea a través del té, el café, algunos refrescos o el chocolate.

La cafeína no es un veneno al uso, pero se considera que puede ser nociva a partir de una ingesta de 350 miligramos por día, llegando a generar dependencia y síndrome de abstinencia. Para Lola Ribes, terapeuta emocional y experta en sustancias psicotrópicas, «la abstinencia de cafeína en grados de alta dependencia crea irritación, cansancio, depresión y hasta somnolencia».

Según Lola Ribes, ciertas bebidas refrescantes o incluso el mismo café en exceso puede resultar muy perjudicial: «La persona que con frecuencia está tomando unos ocho cafés al día está ingiriendo el equivalente a algo más de un gramo de dicha sustancia, cuyos efectos negativos a largo plazo serían equivalentes a los que producirán unos 150 miligramos de cocaína».

Hallando la dosis justa

La ventaja de la síntesis de los tóxicos y de los alcaloides de las plantas no sólo representó economizar espacio o poder disponer siempre que se deseaba del producto, sino ajustar las dosis. Por primera vez la medicina podía contar con un baremo exacto a la hora de recetar un analgésico, calmante o anestésico y no encontrarse con la desagradable sorpresa de otros tiempos donde la inexactitud de la dosis en bruto provocó más de una desgracia.

Tras los hallazgos de aquellas sustancias, las más populares no se hicieron esperar, apareció la síntesis de la estricnina en 1857, la cocaína en 1860, la heroína y la mezcalina entre otras.

Lo cierto en que en poco menos de 100 años la química, esa que defendían los médicos árabes como esencia de todas las cosas, logró más que lo conseguido en siglos de investigación. No era de extrañar pues que los nuevos boticarios, ahora ya convertido en farmacéuticos tuvieran a disposición de quien lo pudiese pagar preparados magistrales y reales que en dosis justas obraban milagros. Sin embargo, no todo sería para curar.

Napoleón ¿cáncer o veneno?

La historia de la edad contemporánea también está llena de personajes sobre los que planea la sospecha de una muerte por veneno y el que fuera emperador de la Francia más emprendedora e ilustrada, Napoleón Bonaparte (1769-1821) no queda ajeno en esta historia.

Napoleón vivió en un tiempo donde la síntesis de las sustancias tóxicas avanza a pasos agigantados, donde se puede calcular con bastante precisión la dosis adecuada para matar lenta o rápidamente a una persona. Y precisamente el asesinato por medio de ponzoña del citado mandatario es una de las crónicas más debatidas al paso de los siglos.

Pasaremos por alto la vida de este singular hombre que muchos creen estuvo vinculada por sociedades secretas y extrañas historias derivadas del esoterismo más conceptual y conspirador. Decir solamente que el militar y estadista francés fue emperador de Francia y que como tal llevó a su país a grandes campañas militares en las que si bien obtuvo grandes victorias también halló terribles derrotas. Sus ejércitos y su influencia le llevaron a dominar en algo más de una década casi todo el occidente y la parte central de Europa, ya fuera estableciendo conquistas o alianzas.

Pero terminará el 15 de octubre de 1815 cuando es desterrado a la isla de Santa Helena junto a un pequeño grupo de seguidores. Al poco tiempo Napoleón enferma y cada vez las cosas parecen ir peor. Es cierto que el emperador nunca había tenido una salud de hierro, que con frecuencia se quejaba del estómago pero aquella vez la cosa iba de mal en peor. Sus médicos decían que padecía una enfermad hepática.

Al morir Napoleón se efectuó una autopsia y varios médicos analizaron el cadáver. Mientras que unos creían que la muerte se había debido a un cáncer de estómago otros apuntaban la teoría de la ponzoña en forma de arsénico. El marqués de Montchenu, enviado expresamente por Luis XVIII a la isla, redactó la sentencia final: «De los cinco médicos presentes en la isla ninguno sabe exactamente de qué murió Napoleón».

Intentando responder al enigma

El misterio había perdurado durante años, siempre especulado entre el veneno y la enfermedad, pero en el año 2000, se presentaron ante el Senado francés pruebas en teoría concluyentes al respecto del motivo de la muerte. Se efectuaron análisis mediante irradiación nuclear sobre restos de cabellos de Napoleón. La investigación la llevaron a cabo los expertos de los laboratorios de Toxicología de la Policía y la Gendarmería de París y confirmaron la sospecha que ha había anunciado desde Inglaterra el analista doctor Hamilton Smith: el emperador había muerto a causa del arsénico.

Pero creando nueva controversia en 2004 el forense Steven Karch de San Francisco afirmaba en un artículo publicado en la revista *New Science List* que en las últimas semanas de su vida Napoleón había sido tratado con vomitivos y enemas para aliviar sus dolores de estómago. Que su muerte se debía a un error médico, pues sus galenos le habían suministrado sustancias como tártaro de potasio y antimonio, elementos que podrían haber provocado un déficit de potasio y originar problemas cardíacos que habrían dificultado el riego sanguíneo del cerebro.

Para complicar todavía más las cosas en 2005 la Sociedad Napoleónica Internacional tras varias analíticas volvió a recuperar la teoría del arsénico en los cabellos del que fuera emperador de Francia. Dicha sociedad llegó a la conclusión que alguien había envenenado Bonaparte.

Los datos más recientes

Estudios realizados en EE.UU. en 2007 al mando de unos de los mejores expertos gastroenterólogos el Doctor Dr. Robert M. Genta, cambiaron de nuevo las cosas.

El Dr. Genta publicó en la revista científica *Nature Clinical Practice Gastroenterology and Hepatology* un completo trabajo según el cual Napoleón tenía un cáncer ulceroso –su padre había muerto de cáncer de estómago– provocado por un tumor de 10 centímetros.

Así las cosas, el desterrado gobernante que en sus últimos meses de vida había perdido peso de forma notable, murió por una hemorragia gástrica fruto de su enfermedad. Según el Doctor Genta: «Durante mi experiencia médica jamás he encontrado un tumor de esas dimensiones que sea benigno».

Con referencia a la existencia del arsénico en los cabellos los investigadores del doctor Genta no lo niega, aunque matizan que fue hallado de forma externa y superficial, lo cual alimenta de nuevo la idea de que Napoleón murió porque estaba enfermo pero convenía mucho más la idea que alguien se ocupó de difundir un complot.

El misterio parece empeñado en continuar al paso de los años. ¿Qué ocurrió realmente? Seguramente nunca se sabrá y es que los mitos ya tienen esas cosas.

Químicos en la guerra

Las armas de destrucción masiva en las que se emplean elementos tóxicos no son un invento un invento del siglo XX aunque sí disponemos de ellas es gracias a la labor de investigación abierta por los químicos del siglo XIX.

Griegos y romanos ya utilizaron los tósigos como armas arrojadizas, para ello preparaban hogueras en las que combustionaban sustancias tóxicas o alucinógenas. La idea era que el humo aturdiese el enemigo. También procuraban envenenar aguas para provocar grandes epidemias, para ello procedían a infectar lagos y ríos con animales enfermos o con carnes putrefactas sabiendo que destilaban sustancias que resultaban tóxicas. Eso sí, para asegurarse del mal, previamente habían tratado las carnes con tósigos.

Otro ejemplo de la primitiva guerra química lo tenemos en Leonardo da Vinci, quien además de inventar máquinas muy avanzadas para su tiempo, proponía el empleo de bombas que al estallar liberan su contenido de arsénico sobre el enemigo. Este tipo de proyectil bacteriológico también fue usado por las tropas de Napoleón.

Sin embargo ya en el siglo XX, los tóxicos habían evolucionado mucho y durante la I Guerra Mundial es cuando más uso se hizo del nuevo conocimiento que

Rasputín aseguraba que el cianuro le ayudaba a tener visiones especiales.

se tenía. Se utilizaron los tóxicos preparados en laboratorio de forma tan desmesurada que se calcula que sólo por dichas sustancias murieron casi 90.000 personas siendo heridas más de un millón.

Sin embargo, antes de entrar de lleno en las sustancias tóxicas de la gran contienda detengámonos en un personaje peculiar y tóxico aquel que en teoría recomendó al Zar que debía entrar en la contienda: Rasputín (1869-1916).

El monje tóxico

Ha pasado a la historia como un místico loco, ávido de participar en rituales orgiásticos que escandalizaron la sociedad rusa de su tiempo. Ceremonias en las que distribuía sustancias alucinógenas por doquier, una de ellas el cianuro. Al parecer él lo ingería con cierta moderación para tener estados modificados de conciencia.

Rasputín aseguraba que el cianuro le ayudaba a tener visiones especiales. A veces eran de entidades celestiales la mismísima virgen María quien supuestamente le había encargado acudir a entrar en contacto con el Zar y su familia para ayudarles a superar las graves adversidades que padecerían.

Quizá fuera el cianuro lo que le facultase también para tener increíbles revelaciones apocalípticas como las que dejó escritas bajo la forma de profecía en las que hablaba de guerras mundiales y hasta de cambios climáticos como aquella de «cuando se desate la gran guerra que todavía está por llegar, esa que llevará a que los intestinos de los hombres se esparzan por las tierras, la misma que hará que sus madres se avergüencen de haberles traído al mundo».

Aunque sin lugar a dudas su profecía más reveladora es aquella que le hace llegar al Zar ya en el final de sus días: «Han sido tus relaciones las que han forjado mi muerte. Nadie de tu familia, nadie; ninguno de tus hijos o parientes permanecerá vivo por más de dos años. Serán asesinados por el pueblo ruso… En cuanto a mí, ya no estoy entre los vivos. Reza y sé fuerte». Meses después del asesinato de Rasputín, Nicolás II, el Zar de Rusia y su familia fueron asesinados por los revolucionarios bolcheviques.

Un gran manipulador

Cuando los zares conocieron a Rasputín hacía tiempo que habían oído hablar de él, tanto para bien como para mal. Se especula que es un gran místico, un gran mago, aunque también un estafador.

Tras su primer encuentro con Rasputín, Nicolás II escribió en su diario: «Hemos conocido a un hombre de Dios, Grigory, de Tobolsk». Sea como fuere lo que más debió calar en los zares, en especial en Alexandra Fyodorovna, es que Rasputín se ofreciese a curar a su hijo quien padecía de problemas hemofílicos, con quien logró notables mejorías luego de varias sesiones de tratamiento que incluían además de la oración la imposición de manos y quizá algo de química.

Pero el extraño monje de vida licenciosa y escandalosa molestaba a los intereses políticos del país. Cada vez era más influyente en la corte. Sus prácticas religiosas eran contrarias a los procedimientos ortodoxos y sus orgías ya no digamos. Rasputín se defendía diciendo que una forma de hallar la purificación era pecar primero, ya que cometiendo el exceso se estaba en mejores condiciones de efectuar una purga purificadora después.

En 1914, cuando el Zar estaba ocupado movilizando sus tropas para luchar en la Primera Guerra Mundial Rasputín convence a la zarina para que se deje ayudar en la tarea de gobierno. El monje, ni corto ni perezoso, hace y deshace a su antojo proponiendo destituciones y nombramientos de ministros.

Rasputín acabó coleccionando tantos enemigos que cada vez estaba más cercano el fin de sus días y él lo sabía. Tal vez por eso accedió a ir al palacio del príncipe Yusupov quien debía presentarlo a una joven dama de la corte. El objetivo era acabar con místico mediante venenos.

Durante la reunión se sirvieron pastelitos emponzoñados con cianuro así como vino envenenado con la misma sustancia. Rasputín comía y bebía tan a gusto y con tanta fruición que el veneno no hizo mella en él. El príncipe decidió acabar con el místico a balazos. Tras dispararle, ordenó que lanzasen su cuerpo al río Neva. Apareció flotando dos días después. La Revolución rusa estaba punto de estallar.

Los gases de la guerra mundial

La primera vez que se usó la química industrial tóxica fue el 22 de abril de 1915 cuando las tropas alemanas lanzaron cloro contra una coalición de canadienses, franceses y argelinos.

En otras batallas se empleó gas mostaza así como fosgeno, un potente gas venenoso que se ha empleado como insecticida y para la fabricación de plásticos.

Por si ello no fuera bastante, al finalizar la contienda los agentes químicos no utilizados fueron vertidos al mar Báltico lo que supuso que al paso del tiempo y tras la corrosión de los contenedores el tóxico liberado acabasen afectando la vida marina, la pesca, las costas y a las gentes que vivían en ellas.

Al finalizar la gran contienda el uso de químicos en guerra siguió formando parte de la cotidianeidad bélica. Las grandes naciones usaban los venenos tóxicos para reprimir las sublevaciones y rebeliones de las colonias. De aquel tiempo es la perla que en forma de frase legó a la historia Churchill diciendo aquello de: «No entiendo la repugnancia sobre el uso del gas. Estoy muy a favor del uso del gas contra tribus incivilizadas».

Algo parecido a lo afirmado por Chuchill debía estar en la mente de los generales de las tropas franco españolas que durante la guerra del Rif en Marruecos, entre los años 1921 y 1921 atajaron las rebeliones con bombas de gas mostaza. Un gas que reaparecería de nuevo en otro conflicto el que llevó en 1935 a la Italia fascista a invadir Etiopía usando bombas de dicho compuesto y que se calcula causó alrededor de 15.000 muertes.

El heno asesino

Era el nombre irónico que las tropas alemanas empleaban para describir a su gas letal basado en fosgeno. El motivo es que liberado en el aire –y actúa a sólo 20 grados de temperatura– emanaba un olor que recordaba a un campo de heno recién cortado. Podría decirse que hasta olía bien.

Para su uso bélico el gas era enfriado y comprimido en cuyo caso pasaba líquido. Al ser lanzado en proyectil, dado que es un gas pesado, de apariencia que varía desde la incolora hasta la blanquecino amarillenta, suele quedar casi a ras de suelo, de manera que resultaba letal para todas las tropas de a pie y en especial aquellas que se hallaban escondidas en las zanjas y trincheras.

Su efecto es variable según la cantidad de gas que se inhale. A dosis bajas provoca irritación de ojos y garganta. En dosis medias dilata los pulmones y dificulta la respiración. Si la dosis es elevada provoca asfixia y la muerte por causa respiratoria.

Pero además de la inhalación, las tropas que morían a causa de este gas podían hacerlo también congeladas si se encontraban cerca del proyectil, ya que cuando se libera el gas, todavía líquido, al entrar en contacto con la piel produce congelación. Por si ello no fuera poco, ingerido es abrasivo en boca, garganta y estómago.

Nada que ver con la otra mostaza

El gas mostaza denominado así por recordar en parte al olor de la planta que se emplea como condimento es terriblemente letal. En contacto con la piel es corrosivo provocando una reacción irritante grave muy grave quemando la piel y provocando la aparición de ampollas.

Inhalado destroza las vías respiratorias e ingerido provoca vómitos y diarreas que acaban por deshidratar y causar la muerte. Hasta la fecha no se conoce el antídoto.

Haciendo un salto en el tiempo, diremos que se especula que fue dicho gas el que causó la muerte del que fuera presidente de Chile entre 1974 y 1970, Eduardo Frei Montalvo.

En 1981 cuando Frei ya estaba teóricamente apartado de la política tuvo que ser intervenido quirúrgicamente a causa de una hernia. Era una operación intranscendente que sin embargo, le costó la vida. La versión oficial que recuerda mucho a la de tiempos renacentistas, fue que el paciente había padecido una peritonitis agua.

Años después, cuando la democracia ya estaba asentada en el país, su familia que creía que Freire había sido envenenado por el gobierno militar de Augusto Pinochet, lo que propició una investigación. En el informe patológico sobre muestras de tejidos del ex presidente quedaba de manifiesta que había trazas de restos de mostaza en el organismo.

En 2006 el médico cirujano que había participado en la operación, dijo: «Hubo un agente químico externo, pero no puedo decir qué fue, quién lo puso, cómo lo pusieron. No había ningún signo de inflamación peritoneal, o sea, no había gérmenes, era un abdomen absolutamente limpio, libre. En cambio, esta lesión, que yo no había visto nunca, que no la he visto nunca después, sólo podía explicarse por una irritación química local».

La secta Verdad Suprema realizó un ataque con gas sarín en el metro de Tokyo.

Toxicología en la segunda gran guerra

Retrocedamos de nuevo en el tiempo. Durante la Segunda Guerra Mundial, las cosas no cambiarían demasiado en lo que a maldad se refiere. Es cierto que se habían firmado los protocolos que impedían el uso de armas bacteriológicas pero de ahí a la realidad hubo un gran paso.

Los químicos de la Alemania nazi descubrieron, en teoría accidentalmente, los gases nerviosos que contienen organofosfatos capaces de alterar el sistema nervioso. Se trata de un arma química considerada por Naciones Unidas como de destrucción masiva y cuya producción y almacenamiento está prohibido desde 1993. Sin embargo aquellos gases estaban llamados a protagonizar un oscuro periodo de la historia de la humanidad.

Dentro de esta gama de tóxicos nerviosos los alemanes hallaron en 1936 el tabún, un compuesto químico líquido claro casi incoloro e insípido con un aroma ligeramente afrutado. La versión oficial es que el hallazgo fue casual. En teoría los militares alemanes no buscaban un arma sino que sus químicos investigaban en hallar un pesticida.

Otra sustancia igualmente letal descubierta en 1938 el es sarín, también creado en laboratorio pero mucho más potente que el anterior.

El sarín se hizo tristemente famoso, mucho más allá de la Guerra Mundial, de la mano de la secta japonesa de la «Verdad Suprema». Los miembros de dicho grupo creyendo que estaba cercano el tiempo del Apocalipsis y deseando iniciar por su cuenta una Tercera Guerra Mundial, realizaron ataques terroristas en Tokyo en 1995 introduciendo sarín en el metro de la ciudad nipona, causando la muerte de 12 personas e hiriendo a otras seis mil.

Del frente a las prisiones

Los gases nerviosos no fueron utilizados a gran escala en la Segunda Guerra Mundial. Los alemanes, los grandes fabricantes, estaban convencidos de que también sus enemigos disponían de ellos y temían que los usasen en su contra, por tanto se moderaron. Una de las pocas confrontaciones con gas tóxico alemán se llevó a cabo en 1944 cuando el Jefe de estado de Palestina Amin al-Husayni, aliado de las tropas alemanas logró el apoyo de estas para lanzar paracaidistas cargados con polvos elaborados a base de cianuro que debían ser depositados en los pozos de agua de Tel-Aviv donde vivían las comunidades judías. Veneno con capacidad para matar a más de 20.000 personas.

Los nazis no quisieron pasarse con el uso de pesticidas o gases en el frente pero sí recurrieron a ellos en los campos de concentración. En dichos recuentos utilizaban con profusión un veneno denominado zyklon B, un compuesto que se uso en casi todas las cárceles de prisioneros de guerra.

El gas había nacido como pesticida y la primera vez que se probó con humanos fue en el campo de concentración de Buchenwald en 1940. Fueron asesinados 250 niños de etnia gitana. Más adelante se volvió a recurrir al gas como elemento de exterminio masivo. El 3 de septiembre de 1941 se ejecutaron 600 prisioneros de guerra rusos en Auschwitz.

El sistema de aplicación siempre era el mismo, el gas entraba a los barracones a través de tuberías instaladas en el techo. Tras ser liberado reaccionaba ante la humedad ambiente y en pocos minutos comenzaba a producir sudoración, descontrol de los esfínteres, con lo que había todavía más humedad en el ambiente. A consecuencia de ello el gas actuaba con más fuerza provocando primero una somnolencia, luego un ahogo y finalmente la muerte. El proceso de agonía duraba unos 20 minutos.

Uno de los máximos exponentes de los denominados doctores muerte fue el criminal de guerra nazi Aribert Heim, quien trabajo en Mathausen, Saschenhausen y Buchenwald. Experimentaba los efectos de los venenos químicos mediante inyecciones letales aplicadas directamente en el corazón de los prisioneros. Deseaba saber cuánto tiempo tardaba en hacer efecto el químico y para ello cronometraba y anotaba todos los experimentos. A veces extirpaba los órganos afectados a lo vivo para conocer con detalle su afectación al interactuar con los tósigos.

El veneno de Hitler

En abril de 1945 la II Guerra Mundial estaba prácticamente decidida, el III Reich ideado por Hitler como un periodo de renovación y esplendor que debía durar nada menos que mil años concluía y el mandatario alemán lo sabía. Seguramente por ello decidió recluirse en el búnker antiaéreo de su cancillería, el lugar donde finalmente se suicidaría.

Gas Zyklon.

Pero Hitler no estaba solo. Le acompañaban su amiga y amante, Eva Braun, así como el doctor Joseph Goebbels quien había prometido matar a sus hijos y suicidarse después junto a su esposa antes que el búnker cayera en manos soviéticas.

El día 30 de abril el mandatario alemán fue informado de que los rusos no sólo habían entrado en Berlín, sino que estaban a solo un par de manzanas de la cancillería. Hitler lo tenía claro, ordenó la preparación de su desayuno, lo degustó junto a Eva Braun y después se despidieron de todos sus colaboradores. Entraron en su apartamento privado y al cabo de unos minutos se escuchó un disparo. El jefe de los nazis se había suicidado introduciendo su pistola en la boca. A su lado también yacía muerta Eva Braun la diferencia es que ella había ingerido unas cápsulas de veneno. Al parecer le hizo efecto tan deprisa que no tuvo tiempo de dispararse, como estaba previsto.

Goebbels sabía qué tenía que cumplir con el suicidio colectivo de su familia. Era momento de ejecutar a sus seis hijos, aquellos que en honor Hitler había impuesto un nombre comenzado con H: Helga, Hilde, Helmut, Holde, Hedda y Heide. Niños cuyas edades oscilaban entre los 5 y los 12 años.

Para cometer el fratricidio el matrimonio Goebbels se entrevistó con el médico personal de Hitler, Ludwig Stumpfegger, uno de los doctores muerte nazis que había sido distinguido por sus experimentaciones en campos de concentración con el anillo de honor de la calavera de la SS, grupo al que pertenecía desde 1933.

Stumpfegger envenenó unas chocolatinas con cianuro y se las estregó a la esposa de Goebbels, ella vistió a los niños con sus pijamas, ordenó que fueran acostados y tras un beso de buenas noches se ocupó de que todos comieran el dulce. Una vez verificado el envenenamiento de sus hijos el matrimonio Goebbels se vistió con sus mejores galas y seguido de un pelotón formado por sus hombres de máxima confianza salieron al exterior del búnker donde según una versión fueron ejecutados y según otra se dispararon uno al otro. Después sus cuerpos fueron incinerados.

El veneno y la guerra fría

Acabada la guerra mundial el veneno pasó del campo de batalla a los laboratorios secretos donde se buscaba fabricar productos cada vez más sofisticados y con una aplicación, digamos discreta.

Se inventaron bolígrafos cargados de ponzoña que al ser presionados por la punta para que escribiesen sacaban unas diminutas agujas que inoculaban veneno. Se crearon elaboradas cajas de metal o madera, en apariencia trabajadas artesanalmente y que servían de envase para regalos diplomáticos, como pitilleras, juegos de bolígrafo, mecheros, joyas etc. Pero el regalo no lo era lo importante, lo relevante era que al abrir la caja siempre ocurría algo nefasto.

En 1954 el KGB ordenó a su agente doble Nikolai Jojlov acabar con el emigrante antisoviético Georgi Okolovich. Se supone que debía acometer el asesinato una pitillera cargada de falsos cigarrillos que disparaban balas envenenadas a presión. Pero Jojlov se negó a efectuar la misión y se pasó al bando americano. Al año siguiente fue salvado de una muerte casi segura, tenía el cuerpo plagado de llagas e hinchazones. Se cree que fue envenenado con Talio.

La muerte que vino del frío

Cuando acontece la guerra fría hace años que en Rusia hacía años que ya se practicaba el asesinato de estado. En 1927, por poner un ejemplo, el terapeuta de Stalin Vladimir Béjterev, fue envenenado, el motivo cometer la osadía de diagnosticarle al mandatario que padecía paranoia aguda.

Uno de los activos envenenadores rusos fue Grigori Mayranovski quien con el objeto de investigar en sustancias tóxicas como armas discretas, fundó un laboratorio secreto contando con la estrecha colaboración de los antecesores del KGB, el NKVD.

Mayranovski tenía la misión de preparar tóxicos para eliminar a los enemigos del gobierno. Lo hacía enviando documentos emponzoñados. Años después cuando fue detenido y encarcelado por diferencias con el régimen político, se defendió de la que consideraba era una injusticia indicando que: «De mi mano fueron aniquilados más de una decena de enemigos del poder soviético, incluidos nacionalistas de todo tipo». Pero aquellas afirmaciones no le libraron de diez años de cárcel. Curiosamente murió de forma repentina al poco de salir de prisión.

Eso sí, no sólo los rusos tenían afición por la muerte discreta que proporcionaba el veneno. En 1955 el presidente de de EE.UU. Eisenhower había autorizado a la CIA para que eliminase al líder de la China comunista Chu En-lai. El plan era suministrarle arroz debidamente intoxicado. El plan falló. Como también han fallado las múltiples estrategias para eliminar mediante veneno a Fidel Castro contra quien se diseñaron planes de intoxicación que iban desde inocular ponzoña a sus puros

El Mosad intentó envenenar a Yasir Arafat en diversas ocasiones.

hasta rociar su traje de buzo con sustancias corrosivas, pasando por las múltiples cajitas de regalos envenenados.

Según el experto en espionaje Rhodri Jeffreys-Jones, los servicios secretos cubanos han llegado a abortar hasta 32 intentos de asesinato contra Fidel Castro hasta 1976. Sin embargo, no se descarta que con la llegada al poder de George Bush las tentativas cobrasen nueva vigencia tras los atentados de las torres gemelas.

¿Envenenaron a Arafat?

Si hablamos de Rusia o de EE.UU. no podemos pasar por alto la ingente labor de espionaje realizada por el Mossad israelí de cuyos miembros se aseguran que intentaron en varias ocasiones envenenar a Yasir Arafat (1929-2004).

Tras la muerte del líder palestino en 2005 los periodistas israelíes Amos Harel y Avi Isacharoff realizaron numerosas investigaciones sobre las causas del fallecimiento. Tras tener acceso a los informes secretos elaborados por el Hospital Percy indicaron que Yasir Arafat podría haber muerto por varias causas, desde una infección desconocida hasta SIDA pasando por el veneno.

Por su parte el médico personal de Arafat, el doctor Ashraf al Kurdi, indicó que el virus del SIDA aparecido en la sangre de Arafat en realidad había sido inoculado para disimular la presencia del veneno. El entonces mandatario israelí Ariel Sharon afirmó que dicha hipótesis era una solemne tontería. El caso, sigue con todas las opciones abiertas.

A los miembros del Mosad se les acusa también de haber intentado matar al líder islamista de Hamas Khalid Mescal cuando estaba exiliado en Jordania. Una de las versiones de los hechos es que intentaron inyectarle veneno en plena calle. Uno de sus miembros de seguridad pudo evitarlo.

Desde Rusia con dolor

Ya no hay Guerra Fría y parece que cada vez somos más civilizados, sin embargo el veneno ha sido noticia de portada en los últimos años.

En 1980 y en Londres, el disidente búlgaro Gueorgui Harkov murió en plena calle, «alguien» le pinchó por accidente con un paraguas que, evidentemente estaba envenenado. En 1995, el banquero Ivan Kiveldi y su secretaria murieron tras coger el teléfono de su oficina: los servicios secretos se habían ocupado de untar talio en el aparato. Años más tarde en 2002 se recuperó el método que siempre le había funcionado a Grigori Mayranovski, el líder checheno Jattab murió al recibir una carta envenenada. Dos años después la periodista Anna Politkovskaya muy crítica con el gobierno ruso denunció un intento de envenenamiento, en este caso con té tóxico.

Tal vez uno de los casos más recordados sea el acontecido en 2004 cuando Viktor Yushchenko alcanza la presidencia de Ucrania. En diciembre de dicho año tuvo que ser ingresado en una clínica de Austria: había sido envenenado. Los análisis diagnosticaron envenenamiento por dioxina una sustancia química que puede ser letal y altamente cancerígena.

La imagen del político dio la vuelta al mundo. Él salvo su vida pero seguramente acabará sus días precipitadamente por culpa de un cáncer un ataque al corazón o una diabetes. No se sabe quien lo envenenó. Se ha especulado que fueron miembros de los servicios del gobierno saliente. Otros opinan que se ocuparon del trabajo miembros del KGB. Si hubiera pasado hace 250 años Yushchenko estaría muerto luego de sufrir una extraña enfermedad que difícilmente habrían podido dictaminar como fruto de un envenenamiento. Hoy es la persona viva con más alta concentración de dioxina en su cuerpo.

Cada estado y cada sistema político y social poseen su estilo particular para quitarse de encima los problemas. Lo hemos visto a lo largo de la historia y podría decirse que cada mandatario impulsa su Marca Personal en esa área. Sin embargo, en la extinta URSS y en la actual Rusia es como si el tiempo no pasará. Su personal *branding* se llama toxicidad, aunque aquello de «que parezca un accidente», llámale alergia o indigestión, pues también sirve.

El polonio radioactivo

En 2006, en noviembre fallecía el ex coronel soviético de la KGB (Servicio secreto ruso) Aleksandr Valtérovich Litvinenko y una palabra se hacía famosa en el mundo: Polonio.

Litvinenko vivía en Gran Bretaña donde había pedido asilo político. En 1998 había denunciado irregularidades en el gobierno y los servicios secretos de su país, convirtiéndose en uno de los firmes opositores de mandatario ruso Putin. Supuestamente fue envenenado por los servicios secretos soviéticos con polonio 210 por tener serias divergencias con el mandatario ruso Putin.

Eso sí, en su larga agonía Litvinenko tuvo tiempo de redactar, a modo de despedida, algunas notas dirigidas al presidente ruso, quien negó toda implicación en el *affaire*: «Ha mostrado usted no tener respeto por la vida, la libertad o algún valor de la civilización. Ha mostrado usted ser indigno de su oficio, ser indigno de la confianza de hombres y mujeres civilizados. Podrá lograr silenciar un hombre pero el aullido de protesta, Sr. Putin, retumbará en sus oídos por el resto de su vida. Que Dios se apiade de usted por lo que ha hecho, no sólo a mí sino a la amada Rusia y su pueblo».

Ucrania: ¿negociaciones envenenadas?

Si vamos desde la actualidad hacia atrás, en el momento de la redacción de estas páginas para actualizar algunos contenidos en Europa la noticia del día es la invasión de Rusia contra Ucrania.

A raíz del conflicto Rusia y Ucrania han mantenidos varias conversaciones de paz en un intento de llegar a un acuerdo para el final de las hostilidades. Pues bien, como si de un clásico se tratase, no tardaron en aparecer las noticias sobre el veneno. En este caso el multimillonario ruso Roman Abramóvich y dos negociadores ucranianos que formaban parte del equipo sufrieron síntomas de posible envenenamiento tras una reunión en Kiev. La sintomatología fue irritación en los ojos, lagrimeo constante e incluso una cierta descamación de la piel en las manos y la cara.

Tras estos hechos las noticias no han hecho sino mirar directamente a Rusia y más concretamente a Putin y sus presuntas aficiones aficiones por los tóxicos, sin poder establecer prueba determinante alguna.

Tanto Abramóvich y los negociadores, entre los que se encontraba el parlamentario tártaro crimeo Rustem Umerov, se han recuperado y sus vidas no corren peligro, por ahora. En teoría, lo sucedido habría sido un simple aviso de hasta dónde se podría llegar en caso de no dar el brazo a torcer de cara a unas negociaciones que debían favorecer a Rusia. Claro que no falta quien opine que, en realidad, dada la fama que tienen los rusos en estos ámbitos, fueron los ucranios quienes se encargaron de «espolvorear» el ambiente con tóxicos suaves no letales para indicar que Rusia quería boicotear las conversaciones de paz. Solo el tiempo clarificará qué pasó.

Alexei Navalny: «Reacción alérgica»

Hay veces que las alergias vienen muy fuertes y causan estragos y si no, que se lo digan al abogado y opositor ruso que en verano de 2019 acabó en un hospital por una supuesta reacción alérgica aguda.

Según los médicos del político, esto podría haber sido causado por sustancias tóxicas. La sintomatología mostrada por Navalny más que una alergia primaveral al polen, era a la antropina, una de las sustancias que se habrían usado en él, aunque

Navalny, opositor de Putin, fue envenenado con un agente nervioso conocido como Novichok.

poco a poco los resultados de los análisis de ingredientes tóxicos se fueron complicando evidenciando que había algo más.

Existe información contradictoria sobre la situación de Navalny. Su portavoz, Kira Jarmysch, afirmó que «un representante del hospital de Omsk dijo que no había sido envenenado. Y hace sólo unas horas nos informaron sobre un veneno mortal. ¿Qué está pasando aquí?». Su portavoz aludía a negación inicial de los médicos de un hospital ruso y a la certificación de otros de un hospital alemán que había confirmado la presencia de tóxicos analizados en el laboratorio militar alemán del hospital de Berlín.

La caída de la salud de Nalvany tenía todos los tintes de ser una indisposición casual hasta que todo fue a peor. El 20 de agosto de 2019 durante un vuelo se mostró indispuesto, tanto que el avión tuvo que aterrizar de emergencia en la ciudad siberiana de Omsk donde los médicos le dijeron que se trataba de una sencilla y simple alergia, un tanto aguda, pero nada más. Partiendo de la base que Alexey Nalvany era el mayor crítico ruso de Putin en Rusia, su equipo sospechó. Finalmente el político logró ser trasladado a un hospital en Berlín para tratar su «alergia». Allí le detectaron sustancias químicas en el organismo y si bien todo es confuso y se habló mucho del uso de la antropina, todo parece indicar que recibió un siniestro cóctel con nombre no menos creativo: Novichok, un agente nervioso.

La sustancia Novichok, nombre que significa literalmente «recién llegado» forma parte de un grupo de agentes nerviosos que fueron desarrollados por Rusia en las década de los setenta y ochenta del siglo pasado. Eran armas químicas de cuarta generación que pertenecían a un programa militar cuya presunta anulación fue verificada por técnicos de Defensa de EE.UU. en Uzbekistan en 1999. Los técnicos habían acudido a desmantelar y descontaminar la zona que en otros años había sido la mayor zona de productividad de este tipo de armas. Pero el producto se continuaba fabricando.

El Novichok es mucho más potente y elaborado que el Sarin, a la vez que cuesta más de ser identificado. Su formato de presentación puede ser tanto en sólido como en líquido y tiene una peculiaridad, recibe el nombre de arma binaria ya que puede almacenarse fragmentado en dos ingredientes químicos mucho menos tóxicos y en apariencia más inocentes. De esta manera el agente tóxico de alta letalidad aparece solo al juntarse esos dos ingredientes. Esta modalidad de uso lo convierte en muy seguro y fácil de transportar sin levantar demasiadas sospechas, ya que sus ingredientes esenciales no están en la lista de armas o sustancias biológicas prohibidas.

El Novichok es de uso y efecto casi inmediato. Comienza a funcionar a los 30 segundos y tiene un retraso de efecto de hasta dos minutos. En ocasiones se le añade un retardante que puede provocar los mismos resultados letales, pero 18 horas después del contacto. Un método ideal si hay que dejar pasar el tiempo para no levantar sospechas. En ambos casos el Novichok, como otros agentes nerviosos, bloquea las señales de los nervios a los músculos, altera las pupilas, puede provocar babeo, fallos respiratorios, coma y muerte. Como siempre, todo depende de la dosis.

Nalvany, lo pasó mal, pero es posible que el riesgo siga todavía en su vida. En 2022 fue condenado a 9 años de prisión acusado de robar 4,7 millones de dólares en donaciones entregadas a sus organizaciones que ahora han sido prohibidas por el gobierno ruso, incluida su fundación anticorrupción FBK. Mejor será que lleve cuidado con las «alergias alimentarias» durante su paso por la cárcel.

Piotr Verzílov: «¡Qué peligroso es el punk!»

Fue lo que dijeron algunas voces oficiales intentando justificar que ser cantante de esos estilos era estar sumergido en drogas que pueden matarte. Las frases se vertieron, en septiembre de 2018 sobre lo que le había pasado por «casualidad» a un crítico con el gobierno ruso, el músico y activista del conocido grupo punk Pussy Riot, Piotr Verzílov.

El artista de comenzó a sentirse enfermo de golpe. Terminó en la UCI de un hospital de Moscú hasta que con la ayuda de sus colaboradores y ante la sospecha de que había sido envenenado, logró escapar en un avión medicalizado, siendo transferido al Hospital Charité de Berlín, donde algunos médicos se apresuraron a indicar que su estado no se debía a la ingesta de drogas, sino a algún tipo de sustancia tóxica que no se podía determinar. Ciertos médicos rusos siguieron con la tesis del uso de alguna droga de diseño en mal estado por parte del músico, pero otros le aseguraron a la familia que todo parecía el efecto de antropina o algún gas nervioso de origen desconocido.

Piotr Verzilov, otro crítico con el gobierno ruso de Putin envenenado por los servicios secretos.

Piotr Verzílov, declaró en una entrevista al diario alemán *Bild* que tras su afección estaban los servicios secretos rusos: «Doy por supuesto que se encuentran detrás de mi envenenamiento, posiblemente la agencia de espionaje militar, el GRU. El envenenamiento fue tan profesional que no deja lugar a otra conclusión», aseguró el activista al rotativo alemán.

Verzílov afirmaba que probaron en él «un nuevo cóctel venenoso» a juzgar por los efectos que fueron inmediatos y que posteriormente le propiciaron una amnesia que le duró varios días. Casualmente o no, sus síntomas se iniciaron al salir del juzgado al que fue a declarar, ya que estaba acusado de generar desórdenes durante la final del mundial que se celebró el 15 de Julio de 2018 en el estadio Luzhniki de Moscú. Según narró: «Empecé a sentirme mal de forma inmediata, al día siguiente perdí la visión, la orientación y el habla».

El equipo médico que le atendió en Alemania declaró que el envenenamiento podía haber sido la causa «más plausible» de sus síntomas, aunque reiteró que en los análisis no se detectó ninguna sustancia sospechosa en su sangre. Por su parte el director del Hospital Charité, el Dr. Einhäupl, manifestó que los análisis toxicológicos no mostraban cuál había sido el agente desencadenante, pero estaba seguro que no era un tema de drogas. Por otro lado el director de la clínica de nefrología y medicina intensiva de la Charité, Kai-Uwe Eckardt, afirmó que el paciente había sufrido un síndrome anticolinérgico. El resultado era «sobreactivación del sistema nervioso vegetativo». No está nada mal considerando que algunas plantas que contienen alcaloides tropánicos son capaces de producir efectos muy similares. Entre ellas la Belladona, la *Datura Stramonium* y preparados basados en antropina o escopolamina.

Veneno en familia, no sabe mejor

Putin llamó al doble agente Sergei Skripal un «espía», un «traidor a la patria» y un «bastardo». No son palabras cariñosas dirigidas para quien con su hija Julia, padeció los efectos del Novichok.

Era marzo de 2018 cuando el doble agente ruso británico y su hija fueron encontrados inconscientes en Gran Bretaña. Las investigaciones policiales se basaron en sospechas por envenenamiento. Fueron detenidos dos ciudadanos rusos, Alexander Petrov y Ruslan Boshirov lo que significó una crisis diplomática entre Rusia y Reino Unido que terminó con la expulsión de personal de las embajadas rusas en varios países. Como era de esperar, Putin negó la mayor y calificó la tesis del envenenamiento de tontería. Pero por si acaso, ordenó cerrar un centro de investigación de armas químicas Shikhany, donde supuestamente, se desarrolló el veneno.

Como en una película de serie B, tras envenenar a padre e hija, alguien se deshizo del frasco y lo lanzó a un contenedor. El veneno estaba en un recipiente de un perfume muy caro que, desgracias del destino, fue encontrado por Dawn Sturgess, una desempleada de 44 años, que murió tras el contacto con la sustancia tóxica.

A falta de una tercera dosis…

Vaya por delante que nuestro siguiente protagonista Vladimir Kara-Mursa sigue vivo tras dos supuestos intentos de envenenamiento. Este activista ruso fue empleado y compañero de armas del político reformista Boris Nemtsov, que fue asesinado en el centro de Moscú, cuando salía de cenar frente al Kremlin. Fue acribillado con cuatro balazos el 27 de febrero de 2015. Todavía no se ha podido esclarecer quién ordenó su muerte. Se sabe quién le disparó, pero no de quién recibió las instrucciones.

Pero volvamos al tóxico y quedémonos con el dato sin duda, «casual»: Kara-Mursa había acusado al presidente ruso de desplegar tropas en el este de Ucrania y de corrupción en la organización de los juegos Olímpicos de invierno de Sochi. Seguramente muchos lo debían ver como un traidor a su país.

Kara-Mursa recibió su primera dosis letal en 2015 –tres meses después del asesinato de su compañero político–. Padeció una insuficiencia renal aguda y estuvo en coma. Logró superarlo y de nuevo fue envenenado en 2017. Aunque él siempre habló de envenenamiento, el toxicólogo jefe de Moscú, Yuri Ostapenko, afirmó que los médicos no habían podido detectar sustancias químicas en el cuerpo de Kara-Mursa. En cambio una investigación independiente efectuada en Francia y otra en Israel, determinó que había rastros de metales pesados en su cuerpo.

La segunda dosis de ataque, recibida en 2017, le supuso estar ingresado en estado crítico casi una semana, con la versión oficial de que padecía una intoxicación a causa de una sustancia desconocida.

La realidad es que sufrió un coma inducido además de serias dificultades para inhalar el aire y baja presión sanguínea. En sus propias palabras, el remedio del envenenamiento en Rusia, es frecuente desde la llegada de Putin al poder y además, es más fácil de sembrar dudas que las balas: "En Rusia, a los opositores, a veces se nos dispara, a veces nos envenenan. Esto tiene dos beneficios respecto al asesinato con armas: es un método sádico, sufres mucho. Es muy doloroso cuando no puedes respirar y ves cómo tu vida se te va. Pero la razón más importante es que en cada ocasión que un opositor es envenenado, la maquinaria propagandística del Kremlin se pone en marcha y asegura que no ha habido envenenamiento, que ha sido falta de azúcar, una borrachera, una alergia...

Alexander Perepilichny: cuando el deporte no es salud

Este empresario ruso, abandono su país en 2009 huyendo a Gran Bretaña. Allí pensaba llevar una vida tranquila alejada de las sustancias tóxicas que corrían por su país para personas como él: había entregado documentos un tanto delicados a la fiscalía Suiza. Se trataba de informes que explicaban con todo lujo de detalles cómo altos funcionarios rusos habían participado en un fraude de 220 millones de dólares del tesoro ruso.

El empresario había estado ayudando a diferentes equipos internacionales en la investigación. Todo parecía ir bien hasta que en 2012, al regresar de una estancia breve en París, salió a correr por St Georges Hill. Esa sería su última carrera: un vecino lo encontró muerto en la carretera. La primera versión oficial fue que pese a no tener problemas de salud, su cuerpo había colapsado.

Se efectuaron dos autopsias que no sirvieron para clarificar lo ocurrido, hasta que dos años después de su muerte, Legal & General, una de las compañías de seguros de Perepilichny, realizó un estudio a mayor profundidad. He aquí que en pruebas toxicológicas avanzadas, se detectaron restos de Gelmesium, una planta que recibe el cariñoso nombre de «hierba de la angustia» ya que sus hojas son capaces de provocar un paro cardiaco. Vaya por delante que la plantita en cuestión, que muestra bellas florecitas amarillas, contiene altas dosis de gelsemina una sustancia muy tóxica relacionada con la estricnina y, en menor medida, escopoletina un alcaloide parasimpatiolítico que también está presente en el Beleño.

Que la plantita no es inocente parece claro si consideramos que el 23 de diciembre de 2011 el multimillonario chino Long Liyuan (sin vinculaciones con Rusia) también falleció a causa de este veneno que se lo colaron en una sopa de gato. Sea como fuere, regresando a Perepilichny, la sombra de duda del envenenamiento sigue sobre su fallecimiento a pesar que un experto de lo Reales Jardines Botánicos de Kew dictaminó que no había sido la planta la que había provocado la muerte.

Los pesticidas con los que se fumigan algunos campos envenenan los alimentos y los cauces de agua.

¡Peligro Planeta envenenado!

Ese bien podría ser el cartel que deberían ver verían los turistas espaciales dentro de unos años al acercarse a nuestra querida Tierra, un lugar donde todavía hoy seguimos utilizando cuatro tipos de venenos en formato plaguicida o pesticida. Sí, venenos, otra cosa es aquello de la dosis ¿recuerdan? Conforme, muchos se han prohibido, pero no podemos prohibir que sus efectos sigan en nuestras tierras y aguas. Por décadas, tal vez siglos.

En global, cuando hablamos de pesticidas disponemos de un maravilloso surtido de tóxicos que ya habrían querido para sí los Borgia como los arsenicales (derivados o compuestos de arsénico) o los carbamatos, que como los anteriores pueden provocar dolor de cabeza, salivación, náusea, vómito, dolor abdominal, diarrea o coma. Por cierto, no deja de ser curioso que ante una intoxicación con muchos de ellos se use como antídoto la antropina, esa sustancia alcaloide surgida de la Belladona…

Pero sigamos porque tenemos más fungicidas y pesticidas corriendo por las tierras y aguas (algunos también por el aire) de nuestro planeta: como los piretroides, unas moléculas que se incorporan en los insecticidas y que resultan tóxicas también para los peces. No nos alarmemos más de la cuenta: el ser humano los tolera bien, aunque a la larga pueden producir alteraciones del sistema nervioso. Y en este surtido de tóxicos, no podemos omitir mencionar los benzoilureas, unos insecticidas acaricidas que sirven para regular el crecimiento de los insectos pero que por otra parte, afectan a las abejas que recordemos son polinizadoras y cuya vida resulta esencial para los ecosistemas y para el ser humano. La buena noticia es que compuestos de este tipo están prohibidos en la UE desde 2011. La mala que sus efectos siguen aquí y tardarán décadas en desaparecer.

Conseguir usar un pesticida o insecticida no requiere de grandes esfuerzos. Muchos están en las estanterías de los supermercados, en el apartado de jardinería y pensar que no son venenosos a largo plazo es ser demasiado inocentes. Estos productos están catalogados como de baja peligrosidad, cuando casi no afectan o no entrañan un riesgo apreciable; nocivos, cuando por inhalación o penetración cutánea y dan síntomas de gravedad; tóxicos o muy tóxicos cuando solo por inhalación o contacto pueden causar la muerte. Pero la mayoría, recordemos, están en el centro de jardinería o en el supermercado.

Alejemos el alarmismo, se usan sí, pero también se regulan. Al menos el 85% de los países tienen legislaciones sobre uso y almacenamiento adecuado de esos productos. Esa es una buena noticia. Claro que hay un 15% que no aplica esa metodología y en donde se usa un poco de todo. Además entre los que sí tienen una regulación, sus aplicativos difieren de uno a otro. Vamos, que al final cada quien hace un poco lo que quiere y el planeta como elementos vivo no tiene fronteras: todo va en todas direcciones.

Desde 1985, a través de ONU, se estableció un código que posteriormente fue actualizado en 2002 sobre la conducta apropiada para el uso de plaguicidas, aunque todos los estudios realizados nos indican que el efecto de estos productos utilizados en los últimos ochenta años, perdurará por varias generaciones. El motivo es sencillo, casi la totalidad de los insecticidas empleados han terminado por afectar a destinos diferentes de los que se perseguían: van a por la lombriz o el ácaro, pero se expanden al aire llegando a otras zonas en las que no se aplicaban esos productos. Llegan a otras cosechas, penetran en la tierra y se filtran en las aguas entrando en nuevas cadenas tróficas.

Quedémonos con estos datos: en el mundo hay 197 países, de estos solo 38 tienen prohibido el Paraquat; la Atraizina en está vetada en 37 y el Metamidofos en 49. ¡Ah! Perdón que el «nombre de la cosa» es importante, pero más lo es saber qué hace la cosa ¿verdad? Veamos:

Paraquat:

Es un herbicida tóxico que se utiliza en entornos agrícolas para la producción de maíz, soja, y algodón. Genera daños pulmonares por inhalación, causa la muerte por ingesta, y fibrosis pulmonar por exposición a largo plazo.

Atraizina:

Es un herbicida blanquecino, de apariencia inocente. No huele, no es reactivo y no es inflamable. Todo parece indicar que es muy seguro… Salvo porque genera irritación, puede afectar en el uso de órganos digestivos, produce tumores malignos en la próstata y es causante de cáncer de mama y útero.

Metamidofos

Es un plaguicida altamente nocivo para el ser humano (pero solo prohibido en 49 de 197 países) Se utiliza en insectos mascadores y chupadores.

Los informes realizados por el Organismo para la Protección del Medio Ambiente (EPA) de los Estados Unidos reflejaron que su uso agrícola en China, Hong Kong y Corea, además de en EE.UU., generó envenenamiento en los trabajadores que estuvieron en contacto con él.

Como dato significativo indicar que los desechos que produce el Metamidofos están catalogados como muy peligrosos y los materiales deben eliminarse mediante incineración en instalaciones especiales destinadas al tratamiento de sustancias químicas a altas temperaturas. Ahí es nada y sí se sigue utilizando, recordemos como plaguicida. Mata las plagas pero… ¿dónde terminan esos cadáveres de los animales mascadores y chupadores? Las abejas lo saben: hay hasta 30 pesticidas diferentes en el polen que recogen. Y por cierto, más de la mitad proceden de jardines caseros y entornos urbanos, no solo de la agricultura.

¡Qué bonito es mi jardín!

Piretroide es el nombre del nuevo aliado doméstico que un día u otro llegará a nuestra vida, aunque seguramente lo ha hecho ya. Lo tenemos en los insecticidas, matamoscas, eliminadores de mosquitos y de pulgones en el jardín. Se aplica en casa y para fumigar los parques, también en derivados para combatir los parásitos de los animales domésticos. En el ámbito de la agricultura se emplea para tratar las semillas de maíz y de soja. ¿Cómo nos afecta? A pesar que la mayoría de los más de mil variantes de este producto se diluyen con facilidad y no interactúan de forma muy grave con el ser humano, los estudios realizados por la Agencia Internacional para la Investigación del Cáncer y el Departamento de Salud y Servicios Humanos de EE.UU. determinan que interfieren con el funcionamiento normal de los nervios y el cerebro. Y la exposición breve a niveles altos de estos compuestos en el aire, los alimentos o el agua, puede causar mareo, dolor de cabeza, náusea, espasmos musculares, falta de energía, alteraciones de la conciencia, convulsiones y pérdida del conocimiento.

¡Bienvenidos a la dieta mortal!

Finalizar con un canto a la esperanza, es lo que corresponde en un libro como este. Sin embargo, cantar puede, esperanza no sé si mucha. Hoy más que nunca aquel dicho popular de que «lo que no mata engorda» parece que tiene más visos de realidad que en otros tiempos.

Hay que comer en la justa medida y en un formato variado, no solo para seguir vivos, sino para estar sanos y bien alimentados. Está claro que la teoría nos la sabemos, pero ¿sabemos cuánto veneno o toxicidad tiene lo que llegamos a ingerir?

¿Conocemos el efecto que produce en nuestro entorno y cómo todo eso afecta a nuestra salud? Pues más bien no. Vivimos la mayor parte del tiempo ajenos, por no decir inconscientes de lo que nos rodea. Habitamos –la mayoría– en una realidad paralela haciendo que los venenos formen parte de nuestro organismo. Claro que la alternativa es demasiado extrema: o nos seguimos intoxicando poco a poco o morimos por no comer nada.

La rica lechuga que vamos a poner en nuestra ensalada para comer sano, además de contener elementos transgénicos, puede haber crecido en una tierra con exceso de pesticidas o haberse regado con agua que contenía amoxicilina o iboprufeno. Agua a veces con exceso de nitritos que ha llegado, junto con otros compuestos químicos garantes del buen cultivo, al jugoso y sano vegetal. Aguas infiltradas en la tierra por decenas de productos químicos, muchos de uso común e inocente y algunos procedentes de kilómetros de distancia de la zona de cultivo. De países que no los han prohibido, aunque el nuestro sí. ¡Paradojas de la globalización! Claro.

El sano pescado –por aquello de recurrir a la dieta blanda y marinera– puede contener elevados niveles de mercurio, como les sucede a los emperadores que pueden llevar hasta diez años almacenando metilmercurio, la variante más tóxica del mercurio. Además del citado, los peces más «mercurianos» son: Atún rojo, tiburón, cazón, lucio, merluza y tintorera. Y ¿cómo ha llegado hasta ellos? Por los desechos contaminantes que vertemos en las aguas y que son veneno en estado puro.

La Agencia Europea de Seguridad Alimentaria advierte desde 2010, que el pescado tiene altos niveles de mercurio. Si contamos que estamos liberando a las aguas al año unas 50.000 toneladas, podemos afirmar que este metal pesado ya forma parte de la cadena trófica.

Llevamos usando mercurio más de 3000 años y está por todas partes; en el suelo, en la atmósfera y en los ríos que desembocan en el mar donde los microorganismos marinos (base de la cadena alimentaria marina) los procesan convirtiéndolo en metilmercurio y así nos llega a través del pescado. ¿Motivo de preocupación? ¿Acaso ya no podemos comer pescado casi a diario? Poder, podemos. Pero según los protocolos de seguridad establecidos por la OMS y recomendados por las agencias europeas de salud, no deberíamos ingerir más de dos veces por semana ninguno de los pescados indicados anteriormente.

Pero ahí vamos, la vida sigue. Porque más allá de la dieta, resulta que los que portamos los venenos somos nosotros, los humanos. Las madres transmiten la toxicidad acumulada mediante la placenta y la leche a los bebés y ellos se desarrollan con contaminantes químicos (en muy pequeña dosis es cierto) que proceden de los contaminantes de la actividad industrial. Lo que hagan, coman y vivan en los próximos años esos bebés, será el caldo de cultivo perfecto o no, para padecer el efecto a largo plazo del veneno que nos rodea.

Transgénicos y pesticidas están agotando la tierra, que es incapaz de producir grandes cosechas.

¡Qué sana es la vida de campo!

Tenemos hambre, nos paramos ante un supermercado y entramos a comprar una banana. Saciamos el vacío y nuestra vida sigue adelante. Pero, como dicen en las películas: «Lejos de allí, a miles de kilómetros de distancia...».

El Salvador es un pequeño país de Centroamérica, con frontera entre Honduras y Guatemala, con casi 6.5 millones de personas. ¡Ah! Esas bonitas playas del Pacífico, sus hermosas rutas de las flores, sus plantaciones de café y sus poderosos volcanes, nos permiten hacer un paréntesis de paz y serenidad. Un alto en el camino para hallar bienestar, siempre y cuando miremos en esas direcciones y no en la de muchos de sus campos, donde la lluvia de pesticidas y fertilizantes está envenenando a casi el 10% de la población. Sí, el veneno no solo lo sirven en política, también desde el aire.

Hace más de diez años que la OMS advierte de cómo esa parte de El Salvador de la población se está quedando sin riñones ¿falta de hidratación ingesta excesiva de alcohol? No, más bien, las insuficiencias renales están viniendo del exceso de trabajo al que se ven sometidos los riñones de los recogedores de algodón, maíz o frijol, para filtrar los tóxicos de su sangre y canalizarlos a la orina. Y eso no ocurre solo en El Salvador, podríamos extender situaciones similares a Costa Rica, Hondura o Guatemala, solo por quedarnos en esa zona.

Las denuncias salvadoreñas se vienen sucediendo año tras año. Proceden de campesinos que indican que se ven obligados a trabajar sin equipos adecuados de protección, sin guantes ni mascarillas, mientras ven cómo las avionetas fumigan los campos con productos tóxicos. Sí claro, son fertilizantes y fungicidas para obtener productos alimenticios más efectivos productivos y sin parásitos pero ¿ya nos hemos olvidado de que en el veneno lo que cuenta es la dosis? El resultado es que estas personas enferman, lo transmiten a sus familias y comunidades y los casos de personas y trabajadores del campo que respiran, tocan y conviven con el veneno crecen día a día.

Los tóxicos entran en su organismo de forma masiva y su cuerpo no puede procesar tanta cantidad. Les termina por afectar a los riñones y muchos de ellos acaban en diálisis. Los datos son simples y claros: en los últimos 20 años han fallecido 5.808 campesinos solo en El Salvador por culpa de la larga exposición a los agrotóxicos. ¿Hay solución? En honor a la verdad indicar que alguna se ha tomado, por ejemplo en 2013 a través de una iniciativa en el Congreso de El Salvador, se intentó prohibir el uso de algunos pesticidas, un total de 42 sobre una lista de 53. Pero el problema no es local, insisto podemos encontrar similitudes en Costa Rica, Nicaragua y Guatemala y también por causas similares, en China, y en muchos lugares de África. Eso sí la caña de azúcar es muy dulce, el café resulta muy aromático y el frijol, refrito, una delicia.

¡Qué ricas son las frutas!

Volvamos al supermercado y a nuestra querida banana reparadora del vacío interior. Tiene alto nivel de potasio. Y qué decir de las ricas piñas y su enorme fibra y vitamina C. Sin duda geniales. Pero siempre y cuando pasemos por alto un pequeño detalle: hasta 1978 intervenía en su producción –y en la de otras frutas muy comunes– un plaguicida hoy prohibido, pero cuyos efectos todavía pueden estar en nosotros: DBCP, con nombre real de dibromo-cromopropano.

El citado producto se inyectaba para terminar con microgusanos que aparecían en las matas de las tierras de producción bananera. ¿Tenía algún peligro? Que esté prohibido desde hace décadas no es un capricho. Entre sus bondades, además de acabar con los gusanitos de la tierra, se demostró que en los seres humanos podía producir esterilidad, cáncer testicular, estomacal, de riñón y de duodeno. Aceleración de procesos degenerativos, entre 5 y 10 años antes de lo estandarizado, caracterizados por pérdida de dentición, de visión y afectación al sistema nervioso central. ¿Alguna cosa más? Pues sí, malformaciones genéticas que fueron apareciendo en los hijos de los hombres y mujeres que trabajaron en las plantaciones y que todavía hoy siguen padeciendo alteraciones como decoloración de la piel, problemas mentales y físicos, etc. Y a eso le añadimos que se pudo demostrar que el efecto supuso impotencia, depresión alcoholismo etc.

¿Podemos estar tranquilos hoy? Claro, ya no se usa... ¡Esta prohibido! Sin embargo, aún se siguen pagando algunas indemnizaciones por los efectos causados. ¿Generosidad? No, cronificación: Todavía hoy muchas personas continúan padeciendo la interacción de aquel veneno en su organismo y más de cuarenta años después, se siguen limpiando y purificando aguas, por ejemplo en Fresno, California (ya no estamos en Centroamérica) donde la sentencia (en 1999) por el uso de este producto, condenó a las empresas fabricantes del DBCP a invertir hasta el año 2035 (escribo estas páginas en 2022), 100 millones de dólares para purificar las aguas subterráneas de California. Sí, sus efectos, los restos del DBCP –que por cierto fue descubierto en 1883– todavía siguen haciéndonos daño hoy.

Felices digestiones…

GLOSARIO DE TÓXICOS

Ácido Prúsico

Sustancia que en la naturaleza se encuentra en el hueso de algunas frutas como albaricoque, melocotón o aguacate. También se haya presente en las almendras amargas y en el insecto denominado milpies. Este tipo de tóxico se obtiene en laboratorio efectuando reacciones químicas que combinan el cianuro con el amoníaco o monóxido de carbono. Su característica principal es su invisibilidad, ya que en estado líquido es incoloro. Tiene un ligero aroma a almendras.

Ácido Sulfhídrico

También denominado sulfuro de hidrógeno o gas de las alcantarillas. Procede de la interacción de las moléculas e iones de sulfuro de hidrógeno mezclados con agua.

Se caracteriza por un notable olor a huevo podrido. Sin embargo, cuando la presencia del gas en un metro cúbico supera los 50 miligramos anula las células olfativas, con el consiguiente riesgo de no detectarlo. Es mortal a partir de concentraciones de 100 miligramos.

Es un gas muy irritante que provoca lesiones en garganta, nariz y ojos, generando problemas respiratorios y ahogo en personas asmáticas. En cantidades muy elevadas puede propiciar la pérdida del conocimiento y la muerte. Pruebas efectuadas en laboratorio con dicho veneno demuestran que provoca graves estados diarreicos y anemia.

Ácido lisérgico (*LSD*)

Es una de las sustancias químicas con más poder psicodélico. Se encuentra en la naturaleza en un hongo *Claviceps purpurea* que aparece en el cornezuelo del centeno. Dicha sustancia provocó muertes por envenenamiento la edad Media dado que el grano del cornezuelo se empleaba para hacer pan.

El hongo del centeno, del que hay alrededor de 50 especies distintas, fue utilizado en la medicina antigua como sedante y antihemorrágico.

El LSD fue sintetizando por primera vez por Albert Hoffman en 1938, aunque se popularizó muchísimo como sustancia lúdica y alucinógena durante la década de los sesenta.

Acónito (*Aconitum Napellus*)

Popularmente recibe nombres como «raíz del diablo», «capucha de monje», «gorra de fraile» y «veneno de lobo». Toda la planta es altamente venenosa. Posee un tallo simple que puede alcanzar el metro de altura. Sus flores de color azul oscuro, dan un pequeño fruto negruzco muchísimo más tóxico que el resto de la planta.

Empleado como tratamiento médico-farmacológico por griegos y romanos, era comúnmente recetado en las farmacias europeas del siglo XIX como medicamento homeopático, dado que resultaba exitoso parta mitigar la ansiedad, los ataques de pánico y las alteraciones del sueño.

El acónito contiene aconitina, alcaloide más tóxico que el curare. Incluso en dosis mínimas es capaz de debilitar el pulso. En dosis medianas genera espasmos y vómitos. Es dosis elevadas paraliza la respiración y el corazón.

Adelfa (*Nerium Oleander*)

Conocida popularmente como balandro o laurel de flor, su nombre en euskera «Eriot-orri» que significa «hoja de la muerte», describe perfectamente su poder tóxico.

La planta utilizada desde hace siglos como ornamental es extremadamente venenosa, hasta el punto que la simple inhalación de sus hojas puede generar mal estar, dolor de cabeza y nauseas.

En caso de ingestión genera sudoración excesiva, espasmos, irritación bucal y estomacal así como gastroenteritis. En dosis elevadas puede causar coma y muerte.

Adormidera (*Papaver Somniferum*)

Es el nombre de la planta del Opio, presenta bellas flores en tonos blancos o lilaceos y crece espontáneamente en Europa y Asia. Toda la planta en especial su fruto en forma de cápsulas y sus semillas tiene un alto poder tóxico.

Es una de las plantas más conocidas desde la antigüedad por sus capacidades narcóticas. Era cultivada como medicinal por los sumerios en el 3000 antes de nuestra era.

Las amapolas que también pertenecen al género papaver no deben confundirse con la adormidera dado que ni son tan venenosas ni presentan tanta cantidad psicoactiva como la citada.

Amanita muscaria

Hongo que también recibe el nombre de «matamoscas» y «gorrito de duende». Seguramente la primera denominación se debe al efecto que produce en los insectos que se posan en ella y acaban por fallecer. En cuando a la segunda, algunos investigadores opinan que es una denominación vulgar basada en el poder alucinógeno del hongo que durante la Edad Media era ingerido para contactar con los duendes de los bosques. La citada es una tradición amparada en costumbres griegas ya que en dicha cultura se creía que en el interior del hongo vivía el «gnomon» o entidad «sabia» que podía efectuar revelaciones y predicciones que llegaban a los seres humanos a través de la inspiración o el sueño.

Dicho hongo es muy peligroso por ingestión llegando a ser mortal en dosis notables. Su principal agente tóxico es la muscarina una sustancia incolora, inodora, soluble en agua y en alcohol, que tras ser ingerida produce en una primera fase, alteración del ritmo cardíaco, dolor de cabeza y somnolencia. En una segunda fase genera estados alucinógenos. Puede producir también dolores gastrointestinales y vómitos.

Antiarina (*Antiaris Toxicaria*)

Sustancia gomosa que se extrae del árbol upas en el sudeste asiático. Es tóxico tanto por inhalación como por contacto. Provoca efectos paralizantes y en dosis elevada causa la muerte.

Antimonio

Es un mineral con naturaleza de semimetal que puede aparecer en metales como plomo, cobre o plata. Desde el siglo XX se usa en las baterías eléctricas de los coches y en las pilas recargables.

Era empleado como veneno y como fármaco por los egipcios y los médicos árabes, quienes lo reducían a polvo para usarlo como expectorante y purgante.

Atropina

Es el principal agente tóxico de la planta de la Belladona y presente también en la Mandrágora. Si bien se utiliza como fármaco, en dosis elevadas además de causar dilatación de las pupilas y por tanto alteración del campo visual, genera alucinaciones, alteración del ritmo cardíaco, retención urinaria. En dosis muy altas puede provocar parálisis muscular, coma y parada respiratoria.

Arsénico

Se trata de un sulfuro extremadamente tóxico. Se halla en la naturaleza estando presenten en la mayoría de minerales que tienen cobre, plomo, hierro.

Cabe la singularidad de que pese a ser uno de los elementos más asociados con la muerte, en concreto con el crimen por envenenamiento, forma parte de nuestra dieta. Eso sí, en cantidades mínimas y no letales. Se adquiere a través de la ingesta de carne y pescado. En el caso concreto del marisco, posee arsenobetaina, uno de los componentes del arsénico.

Artemisa

En realidad se trata de un género de plantas más que de un individuo en concreto. Entre ellas destacan la variedad «Abrotanum» que si bien es excitante pues contiene alcaloides, difícilmente resulta tóxica. Se cree que era una de las plantas brujas por excelencia ya que es tónica y estimulante. También pertenece al género de la Artemisa el ajenjo, que es tónico y estimulante, pero que destilado e ingerido a dosis elevadas puede ser altamente tóxico.

Sin duda la artemisa más tóxica y peligrosa es la «vulgaris» conocida como «Hierba de San Juan» que fue utilizada por los médicos griegos clásicos como abortiva y que en dosis elevadas resulta tóxica.

Ayahuasca (*Banisteriopsis caapî*)

Es una planta del continente americano que crece en forma de liana que parasita a los árboles. Se considera el vegetal chamánico por excelencia dado su alto poder psicoactivo. Su ingesta, además de vómito, genera alteraciones sensoriales. La explicación a ello reside en el alto contenido de alcaloides de contiene: Harmina, Harmalina y Tetrahidroharmina.

Beleño (*Hyoscyamus Níger*)

Planta conocida popularmente como «hierba loca» que en su variedad «beleño blanco» ronda los 30 centímetros de altura y en la especie llamada «beleño negro» alcanza hasta los 60.

Es preciso distinguir entre el Beleño negro y su variedad blanca, *Hyoscyamus albus*, conocida popularmente como «Flor de la Muerte». Ambas florecen en primavera y comparten como tóxicos la hiosciamina y la escopolamina, dos potentes alcaloides. Pero mientras que el primero posee además atropina (ver definición) el segundo tiene atugina, un notable alcaloide capaz de dilatar las pupilas y provocar agitación psicomotriz e incluso coma.

Belladona (*Atropa Belladona*)

La popular planta renacentista y de las brujas, es notablemente tóxica en dosis elevadas. En origen es vegetal vivaz de gruesa raíz que puede alcanzar el medio metro de altura.

En la actualidad se está experimentando con sus alcaloides, entre los que destacan la atropina y la escopolamina, para el tratamiento del Parkinson. Sin embargo, en dosis altas además de favorecer la aparición de estados modificados de la conciencia, puede provocar la muerte.

Betónica (*Betonica Officinalis*)

Se trata de una planta herbácea cuya altura no suele superar los 25 centímetros. Aunque presenta vistosas florecillas pequeñas y de color blanco lo que se utiliza de la planta son sus hojas y el tallo. La betónica es purgante y vomitiva, si bien se ha usado también como cicatrizante y en infusión contra el catarro.

Cannabis (*Cannabis Sativa*)

Es el nombre de la planta del cáñamo si bien dicha denominación se usa de manera generalizada para designar a la marihuana, esto es, a las hojas y flores secas y trituradas de la planta, y al hachís, que en realidad es resina de cáñamo.

El principal poder tóxico de esta planta reside en el THC, Tetrahidrocanabidol, una potente sustancia psicoactiva conocida desde la antigüedad por sus efectos calmantes y que en la década de los noventa se puso de moda como «fármaco alternativo» para tratar estados de ansiedad y malestar producidos por la quimioterapia. En la actualidad se sigue estudiando la viabilidad de sus usos farmacológicos mediante preparados sintéticos.

Cantárida (*Lytta vesicatoria*)

Pequeño insecto coleóptero de entre uno y dos centímetros de largo y unos ocho milímetros de ancho del que una vez seco y pulverizado se obtiene la cantaridita, un potente tóxico que mediante contacto produce erupciones dermatológicas, enrojecimiento e irritaciones. Cuando el polvo es ingerido genera irritaciones en el aparato urinario provocando la erección del pene, de ahí que fuera utilizado como agente afrodisíaco.

Dado que la cantárida en dosis elevadas es letal y que en la Edad Media se recurría con exceso a ella, para saber si la persona había fallecido envenenada por dicha sustancia se frotaban las vísceras del difunto sobre la piel afeitada de un conejo. Si había exceso de cantárida se producía una irritación.

Cianuro

El término es de carácter genérico ya que engloba una familia de compuestos químicos cuyos elementos básicos son el carbono y el hidrógeno. Se calcula que el cianuro, en dosis generalmente bajas o muy bajas, se halla presente unos 2000 productos vegetales y en varios de origen animal.

Los dos tipos de cianuro más comunes y conocidos son el cianuro de hidrógeno, el mismo que fue bautizado por las tropas nazis como Zyklón–B y el cianuro de sodio que en este caso es cristalizado.

Ciclamen (*Cyclamen persicum*)

Conocido con el despectivo nombre de «pan de puerco» esta planta de raíz tuberculosa ha sido utilizada en la primitiva farmacología como purgante, sin embargo, en dosis elevadas es muy tóxica, ello se debe a la ciclamina de su bulbo ya que tiene propiedades purgantes y usada en dosis altas puede provocar diarreas muy graves.

Cicuta (*Connium officinale*)

Es una bella planta de tallo ramoso y cilíndrico que puede llegar a alcanzar el metro de altura, de la que con fines tóxicos se utilizan sus hojas y frutos.

Sus principios dañinos proceden de la Cumarina, capaz de ralentizar el ritmo sanguíneo y provocar hemorragias internas; la coniceína, un notable estupefaciente que actúa como sedante; y la coniina el alcaloide más potente de la planta, el que le da su olor singular y el que se encarga de generar los estados de excitación en quien la ingiere.

Una variante de esta planta es la Cicuta Virosa, quizá más venenosa que la oficial. Toda la planta es tóxica. Su ingesta puede provocar salivación abundante a los pocos minutos, después dolores abdominales, vómitos prolongados, convulsiones y parada cardiorrespiratoria.

Codeína

Conocida como metilmorfina, es un alcaloide que se encuentra de forma natural en la planta del opio. Su nombre significa «Cabeza de Adormidera» (ver entrada sobre dicha planta).

Cobre

De este mineral, mediante oxidación, se extrae una sal que recibe el nombre de Cardenillo y que es sumamente tóxica.

Colocintina (*Colocintis*)

Sustancia que se extrae de la planta de la coloquintida, muy común en Egipto, Sudán y Marruecos, cuyo fruto posee una pulpa esponjosa. La colocintina tiene propiedades alucinógenas, actúa como purgante y en la justa dosis se utiliza como antídoto –es purificador de la sangre– en casos de picaduras de serpiente y de escorpión. Su toxicidad reside en que unos pocos gramos, entre 4 y 5 al día, son capaces de provocar dolorosos cólicos, evacuaciones sanguinolentas, deshidratación y en el caso de mujeres embarazadas, el aborto.

Dioxina

Sustancia química que nace en los procesos de combustión del cloro. Dado que no tiene un uso industrial dicha sustancia raramente se sintetiza deliberadamente, sin embargo, se halla presente en el transcurso de la fabricación de pesticidas, conservantes y desinfectantes.

Efedrina (*Ephedra Vulgaris*)

Sustancia química que pertenece al grupo de las drogas denominadas aminas simpaticomiméticas, cuyas propiedades se parecen a las de la hormona de la adrenalina.

La efedrina es el principio activo que procede de la *Ephedra Vulgaris*. Su molécula fue la precursora de la popular anfetamina y al igual que ésta interactúa con los receptores de adrenalina y noradrenalina del sistema nervioso central.

Terapéuticamente es broncodilatadora ya que relaja el músculo liso bronquial y activa la capacidad respiratoria del individuo. En dosis elevadas puede provocar, además de alucinaciones, convulsión, taquicardia y ansiedad. A dosis muy elevada pueden sobrevenir además de pánico y temblores, cuadros epilépticos e incluso producirse un estado de coma.

Eleboro negro (*Helleborus nigrum*)

Planta de raíz gruesa, que puede alcanzar los 40 centímetros de altura y que florece en invierno y primavera. La planta contiene helebrina que activa el ritmo cardíaco y heleborina que actúa como narcótico. Sus principios tóxicos y medicinales se obtienen tras realizar infusiones con su raíz. Dichos preparados actúan como purgante, aunque en dosis elevadas pueden causar disentería y conducir a la deshidratación del individuo.

Escopolamina

Potente alcaloide que se encuentra en numerosas plantas tóxicas como por ejemplo, beleño, estramonio, mandrágora o belladona. Sus propiedades inducen a la dilatación de las pupilas y la reducción de las secreciones salivales. En dosis elevadas causa convulsiones, arritmia, taquicardia, insuficiencia respiratoria e incluso la muerte.

Estramonio (*Datura estramonium*)

Conocida en el argot popular como «higuera del infierno» e incluso como «trompetilla del demonio», la planta del estramonio, de casi un metro de altura, exuda toda ella un olor desagradable. Es narcótica y antiespasmódica. Sus propiedades tóxicas residen en la escopolamina y la atropina (ver estas entradas).

Estricnina

Alcaloide que se obtiene del fruto del árbol de la Nuez Vómica (Strychnos nux-vomica) cuyos ejemplares pueden alcanzar los 15 o 20 metros de altura. La fruta que contiene las semillas con estricnina es de un tamaño similar a la naranja.

Las semillas de la estricnina, si se ingieren secas, en un máximo de 0,50 gramos por día, tienen propiedades tónicas y diuréticas. A dosis más elevadas pueden ser peligrosas.

Estrofanto (*Strophantus Hispidus*)

Arbusto venenoso que pese a ser muy tóxico ha sido utilizada como diurética y para aliviar las anginas de pecho. Contiene ouabaina que una sustancia que acelera el ritmo cardíaco.

Eurfobio (*Eurphobia Resinifera*)

Látex muy tóxico que ingerido puede ser mortal. Se obtiene de la Eurfobia, una planta crasa de tallo cuadrangular erecto que alcanzar 1,5 m. Sus espinas marrones son irritantes por contacto.

El eurfobio si bien resulta tóxico en uso interno, se recurre a él en uso externo para el tratamiento de callosidades y verrugas.

Una segunda variante del eurfobio la encontramos en el tártago, también planta herbácea que acostumbra a vegetar en zonas sucias o con excrementos y que resulta purgante y vomitiva, siendo letal en dosis elevadas.

Fisostigmina (*Fisostigma Venenosum*)

Es un compuesto natural que procede de la leguminosa conocida popularmente como «Haba de Calabar». En dosis elevadas, además de alterar el ritmo cardíaco, puede provocar la muerte por asfixia.

Curiosamente se está investigando el uso de dicha sustancia con fines curativos para tratar la enfermedad de Alzheimer.

Hepática (*Anémone Hepática*)

Conocida también como «hierba de la Santísima Trinidad», «Hierba del pulmón» o «Planta del hígado», este vegetal que florece entre invierno y primavera es extremadamente tóxico tomado fresco. En cambio, resulta saludable al secarse, y una vez cocida la hapática es indicada aliviar los dolores del hígado.

Su principio tóxico es la anemonina que al ser inhalada o ingerida provoca pérdida de sensibilidad de la piel, alteración del ritmo respiratorio y en casos extremos paro cardíaco.

Hierba Lombricera

Planta también conocida como «hierba de San Marcos», que fue exportada desde Sudamérica al continente Europeo dadas sus propiedades para actuar contra las lombrices intestinales. Sin embargo posee una toxicidad capaz de provocar vómitos, espasmos y parada cardiaca.

Hierba Mora (*Solanum nigrum*)

Denominada popularmente el «tomate del diablo» es una bella planta cuyos frutos recuerdan al tomate aunque en tamaño muy pequeño. Toda la planta tiene propiedades narcóticas. Su principio activo reside en la solanina, un alcaloide tóxico y de sabor amargo que está presente aunque en cantidades mucho menores, en los brotes de la patata y del tomate.

La solanina es de acción lenta ya que sus efectos, incluso en las dosis altas tardan entre 4 y 6 horas en ser manifiestos. En casos de intoxicación provoca dolores gastrointestinales, nauseas o vómitos, diarreas, así como dolor de cabeza y vértigo. En dosis elevadas puede generar alucinaciones. Pese a tanta toxicidad, la hierba mora se ha empleado en decocción como calmante y en cataplasma sobre eczemas.

Hiosciamina

Uno de los alcaloides principales de la planta del Beleño que también se haya presente en la Mandrágora (ver ambas entradas) y que en dosis altas puede producir ansiedad, visión borrosa, confusión, desorden espacio-temporal, alteración del pulso, retención de líquidos, cansancio inusual y vómitos.

Lechuga silvestre (*Lactuca virosa*)

Esta planta que en estado salvaje puede superar el metro de altura tiene propiedades anticatarrales y calmantes. Sin embargo, más de 15 gramos de hojas secas en infusión por litro de agua, la convierten en narcótica. Y a doble cantidad de la citada en tóxica.

Mandrágora (*Mandragora officinalis*)

Planta que al margen de sus componentes químicos, debe buena parte de su leyenda a que crece en lugares sombrío, donde el sol no penetra y a que posee una raíz gruesa que puede dividirse en dos o tres ramas de color blanquecino dando a toda la planta un aspecto casi humanoide.

Su poder tóxico, tanto que desaconseja el uso interno, se debe a la escopolamina y a la hiosciamina (ver ambas entradas). Sin embargo la medicina primitiva recurría a las hojas frescas de la planta, machacadas y aplicadas en cataplasma, para reducir tumoraciones.

Mercurio (*Hidrargirium*)

Sustancia química que los griegos denominaron «agua de plata». Es un metal pesado dañino por indigestión o por inhalación ya que sometido a elevada temperatura provoca gases tóxicos y corrosivos. En el primer caso y si la dosis no es muy alta provoca vómitos y diarrea, pérdida del apetito y debilidad muscular. En dosis elevadas puede producir la muerte. Cuando es inhalado genera dolor de garganta y de cabeza.

Morfina

Es el alcaloide más potente de la planta del opio (ver adormidera). Es una sustancia está considerada como droga narcótica.

Muérdago (*Viscum Album*)

Planta parásita que surge con preferencia en los robles y avellanos logrando longitudes que rondan los 40 centímetros. Sus hojas tienen propiedades curativas y se usan en decocción contra las úlceras de estómago.

El fruto o pequeña baya del muérdago es blanquecina y de carácter toxico. Posee viscotoxina, una sustancia química capaz de alterar el ritmo cardíaco y de producir la muerte.

Opio

Sustancias analgésica que se extrae de la cabeza verde de la planta de la adormidera (ver entrada).

Peyote
(*Lophophora Williamsii*)

Cacto mexicano carente de púas que contiene numerosos alcaloides, entre ellos, el más potente y alucinógeno, la mescalina cuyos efectos tras ser ingerida en infusión pueden durar hasta 12 horas. Es una de las plantas chamánicas por excelencia, utilizada por los chamanes para alcanzar estados modificados de la conciencia y efectuar losa denominados viajes del alma: encuentros con sus espíritus y dioses.

Esta planta tiene una singular historia que la relaciona con Huichanalhué el dios maléfico de Huicholes a quien según la mitología los chamanes intentaron cazar, logrando solamente herirlo. La tradición asegura que la divinidad huyó al desierto y que conforme avanzaba le caían gotas de sangre. De cada una de ellas surgió un cacto de peyote.

Ruda Abisinia
(*Peganum Harmala*)

También denominada ruda siria, es una planta que puede alcanzar los 70 centímetros de altura y presenta un tallo leñoso. Sus hojas son algo carnosas y puntiagudas y al secarse presentan tonalidades rojizas.

Este tipo de ruda, modernamente ha sido comparada con la ayahuasca (ver entrada) dado que como la citada, contiene los alcaloides Harmina y Harmalina

Sandaraco: (*Ver arsénico*)

Sarín (*Metilfluorofosfonato de isopropilo*)

Sustancia química creada por el ser humano ya que no se halla en la naturaleza, compuesta básicamente por organofosforados generalmente elaborados por combinaciones de átomos de oxígeno, fósforo, carbono y azufre.

Tabún (*Dimetilaminocianofosfato de etilo*)

Como en el caso anterior es un gas nervioso tóxico creado en laboratorio.

Tebaína

Alcaloide presente en el opio (ver adormidera) cuya toxicidad está a caballo entre la morfina y la codeina (ver entradas).

Tejo (*Taxus baccata*)

Árbol que puede alcanzar los 8 metros de altura cuyas hojas y frutos se consideran tóxicos y que emite una potente toxina alcaloide, la taxina que ingerida puede paralizar el sistema nervioso central, detener la respiración y causar la muerte, pero que inhalada genera un estado de catarsis o muerte aparente, en la que el pulso y la respiración son imperceptibles y que puede durar varias horas.

Trementina

Resina oleosa que se extrae de árboles de la familia de las coníferas, con preferencia el pino y que sometida a procesos químicos y puede provocar dolores abdominales, vómitos y hasta necrosis de la piel.

BIBLIOGRAFÍA

ALDEA VAQUERO, QUINTÍN. *Diccionario de Historia Eclesiástica de España*. Madrid: Instituto Enrique Flórez. CSIC. Madrid, 1972.

AGRIPPA, ENRIQUE CORNELIO. *Filosofía Oculta*. Alianza Editorial. Madrid,1992.

ALLIONE TSULTRIM. *Mujeres de sabiduría*. Ediciones Los Libros de la Libre de Marzo. Barcelona, 1990.

ALONSO, FELIPE. *Sectas creencias y religiones*. Edimaster Publicaciones. Madrid, 1994.

ANÓNIMO. *El libro de los muertos*. Editora Nacional. Madrid, 1984.

ANÓNIMO. *Atma y Brahma. Upanisad del Gran Aranyaka y Bhagavadgita* Editora Nacional. Madrid, 1977.

ANÓNIMO. *Los Upanishads*. Edicomunicación. Barcelona, 1998.

ANÓNIMO. *Sutras de la atención y del diamante*. Edaf Ediciones. Madrid, 1993.

ARIENS, E.J. *Introducción a la Toxicología* Ed Diana. México, 1978.

AUFRÈRE SH. *Encyclopédie religieuse de l'Univers végétal*. Vol I, Université Paul Valery – Montpellier III, 1999.

BARNA, BENIMADHAB. *Historia de la filosofía India prebudista*. Visión Libros. Barcelona, 1981.

BARDINET T. *Les papyrus médicaux de l'Égypte pharaonique*. Ed Fayard. París, 1995.

BELLO GUTIÉRREZ, JOSÉ Y LÓPEZ DE CERAIN SALSAMENDI, ADELA. *Fundamentos de ciencia toxicológica*/ Ediciones Díaz de Santos. Madrid, 2001.

BERNARD, JEAN-LOUIS. *Historia secreta de Egipto*. Plaza & Janés. Barcelona, 1984.

BERTAUX, PIERRE. *África. Desde la Prehistoria a los estados actuales*. Ed. Siglo XXI. Madrid, 1973

BIEDERMANN, HANS.*Diccionario de Símbolos*. Paidos. Barcelona, 1993.

BEYNON, F.L. *Los dioses creadores de religiones*. Daniel's Libros   Editor. Barcelona, 1988.

BOURDIEU, PIERRE. *Los ritos como acto de institución*. Akal. Madrid, 1985.

BRAU, JEAN-LOUIS. *Historia de las drogas*. Ed. Bruguera. Barcelona, 1973.

BRYAN CP. *Ancient Egyptian Medicine: the Papyrus Ebers*. Ares Publishers Inc. Chicago, 1974.

CALLEJO CABO. Jesús *La historia oculta del mundo vegetal*. Aguilar. Madrid, 1996.

CASTANEDA, CARLOS. *Las enseñanzas de Don Juan*. Fondo Cultural Económico. México, 1968.

CÉSAR, JULIO. *Comentarios a la guerra de las Galias*. Ed. Planeta. Barcelona, 1992.

CHOPRA, DEEPAK. *El camino de la sabiduría*. Ediciones Martínez Roca. Barcelona, 1996.

CIRLOT, JUAN-EDUARDO. *Diccionario de símbolos*, Editorial Labor. Barcelona, 1981.

COAVER-KALONDAM, M., *Le Druidisme*. Ed. et. Publ. Premiers. París, 1971.

COUDRON, OLIVIER. *Les Rythmes du corps*. Nil Editions. París, 1997.

CROWLEY, VIVIANE. *La antigua religión en la nueva era. La brujería a examen*. Arias M. Editores. Barcelona, 1991.

CUNNINGHAM, SCOTT. *La magia de los cuatro elementos*. Ed. Martínez Roca. Barcelona, 1993.

DEROIDE, PHILIPPE. *Elixires Florales*. Ed. Ibis. Barcelona, 1993.

DEVISMES, FERNAND. *Historia de las grandes civilizaciones**. Espase-Calpe. Madrid, 1983.

DÍEZ FAIXAT, JOSÉ. *Entre la evolución y la eternidad*. Editorial Kairós. Barcelona, 1995.

ESCOHOTADO, ANTONIO. *Historia General de las Drogas*. Tomo I. Alianza Editorial. Madrid, 1994.

FONT I QUER, PIUS. *Plantas Medicinales. el Dioscórides renovado*; Ed. Labor. Barcelona, 1982.

GARCÍA GUAL, C.. *Historia del Rey Arturo y de los nobles y rrantes caballeros de la tabla redonda* Alianza Editorial. Madrid, 1983.

GARCÍA PIÑEIRO, JUAN JOSÉ: *EN BUSCA DE LAS PLANTAS SAGRADAS*. Col. Nagual. Ed. Gaia. España, 1996.

GRAVES, R. *La Diosa Blanca*. Alianza Editorial. Madrid, 1983.

GRISCOM, CHRIS. *Extasis. la nueva frecuencia*. Ediciones Luciérnaga. 1993, Barcelona.

GUERRA DOCE, E. *Drogas y rituales funerarios en el Neolítico europeo*. Actas del III Congreso del Neolítico en la Península Ibérica (Santander, del 5 al 8 de octubre de 2003).

GUERRA DOCES. *Las drogas en la Prehistoria*. Evidencias arqueológicas de los orígenes del consumo de sustancias psicoactivas en Europa. Barcelona, 2005.

GUÉNON, RENÉ. *Símbolos fundamentales de la ciencia sagrada.* Editorial Universitaria de Buenos Aires-Editorial Gallimard. París-Buenos Aires, 1962.

HALE, J.R. *Enciclopedia del Renacimiento italiano.* Ed Alianza Madrid. 1984.

HUXLEY, MASLOW, WATTS, WILBER Y OTROS. *La experiencia mística.* Editorial Kairós. Barcelona, 1979.

JEFFREYS-JONES, R. *Historia de los servicios secretos norteamericanos.* Paidós. Barcelona, 2004.

JUCAFRESCA, BAUDILIO. *Enciclopedia Ilustrada Flora. Medicinal, toxica y aromática.* Ed. Aedo. Barcelona, 1975.

JUNG, CAMPBELL, WILBER, KEEN, DOSSEY Y OTROS. *Encuentro con la sombra.* Editorial Kairós. Barcelona, 1992.

KELSO, A. *Antropología física.* Ediciones Bellaterra, Barcelona. 1978.

KRUMM-HELLER. *Plantas sagradas.* Ed. Kier. Buenos Aires, 1987.

LARA PEINADO, FEDERICO (Preparador de la edición). *Mitos sumerios y acadios.* Editora Nacional. Madrid, 1984.

LARA, FEDERICO (Preparador de la edición). *Poema de Gilgamesh.* Editora Nacional, 1980.

LAUWERYS, ROBERT R. *Toxicología industrial e intoxicaciones profesionales* Ed. Masson. Barcelona, 1994.

LECA AP. *Le Médecine egyptienne au temps des pharaons.* Ed Roger Dacosta. París, 1971.

LIZONDO, J., *La Magia de la Alquimia.* Ed. Telstar. Barcelona, 1992.

LOCKE STEVEN Y COLLIGAN, DOUGLAS. *El médico Interior.* Ed. Horizonte. Madrid, 1991.

LÓIZAGA, PATRICIO. *Diccionario de pensadores contemporáneos.* Emecé Editores. Barcelona, 1996.

LÓPEZ SÁEZ, JOSÉ ANTONIO. *Botánica mágica y misteriosa.* Ediciones Mundiprensa. Madrid, 2000.

MAIMONIDES. *Guia de perplejos.* Editora Nacional. Madrid, 1983.

MAQUIAVELO, NICOLÁS. *La mandrágora.* Fontamara. México, 1987.

MARIEL, P. *Rituales e iniciaciones en las sociedades secretas.* Ed. Espasa Calpe. Madrid, 1988.

MONTET, PIERRE. *La vida cotidiana en el Egipto de los faraones.* Argos Vergara. Barcelona, 1983.

MÜLLER, MAX. *Mitología comparada.* Edicomunicación. Barcelona, 1988.

MUNCK, THOMAS. *La Europa del siglo XVII. 1598-1700.* Ed Akal. Madrid, 1994.

NOEL, J.F.M.. *Diccionario de Mitología Universal* (Tomos 1 y 2). Ed. Edicomunicación. Barcelona, 1991.

NITYABODHÂNANDA, SWÂMI. *Actualidad de las Upanishads.* Editorial Kairós. Barcelona, 1985.

NUÑEZ, DIEGO; Y PESET, JOSÉ. *De la alquimia al panteísmo.* Editora Nacional. Madrid, 1983.

PALAO PONS, PEDRO. *El libro de las momias.* Tikal Ediciones. Girona, 1996.

PARACELSO. *Botánica oculta. Las plantas mágicas.* Kier. Argentina, 1975.

PIERPAOLI, W. Regelson. W. *El milagro de la melatonina.* Ediciones Urano. Barcelona, 1995.

POVEDA,J.M y otros. *Chamanismo. El arte natural de curar.* Ediciones Temas de Hoy. Madrid, 1997.

SÉDIR, PAUL. *Las plantas mágicas.* Edicomunicaciones. Barcelona, 1991.

SCHULTES, R.E. y Hofmann A. *Plantas de los dioses.* Fondo de Cultura Económico. México, 1982.

SCOUERZEC. H.Le., *La médecine en Gaule*, Thèse. París, 1967.

SHAH IDRIS *LOS SUFÍES.* Luis de Caralt Editor. Barcelona, 1967.

SHIAU - CHENG. L.. *El milagro de las hierbas.* Ed Aura. Barcelona, 1987.

SNYDER. H. Solomon. *Drogas y cerebro.* Prensa Científica. S.A. Barcelona, 1992.

TEJEIRA ÁLVAREZ R. *Apuntes de Medicina legal y Toxicología.* Ulzama Ediciones. Pamplona, 2004.

TOMAS ANDREW. *La barrera del tiempo.* Ed. Plaza y Janés. Barcelona, 1976.

VALLS, ARTURO. *Introducción a la Antropología.* Editorial Labor. Barcelona, 1980.

WALDSTEIN, ARNOLD. *Luces de la alquimia.* Espasa-Calpe. Madrid, 1977.

YATES, FRANCES A. *Giordano Bruno y la tradición hermética.* Editorial Ariel. Barcelona, 1983.

ZEHENTBAUER, JOSEF. *Drogas endógenas.* Ediciones Obelisco. Barcelona, 1995.

VV.AA. *Diccionario terminológico de ciencias médicas.* Ed. Salvat, 1981.

V.V.A.A. *Diccionario de mitología universal.* Edicomunicación. Barcelona, 1991.

V.V.A.A. *Arqueología de las civilizaciones.* Time-Life Books Inc. Londres, 1994.

En la misma colección:

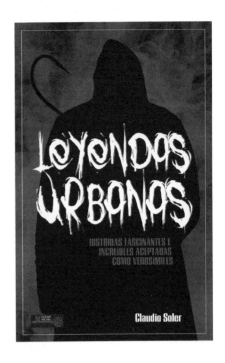

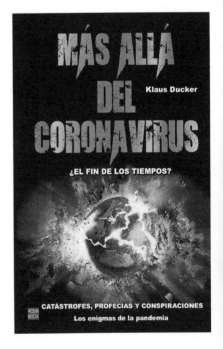